Zen – was ist das?

Jiho Sargent

ZEN – WAS IST DAS?

108 Antworten

Aus dem Englischen von Michael Schmidt

O.W. Barth

Die Originalausgabe erschien 2001
unter dem Titel «Asking About Zen»
bei Weatherhill, Inc., 41 Monroe Turnpike, Trumbull,
Connecticut 06611, USA

www.fischerverlage.de

Erschienen bei O.W. Barth,
ein Verlag der S. Fischer Verlag GmbH, Frankfurt am Main

Satz: MedienTeam Berger, Ellwangen
Druck: Jos. C. Huber GmbH & Co. KG, Garching-Hochbrück
Bindung: Oldenbourg Buchmanufaktur, Monheim
Printed in Germany

ISBN 3-502-61106-8

Inhalt

ZEN IN DER THEORIE

ZAZEN IN DER PRAXIS

WAS IST EIN ZEN-PRIESTER?

WIE SPIELEN SICH ZEN-GOTTESDIENSTE AB?

WELCHE TITEL UND ANREDEFORMEN SIND FÜR ZEN-PRIESTER GEBRÄUCHLICH?

WAS CHARAKTERISIERT DEN JAPANISCHEN BUDDHISMUS INSGESAMT UND DEN ZEN-BUDDHISMUS IM BESONDEREN?

ÜBER MICH

ZEN IN DER THEORIE

1 Warum Zen?

Wir leben in einer Welt mit allen möglichen religiösen Bewegungen. Warum hat dann der Zen-Buddhismus in den letzten fünfzig Jahren im Westen, fern von seinen asiatischen Heimatländern, so viel Aufmerksamkeit gefunden? Woran liegt es, dass Menschen auf der ganzen Welt Anhänger der zahlreichen Richtungen, die unter dem Namen Zen wie Pilze aus dem Boden schießen, ebenso wie von dessen charakteristischer Praxis, der bewegungslosen Sitzmeditation namens Zazen, geworden sind? Was verbindet die im Westen angesiedelten Bewegungen mit den religiösen Lehren, die in Asien seit zweieinhalb Jahrtausenden praktiziert werden? Diese Fragen lassen sich nicht so einfach beantworten. Immerhin können wir ein paar der Faktoren betrachten, die offensichtlich Menschen im Westen beeinflussen, für die Zen eine neue Religion geworden ist – oder eine Übung zur geistigen und physischen Gesundheit, eine Ergänzung der Kampfsportarten oder der östlichen Heilpraktiken, eine Methode zur Behandlung von Schmerzen oder einfach etwas, das ihre Neugier geweckt hat.

Menschen werden aktive Anhänger einer Religion aus vielerlei Gründen, die meist irgendeine Schwierigkeit in ihrem Leben widerspiegeln. In dieser Hinsicht unterscheidet sich der Zen-Buddhismus nicht von anderen Religionen. Wer aktiver Anhänger bleibt, hat in seiner Anhängerschaft einen Wert entdeckt.

Was Zen betrifft, wohnt dieser Wert der direkten Erfahrung der religiösen Wahrheit inne, die sich im Zazen sowie in der anschließenden Veränderung von Einstellungen und Handlungen hin zu einer größeren Harmonie und weniger Konflikten ergeben kann. Schon das erste Erleben von Zazen hinterlässt aufgrund der Stille und des Schweigens oft einen tiefen Eindruck. Für die meisten Menschen ist es das erste Mal im Leben, dass sie einfach still dasitzen, sich nicht bewegen, nicht sprechen und nicht auf ihre Umgebung reagieren. Es ist das erste Mal, dass sie die Chance ergreifen, sich und ihre Umgebung wirklich wahrzunehmen, ohne die Filter der gewohnheitsmäßigen Begriffe und Urteile. Ein Blick auf die unmaskierte Wirklichkeit, wie flüchtig auch immer er sein mag, kann für immer die Art und Weise verändern, in der wir unser Leben sehen und leben. Diesen direkten Blick, der so schwer zu erreichen ist, nennt der Buddhismus das Öffnen der Augen oder das Erwachen.

Andere Zweige des Buddhismus ebenso wie andere Religionen können zu den gleichen Wahrnehmungen führen, aber in einem überwältigenden Maß zieht Zen Menschen im Westen aus allen Gesellschaftsschichten an. In der zweiten Hälfte des 20. Jahrhunderts hat sich der Zen-Buddhismus plötzlich aus einem kleinen, konservativen Zweig der etablierten Religionen Japans zu einem in der ganzen Welt vertrauten Begriff entwickelt. Warum gelangten die Menschen bei der Suche nach einer neuen Religion, die frei von den Beschränkungen sein sollte, die sie in den angestammten großen Religionen empfanden, so oft zu der durch und durch formellen, disziplinierten Praxis des Zazen?

Ich glaube, das beruht auf einer Reihe von Faktoren, die teils historisch, teils grundlegend für den ganzen Buddhismus, teils spezifisch für den Zen-Buddhismus sind, sich aber auch auf irrige westliche Vorstellungen hinsichtlich asiatischer Kulturen und Religionen zurückführen lassen. Das «Markenzeichen» von Zen ist ein Produkt der Geschichte. Seine Glaubensfreiheit basiert auf der grundlegendsten aller buddhistischen Lehren. Dass Zen oft als etwas von jeder Religion Getrenntes betrachtet wird, ist eine Folge von Interaktionen zwischen dem buddhistischen Verständnis dessen, was Religion ausmacht, und der vorherrschenden westlichen Ansicht zur gleichen Frage. Da gibt es natürlich jede Menge Missverständnisse. Zu den Missverständnissen hinsichtlich des Wesens der buddhistischen Religion gesellen sich so falsche Vorstellungen wie die, dass Zen Freiheit von Ritualen und von der Notwendigkeit bedeute, schwierige alte Texte zu studieren. Zen bietet eine Religion an, die die Naturwissenschaften akzeptiert. Und mit verblüffenden Gedankensprüngen, die anscheinend in erster Linie auf fehlerhaften Übersetzungen von frühen westlichen Buddhismusforschern basieren, glaubt man, Zen gewähre ein Mönchstum ohne eine klösterliche Regel und garantiere mystische Erlebnisse. Bedauerlicherweise haben diese Missdeutungen ein Eigenleben entwickelt und sich heutzutage sogar noch mehr festgesetzt als zur Zeit ihrer Entstehung.

Wir wollen uns einmal kurz diese Faktoren ansehen und beginnen mit dem wahrscheinlich verbreitetsten und attraktivsten.

GARANTIERTE MYSTISCHE ERLEBNISSE Der zwingendste Grund für Menschen im Westen, mit der Zen-Praxis anzufangen und sie weiter zu betreiben, ist mit Sicherheit das Versprechen mystischer Erlebnisse – nicht nur ein Augenblick mystischer Erkenntnis, den man in sich bewahren kann, sondern die Bestätigung dieser Erkenntnis durch jemanden, der zuvor darin bestätigt wurde, eine ähnliche Erkenntnis erfahren zu haben. Und das führt normalerweise zu irgendeiner Form von öffentlicher Anerkennung der Erkenntnis. Mehr kann sich ein angehender Mystiker doch nicht wünschen!

Mystisches Erleben ist einer der «Ja und Nein»-Punkte des Buddhismus. Ja, es findet ganz sicher statt. Nein, niemand kann dafür garantieren, dass ein solches Erleben Ihnen zuteil wird. Ja, wenn das Erleben stattfindet, wirkt es sich tief greifend aus. Aber nein, es kann keineswegs garantiert werden, dass künftige Handlungen sich einem buddhistischen Ideal annähern oder gar Taten ausschließen, die überall verurteilt werden.

Das Erleben findet, wie jedes Erleben von Wirklichkeit in unserem Menschenleben, in einem einzigen Augenblick statt und verschwindet, bevor wir wissen, dass es stattgefunden hat. Sich an diesen Augenblick zu klammern ist eine Form von Verlangen, die zu vermeiden der Buddhismus uns weise empfiehlt.

Ja, einige – aber wahrscheinlich nicht alle – Menschen, die eine tiefe Erkenntnis gehabt haben, sind in der Lage zu bewerten, ob ein anderer Mensch ein ähnliches Erlebnis gehabt hat. Nein, das besagt überhaupt nichts hinsichtlich des Bewertenden und des Bewerteten. Es zählt einzig und allein, wie jeder von ihnen fortan lebt.

Selbstverständlich ist zu hoffen, dass alle geistlichen Mitglieder einer Religion, des Zen-Buddhismus wie jeder anderen, deren Hauptlehren gründlich verstehen. Im Falle des Buddhismus spricht man davon, dass einem die Augen geöffnet worden sind oder dass man erwacht ist. Das Erwachen kann auf vielerlei Weise erfolgen, und mit Sicherheit schließt es die Zazen- oder Kōan-Praxis ein, aber genauso sicher ist es nicht auf diese Praktiken beschränkt. Häufig höre ich von Menschen im Westen, alle Zen-Geistlichen müssten oder sollten zumindest ein tiefes mystisches Erlebnis gehabt haben. Eine solche Ansicht habe ich noch nie von einem Japaner vernommen. Ich habe einmal die Zahl der Geistlichen geschätzt, die jedes Jahr ihre Ausbildung abschließen müssten, um die gegenwärtige Anzahl von Zen-Tempeln zu unterhalten. Demnach müssten jedes Jahr über 600 Japaner und Japanerinnen ein großes mystisches Erweckungserlebnis haben, vorzugsweise bevor sie 30 sind. Vielleicht halten Sie diese Zahl ja für realistisch. Ich nicht. Von Zen-Geistlichen wird verlangt, dass sie sich um ihre Tempelmitglieder kümmern, der Gemeinschaft insgesamt wie den Familien ihrer eigenen Tempelmitglieder Führung und Unterstützung bieten und dafür sorgen, dass ihr Tempel zumindest so lange bestehen wird, bis die nächste Generation bereit ist, ihn zu übernehmen. Es ist nicht erforderlich, dass sie Mystiker sind oder «andere Bewusstseinszustände» erleben.

Wenn all dies für den Zen-Klerus gilt, um wie viel mehr dann für Zen-Laien. Buddhisten, ob sie nun Asiaten oder Menschen im Westen sind, bemühen sich mit ihrer ganzen Energie und Aufmerksamkeit richtigerweise darum, dieses Leben auf eine Weise zu führen, durch die das Mitgefühl im Universum zunimmt und das Böse entsprechend abnimmt.

EIN EINGEFÜHRTER BEGRIFF Der erste Grund für das weit verbreitete Interesse am Zen-Buddhismus ist ganz einfach der, dass der Name im Westen bekannt ist. Ich glaube, es ist aufschlussreich, dass chinesische, vietnamesische und koreanische buddhistische Priester, als sie ihre Tätigkeit im Westen aufnahmen, in den meisten Fällen den japanischen Begriff Zen benutzten statt den chinesischen, vietnamesischen oder koreanischen Namen für die gleichen Lehren.

Die Anfänge von Zen in den USA reichen bis 1893 zurück, als das Weltparlament der Religionen im Rahmen der Columbian Exposition in Chicago tagte. Unter den Teilnehmern war der bedeutende Rinzai-Zen-Priester Soyen Shaku. Seine Teilnahme veranlasste seinen Laienanhänger D. T. Suzuki, 1897 nach Chicago zu gehen, um mit einem Verleger an englischen Übersetzungen buddhistischer Texte zu arbeiten. Die seither von Dr. Suzuki publizierten umfangreichen Werke stellen für Millionen westlicher Leser eine Einführung in den Zen-Buddhismus dar.

Doch erst 1945, nach dem Zweiten Weltkrieg, begann sich Zen in den USA so richtig zu entwickeln, dann in ganz Nordamerika, in Südamerika und Westeuropa. Später verbreitete es sich auch in Osteuropa, Ozeanien und sogar in Afrika. Ende der sechziger Jahre des vorigen Jahrhunderts hatten US-Amerikaner aus allen Schichten den Namen Zen als die Bezeichnung einer mystischen japanischen Religion gehört. Viele glaubten sogar (und viele tun dies noch immer), jede Religion in Japan sei Zen.

Für den, der an einen Wechsel zu einer anderen Religion denkt, gesellt sich bei dem vertrauten Namen Zen zur Sicherheit einer lang etablierten Doktrin der Anreiz, sich mit Lehren zu beschäftigen, die weit entfernt sind von den monotheistischen Glaubensvorstellungen der Hauptreligionen des Westens.

GLAUBENSFREIHEIT Der Zen-Buddhismus äußert sich nicht zum Thema Gott oder Götter. In einer frühen buddhistischen Schrift heißt es, dass Shākyamuni Buddha (der Erwachte aus dem Geschlecht der Shākya) einmal gefragt wurde, ob Götter existieren. Er erwiderte, die Antwort auf diese Frage sei für unser Verhalten in diesem Leben belanglos, daher sollten wir keine wertvolle Zeit damit verschwenden, über sie nachzudenken.

Jeder kann also mit der Praxis des Zazen und dem Studium des Buddhismus anfangen und beides lange weiterbetreiben, ohne einen neuen Gott annehmen oder einen zuvor angenommenen aufgeben zu müssen. Im Westen wird Zen oftmals sogar völlig von seinem buddhistischen Kontext getrennt. Und häufig wird festgestellt, dass der Buddhismus eigentlich keine Religion sei, weil es in ihm keinen Gott gebe.

Diese Grundtatsache des buddhistischen Denkens macht es meiner Meinung nach relativ leicht für Menschen im Westen, von einer monotheistischen Religion zum Zen überzuwechseln.

EINE GEWISSE RELIGIONSFERNE Anscheinend kommen Menschen im Westen, die etablierte westliche Religionen ablehnen, oft zum Zen, speziell zur Praxis des Zazen, weil es mit Religion überhaupt nichts zu tun hat. Zen verlangt nicht, dass man glaubt – es legt uns nahe zu handeln (oder, im Zazen, uns des Handelns zu enthalten).

Die Vorstellung, dass der Buddhismus keine Religion sei, ermöglicht es sogar Geistlichen anderer Religionen, an Zazen und anderen buddhistischen Praktiken teilzunehmen. Besonders in Europa ist Zazen in katholischen Klöstern sehr beliebt geworden.

Mehrere Gruppen in den USA haben ihr Zen vom Buddhismus getrennt und verwenden Zazen als eine Methode der Psychotherapie oder der Persönlichkeitsentwicklung.

Dieses Vorgehen hat Rückwirkungen auf Japan gehabt, wo einige Gruppen jede Verbindung mit den etablierten Schulen des traditionellen Zen-Buddhismus ablehnen, sich allein auf die Praxis des Zazen konzentrieren und Instruktoren anstelle von Geistlichen ausbilden. Die Instruktoren unterwerfen sich nicht den verschiedenen religiösen Pflichten, die für den japanischen Buddhismus wichtig sind; stattdessen widmen sie sich ausschließlich der Förderung des Zazen und der mit ihm verwandten Kōan-Praxis.

Eines der Hauptprobleme bei dieser Einstellung besteht darin, dass sie eine Missachtung der buddhistischen Lehren fördert, die den Sinn des Augenöffnens betreffen und die Lebensweise beschreiben, die sich natürlicherweise aus einem gründlichen Verständnis der Wirklichkeiten des Universums ergibt.

FREI VON RITUALEN Der Zen-Buddhismus als eine der etablierten Religionen Japans umfasst zwar viele rituelle Feiern, aber sogar in Japan sind die Laien, die an der Zazen-Praxis teilnehmen, nur selten identisch mit denen, die den anderen Veranstaltungen des Tempels beiwohnen. Die Bestattung eines Familienmitglieds und spätere Gedenkgottesdienste beispielsweise werden eher in einem anderen Tempel vollzogen als in dem, in dem Zazen praktiziert wird. (Die meisten Menschen bleiben Mitglieder ihres traditionellen Familientempels, unabhängig davon, welcher Sekte sie angehören. Falls sie sich für irgendeine spezielle Praxis wie Zazen, die Lehren einer anderen Sekte oder die Auslegungen eines bestimmten Priesters interessieren, halten sie es nicht für notwendig, ihre Tempelmitgliedschaft zu wechseln, um dieses Interesse zu befriedigen.)

Nur in wenigen westlichen Zen-Zentren werden irgendwelche

Zen-Feiern abgehalten, wie sie in Japan stattfinden. Der Leiter des Zentrums, der entweder den Status eines Priesters innehat oder ein Laie bleibt, ist oft nicht in der Durchführung dieser Feiern ausgebildet und mit ihrer Bedeutung nicht vertraut. Menschen im Westen, die gegen die Riten der ihnen vertrauten monotheistischen Religionen sind, halten diese Trennung zwischen rituellen Praktiken und Zazen (das sie, wie gesagt, oft als eine von der Religion separate Praxis ansehen) für ideal.

ES MÜSSEN KEINE SCHWIERIGEN ALTEN TEXTE BEHERRSCHT WERDEN Der Buddhismus und andere weit verbreitete östliche Religionen erfordern größtenteils die Lektüre von Texten in Sprachen und Schriftsystemen, die im Westen kaum bekannt sind. Zen dagegen spricht von «einer besonderen Überlieferung außerhalb der Schriften». Diese aus ihrem vielschichtigen Zusammenhang gerissene Formulierung ist der vielleicht bekannteste Zen-Spruch im Westen.

Tatsächlich hat der Zen-Buddhismus eine umfangreiche eigenständige Literatur hervorgebracht und hält an der Verwendung und dem Studium der gemeinsamen buddhistischen Schriften fest. Sammlungen von Kōan beziehen sich ausgiebig auf sämtliche vorangehenden buddhistischen Texte (ganz zu schweigen von den Anspielungen auf die klassische chinesische Literatur).

Zumindest am Anfang allerdings können Zen-Praktizierende ohne weiteres auf ein Sprachenstudium verzichten. Die meisten westlichen Zen-Gruppen verwenden Übersetzungen oder Transliterationen von Sūtras (buddhistischen Schriften), wenn sie denn überhaupt Sūtras rezitieren. In den letzten Jahren haben Übersetzungen buddhistischer Texte generell und speziell die von Zen-Texten erheblich zugenommen, insbesondere in der akademischen Welt. Der forschende Geist, der nicht über die Kenntnis asiatischer Sprachen verfügt, kann somit auf eine Vielfalt von Ressourcen zurückgreifen.

EINE RELIGION, DIE DIE NATURWISSENSCHAFTEN AKZEPTIERT Ein weiterer Vorzug des Buddhismus besteht für westliche Geister darin, dass er die modernen Naturwissenschaften akzeptiert. Dies gilt für alle Spielarten des Buddhismus, ist aber vielleicht am häufigsten im Hinblick auf den Zen-Zweig festgestellt worden.

Der Buddhismus hat zwar eine traditionelle Kosmologie, verlangt aber von niemandem, diese uralten Vorstellungen wörtlich zu nehmen. Viele der ältesten buddhistischen Gedanken scheinen auf moderne wissenschaftliche Konzepte vorauszuweisen. Wer sich also auf den Buddhismus einlässt, muss jedenfalls nicht die heutigen Naturwissenschaften insgesamt oder irgendeinen Teil von ihnen verwerfen.

«MÖNCHSTUM» OHNE VORSCHRIFTEN Die Institution des Mönchstums oder Klosterlebens, in der Mönche und Nonnen ihr Leben religiöser Andacht weihen, wurde zweifellos fast von Beginn an romantisiert. Historische Vorfälle sowie die menschliche Vorliebe, das Neue in Bezug auf das Vertraute zu betrachten, ließen im Westen den Eindruck entstehen, dass der Buddhismus (und zwar er allein) eine ganz und gar mönchische Religion sei. Nicht für den Buddhismus, so die herrschende Denkweise, gelte die unglückliche katholische Trennung von Mönchen (oder Nonnen), die im Schutze von Klostermauern leben, und weltlichen Priestern, die Umgang mit dem Laienvolk haben – die buddhistischen Geistlichen werden ausnahmslos für Mönche gehalten. Dass sich dann niemand mehr um die religiösen Interessen gewöhnlicher Anhänger kümmern würde, ist ein Detail, das man im Westen nur zu gern übersieht.

Die nicht zu leugnende Tatsache, dass für den buddhistischen Klerus in Japan die Einhaltung von Geboten wie Armut, Enthaltsamkeit und Gehorsam nicht zwingend oder erstrebenswert ist, wird anscheinend akzeptiert, ohne dass dadurch die Mönchsthese in Frage gestellt würde. Der Umstand, dass die Geschichte des japanischen Buddhismus durchgehend ein Muster von einem oder zwei amtierenden Geistlichen aufweist, wird einfach ignoriert. Die Aufnahme von Frauen in den japanischen Klerus bestätige nur die Mönchsthese, zumal christliche Vorschriften Frauen bis vor wenigen Jahrzehnten noch jede geistliche Rolle verwehrten, ja, im Katholizismus noch immer die Aufnahme von Frauen in den Klerus verbieten. Weil in vielen buddhistischen Traditionen religiöse Riten von Frauen durchgeführt werden, so dieser Irrglaube, müssen alle Personen, die diese Riten zelebrieren, Laienmönche beziehungsweise -nonnen sein.

Sei dem wie ihm wolle: Menschen im Westen, die mit der romantischen Vorstellung von klösterlicher Reinheit aufgewachsen waren, entdeckten zu ihrer Freude ein «Zen-Mönchstum», dem sie sich ohne die Unannehmlichkeiten des klösterlichen Gemeinschaftslebens – Gehorsam gegenüber Vorstehern, Ablehnung von persönlichem Besitz und Enthaltung von sexuellen Beziehungen – hingeben konnten. Sogar verheiratete Paare konnten an dieser neuen Mönchsinstitution partizipieren. Die einzige Schwierigkeit stellte die Integration von Kindern in dieses Leben dar.

2 Warum praktiziert man Zazen?

Der berühmte japanische Priester Suigan Yogo hat oft erklärt, wir würden Zazen einfach deshalb praktizieren, weil wir den Klang der Zazen-Glocke hören. Wer Zazen nicht praktiziere, sagte er, habe die Glocke noch nicht gehört.

Unser tägliches Handeln ist meist bewusstes Handeln: Wir handeln, um ein gewünschtes Ergebnis zu erzielen. Normalerweise jedenfalls funktioniert unser Geist so. Bis zu einem gewissen Grad ist dies wohl eine Denkweise, die wir nicht völlig vermeiden können. Im Prinzip allerdings sollte Zazen nur deshalb praktiziert werden, weil die Praxis des Zazen ein natürlicher Teil unseres Lebens ist.

Selbstverständlich gibt es für uns alle Gründe, mit Zazen anzufangen. Würden wir dies nicht tun, dann würden unsere Ohren sich nie für den Klang der Glocke öffnen. Entscheidend ist, wie wir mit diesen Gründen umgehen, sobald wir einen normalen Platz in unserem Leben für Zazen eingerichtet haben.

Ein häufiger Grund für ein Interesse an Zazen ist der Wunsch nach einem gelasseneren, stilleren Geist. Dies erinnert mich immer daran, wie ich einmal nach der Arbeit spät zu einer abendlichen Zazen-Sitzung ging. Auf dem Weg von meiner Wohnung befand sich ein steiler Hügel kurz vor dem Tempel. Als ich daher die Halle für das Zazen betrat, rang ich noch immer ein wenig nach Atem, nachdem ich den Hügel hochgeeilt war. Die drei Glockenschläge zu Beginn erklangen, während ich versuchte, meinen Atem ebenso zu beruhigen wie mein Denken, das noch verärgert bei der Aufgabe, deretwegen ich noch so spät arbeiten musste, und bei dem Eisenbahnfahrplan verweilte, dessentwegen ich erst zwei Züge später nach Hause fahren konnte. Natürlich wurde ich nur noch erregter, je mehr ich versuchte, meine Erregung zu dämpfen. Erst als ich in der Lage war, die Zeit loszulassen, die dem Augenblick vorausging, in dem ich gerade lebte, fanden mein Atem und meine Gedanken zur Zazen-Ruhe. Wer durch Zazen einen ruhigen Geist zu erlangen versucht, fühlt sich wahrscheinlich in den ersten Zazen-Phasen tatsächlich gelassener und ruhiger. Es kommt selten vor, dass man auch nur fünf Minuten lang stumm und bewegungslos ist, geschweige denn 30 bis 50 Minuten, so dass das Erleben dieses Zustands auf natürliche Weise der Beruhigung dient. Früher oder später freilich kommt es zu einer Situation, die der meinen ähnelt, als ich den Hügel hochgerannt war. Dann denkt der auf einem Kissen Sitzende: «Ich habe einen ruhigen Geist, Ich Habe Einen Ruhigen Geist, ICH HABE EINEN RUHIGEN GEIST!», während seine Kiefer nicht einfach geschlossen, sondern fest zusammengepresst und seine Muskeln nicht einfach bewegungslos, sondern steif sind. Und der nächste Gedanke lautet dann: «Dieses Zazen hat überhaupt keinen Sinn! Ich gebe auf!» Bevor Sie versuchen, Zazen zur Beruhigung Ihres Geistes zu praktizieren, sollten Sie vielleicht innehalten und überlegen, woher dieser Geist kommen wird. Werden Sie ihn sich einfach aus der Luft schnappen, während Sie sich auf Ihrem Kissen niederlassen? Sie können nur dann einen ruhigen Geist nach dem Zazen haben, wenn Sie schon vorher einen ruhigen Geist gehabt haben. Bestenfalls kann Zazen Ihrem ruhigen Geist die Chance bieten, sich zu zeigen.

Ein weiterer Grund, mit Zazen anzufangen, ist das Bedürfnis, Schmerzen zu bewältigen. Es stimmt zwar, dass Zazen-Techniken auf diesem Gebiet helfen können, aber die Konzentration auf die Linderung von Schmerzen schließt wahrscheinlich jedes religiöse Interesse aus.

Die noch immer bei jungen wie bei nicht mehr so jungen Menschen beliebte Beat-Zazen-Bewegung hat die Vorstellung populär gemacht, Zazen würde zu einer anderen (vermutlich höheren) Bewusstseinsebene oder zu einer mystischen Erfahrung führen. Viele US-Amerikaner, die sich in den sechziger Jahren des 20. Jahrhunderts mit Zen befassten, nahmen zu diesem Zweck Drogen. Sie sahen in Zazen eine Möglichkeit, die Wirkung von Drogen erleben zu können, ohne Drogen nehmen zu müssen. Ich bin zwar sicher, dass es gesünder ist, etwas ohne Drogen als mit Drogen zu bewirken, aber dieses ganze Bestreben bewegt sich nicht nur außerhalb der Religion, sondern ist aktiv gegen die Religion gerichtet. Die Suche nach einer derartigen Erfahrung ist aussichtslos, auch wenn es stimmt, dass das totale geistige Aufgehen im Universum dieses Augenblicks sich von unserem gewöhnlichen Geist voller diskursiver Gedanken und Meinungen unterscheidet. Das Streben nach einer bestimmten Erfahrung setzt eine gewisse Vorstellung von dieser Erfahrung voraus. In einer solchen Situation gibt es im Grunde nur zwei Reaktionen. Entweder gelingt es einem, etwas zu erfinden, das dem ähnelt, was man über die angestrebte Erfahrung gehört oder sich vorgestellt hat, oder man lehnt es kategorisch ab, irgendetwas zu akzeptieren, das auch nur im Entferntesten mit der Erfahrung zu tun haben kann, von der man gehört oder die man sich vorgestellt hat.

Damit sind wir schließlich bei dem am häufigsten genannten Grund dafür angelangt, dass man sich mit irgendeiner Art von religiöser Praxis befasst: dem Gefühl, dass das Leben irgendwie unbefriedigend ist. Das kann durch etwas so Triviales wie eine Abfolge dunkler, regnerischer Tage oder etwas so Tragisches wie den Tod eines Kindes ausgelöst werden. Die erste der vier edlen Wahrheiten des Shākyamuni Buddha, die gewöhnlich übersetzt wird mit: «Alles Leben ist Leiden», sollte aufgrund des indischen Wortlauts eher so formuliert werden: «Alles menschliche Leben ist unzulänglich.» So hat man mir das zumindest erklärt – ich selbst kann kein Sanskrit. Die anderen drei edlen Wahrheiten sind die buddhistische Reaktion auf diese Wahrheit: Die Ursachen der Unzulänglichkeit sind Geburt, Alter, Krankheit und Tod; die Unzulänglichkeit findet ein Ende; der Weg zu diesem Ende ist der achtfache Pfad. Die Zen-Praxis ist eine Möglichkeit, dem achtfachen Pfad zu folgen, der zur Wirklichkeit des menschlichen Lebens und damit zur Erfüllung in diesem Leben führt.

Wir sind nicht alle moderne Shākyamunis – den meisten von uns gelingt es nur gelegentlich, einen Blick auf die Wirklichkeit zu erhaschen, der uns dabei hilft, dieses Leben so zu leben, wie es wahrhaft ist. Selbst eine kurze Zazen-Erfahrung kann uns ein kleines Erleben der Wirklichkeit garantieren. Eine längere Zazen-Erfahrung vermag uns somit die Chance auf eine größere Wirklichkeitserfahrung zu bieten. Der Mensch, dessen Zazen den Versuch darstellt, irgendein vorgefasstes Ziel zu erreichen, ist zu falscher Freude oder echter

Enttäuschung verurteilt. Der Mensch dagegen, dessen Zazen einfach darin besteht, dazusitzen und die ganze Wirklichkeit eines Augenblicks zu erleben, wird wahrscheinlich bald entdecken, dass das Leben auf irgendeine undefinierbare Weise problemloser, weniger unbefriedigend erscheint, ungeachtet der vielen Höhen und Tiefen vergänglicher Phänomene.

3 Was ist «einfaches Sitzen»?

Die Sōtōshū-Praxis des *shikantaza* wird oft mit «einfach sitzen» übersetzt. Das Wort «einfach» in dieser Formulierung (japanisch *shikan*) bedeutet, dass es keinen Teil des Menschen gibt, der nicht völlig am Zazen beteiligt ist. In seiner Schrift (*Fukan Zazengi*) erklärte der Sōtōshū-Gründer Dōgen Zenji Folgendes:

> Verwerft alle Verpflichtung und gebt alle Dinge auf.
> Denkt nicht: «Das ist gut, das ist schlecht.»
> Seid nicht parteiisch, nicht für noch gegen.
> Haltet alle Bewegungen des bewussten Geistes an.
> Urteilt nicht mit Meinungen und Erwägungen.
> Beabsichtigt in keiner Weise, Buddha zu werden.

Und später heißt es:

> Denkt an das Nicht-Denken.
> Wie denkt ihr an das Nicht-Denken?
> Jenseits des Denkens.
> Das ist die wesentliche Weise des Zazen.

Die Praxis des einfachen Sitzens ist in Dōgens Umkehrung der üblichen buddhistischen Formulierung für das Erwachen begründet. Statt der im Allgemeinen gelehrten Abfolge des Lebens nach den buddhistischen Regeln, so dass man die Konzentration (Zazen) praktizieren kann, um das Erwachen zu erreichen, lehrte Dōgen, dass alle Wesen an sich erwacht sind und daher auf natürliche Weise Zazen praktizieren werden, was zu einem Leben führt, das mit den buddhistischen Regeln übereinstimmt.

In den letzten Jahren wurde immer wieder festgestellt, dass das Leben vieler heutiger Zen-Führer – von Priestern wie von Laien – ganz und gar im Widerspruch steht zu den buddhistischen Regeln, egal, ob wir diese Regeln streng oder liberal auslegen (darauf werden wir später eingehen, anlässlich zweier Fragen, die die Regeln für Zen-Priester und die für Zen-Laien betreffen). Das widerlegt nicht Dōgens Lehre, sondern verweist nur auf die Schwierigkeit, unser Erwachen zu verwirklichen und das echte Zazen zu praktizieren. Der bedauerliche Umstand, dass manche Menschen anscheinend keinen Erfolg haben, sollte uns nicht dazu verleiten, die Möglichkeit des Erfolgs von der Hand zu weisen.

Einfaches Sitzen heißt nicht, das Studium von Kōan abzulehnen, genauso wenig, wie es das Ablehnen des Rezitierens, Abschreibens und Studierens von Sūtras bedeutet – es bedeutet einfach, dass man während der Zeit für das Zazen Geist und Körper dem Zazen widmet. Kōan können zu anderen Zeiten studiert werden, als nützliche Führer zu einem buddhistischen Leben. Sūtras können zu anderen Zeiten studiert, abgeschrieben und vorgetragen werden, als eigenständige nützliche Führer und als traditionelle religiöse Praktiken. Es gibt genügend Beweise dafür, dass führende Zen-Priester von den frühesten Zeiten bis heute viele Formen des buddhistischen Lernens und Praktizierens befürwortet haben. Zen, insbesondere das «einfache Sitzen», ist kein Weg der Ablehnung, sondern vielmehr des Akzeptierens einer bestimmten Praxis, des Zazen, als wesentliches Element, das die Praktiken, die Studium und Handeln einbeziehen, unterstützt und von ihnen wiederum unterstützt wird.

Das Problematische am einfachen Sitzen ist, meine ich, in erster Linie die Versuchung, Zazen als eine spezielle Praxis zu betrachten, die keine Beziehung zum täglichen Leben hat, und die Neigung, sich Zerstreuungen hinzugeben, statt dem Zazen die größte Energie zu widmen.

4 Was ist ein Kōan?

Zunächst einmal: Was ist es nicht? Ein Kōan ist kein Rätsel. Rätsel werden gerade durch das diskursive Denken und die Logik gelöst, von denen Kōan uns abhalten sollen.

Wörtlich bedeutet *kō* «öffentlich» und *an* «Aufzeichnung». Der chinesische Begriff *kung-an* bezeichnete ursprünglich einen Regierungserlass oder einen Rechtsfall, der einen Präzedenzfall geschaffen hatte. Im Zen ist damit ein kurzer Text gemeint, gewöhnlich ein Dialog, der eine bestimmte buddhistische Lehre enthält oder die Lehren eines bestimmten Priesters charakterisiert. Die Kōan-Praxis begann in China während der Tang-Dynastie (618-907). Der Zeitraum, in dem die Lehren von Rinzai wie von Sōtō nach Japan gebracht wurden und viele japanische Priester in China studierten, befand sich am Ende der Song-Dynastie (960-1280) und fiel mit dem Höhepunkt der Beliebtheit von Kōan in China zusammen. Etwa 1700 Kōan sollen in China verfasst worden sein.

Ich begegnete Kōan erstmals, als ich am englischen Teil des Gemeindeblatts des Sōtōshū-Tempels mitarbeitete. Jede Ausgabe enthielt einen Aufsatz von einem der Priester im Tempel, und der Priester, der die Aufsätze schrieb, wählte gewöhnlich ein Kōan als Thema. (Kōan sind als Themen für Aufsätze und Vorträge beliebt, sogar in Nicht-Zen-Sekten des Buddhismus.)

Einmal gab es ein Problem mit einem Kōan über einen chinesischen Priester und einen seiner Schüler. Baso (auf Chinesisch Matsu Tao-i, 709-788) hatte seit über zehn Jahren in einer kleinen Klause auf dem Tempelgelände Zazen praktiziert. Eines Tages kam der Oberpriester Nangaku (auf Chinesisch Nan-yüeh Huai-jang, 677-744) in die Klause und erkundigte sich: «Was hast du in letzter Zeit getan?» Baso erwiderte, er habe ausschließlich Zazen praktiziert. Als Nangaku wissen wollte, warum er das getan habe, antwortete Baso: «Um ein Buddha zu werden.» Daraufhin hob Nangaku ein Stück Ziegel auf, das neben ihm lag, und begann es zu polieren. Baso fragte: «Was machst du da?» Nangaku erwiderte, er poliere den Ziegel. Als Baso wissen wollte, warum er das tue, antwortete Nangaku: «Um daraus einen Spiegel zu machen.»

Eine unbestreitbare Aussage dieses Kōan dürfte sein, dass es unmöglich ist, aus einem Stück Ziegel einen Spiegel zu machen. Aber dann musste ich an die dunkelblauen, glänzenden Dachziegel auf vielen japanischen Tempeln denken. Wahrscheinlich würden sie zwar nicht sehr gute Spiegel abgeben, aber wenn man sie sauber polierte, wurden sie anscheinend widerspiegelnd. Schließlich fragte ich den Autor des Aufsatzes danach. Er erwiderte: «Ach, an so etwas denkst du also, wenn du das Wort ‹Ziegel› hörst?! Nein, in diesem Kōan ist etwas gemeint, das eher eine Oberfläche wie ein richtiger Ziegel hat.» Ich hatte plötzlich, wie man so schön sagt, ein Erweckungserlebnis. Zumindest im Hinblick auf «Ziegel».

Bei diesem Kōan ging man im Allgemeinen davon aus, dass es eine bestimmte Form von Kōan-Praxis befürworte, die entwickelt worden sei, kurz bevor Dōgen nach China ging, doch Dōgen zitierte es, um seine eigene Lehre zu untermauern, wonach das Erwachen mit dem Zazen identisch, also weder Ursache noch Wirkung ist. Wie es oft bei Kōan der Fall ist, lassen sich aus dieser Geschichte verschiedene Lehren ziehen.

Zu den Quellen der klassischen Kōan gehören chinesische Geschichten über Zen-Richtungen, die Erweckungsgeschichten und bekannte Lehren aufzeichnen; Sammlungen von Sprüchen bestimmter Priester, gewöhnlich von Schülern dieser Priester angelegt; und Sammlungen aufgezeichneter Predigten für Laien sowie private Lesungen für angehende Priester. Die bekanntesten Kōan-Sammlungen – *Hekiganroku*, *Shōyōroku* und *Mumonkan* – wurden in der Zeit zwischen 1026 und 1166 verfasst und veröffentlicht; sie griffen auf ausgewählte Fallbeispiele aus früheren Quellen zurück und ergänzten die nackten Kōan-Erzählungen mit ausführlichen Kommentaren.

5 Was ist Kōan-Praxis?

Kōan werden auf vielerlei Weise studiert und angewendet, aber die so genannte «Kōan-Praxis» (japanisch *kanna zen*) ist eine formelle Praxis unter der direkten Aufsicht eines Priesters, der die von einer bestimmten Schule verwendete Sammlung von Kōan zusammengestellt hat. Diese Praxis hält sich im Detail generell an das System, das sich Hakuin Ekaku Rōshi (1686–1769) ausgedacht hat. Dieses System war von Anfang an beliebt, dank der Aktionen von Hakuins fast einhundert Schülern, die Priesterhallen (japanisch *sōdō*) eröffneten und sich an die Methode hielten, die ihnen ihr Meister beigebracht hatte.

Zwei «Enkel», Schüler eines Hakuin-Schülers, führten offiziell die beiden Hakuin-Zen-Systeme ein, die noch heute verwendet werden. In diesen Systemen besteht das tägliche Leben derer, die sich in einer Priesterhalle aufhalten (meist Priesterschüler), aus einem straff geregelten Ablauf von Zazen, Kōan-Studium, Arbeit im Innern und im Freien, religiösem Betteln und Sūtra-Rezitationen. Diese Praxis wird im Frühjahr und im Herbst jeweils drei Monate lang absolviert. Schüler dürfen in den Winter- und Sommerquartalen in ihre Heimattempel zurückkehren. Die Kōan, die studiert werden, sind klassischen Kōan-Sammlungen, wie dem *Hekiganroku*, entnommen; einige stammen von Hakuin, wurden aber niemals veröffentlicht, sondern nur mündlich an einen Schüler weitergegeben. Das bekannteste dieser mündlichen Kōan heißt das Geräusch des Einhandklatschens.

Meine eigene Erfahrung mit der Kōan-Praxis dauerte nur einen Tag und war, wie ich später erfuhr, höchst ungewöhnlich. Aufgrund einer Zeitungsanzeige kam ich während meines ersten Sommers in Japan zu einem eine Woche dauernden Sesshin «für Ausländerinnen», das in einem Tempel einer der kleineren Rinzaishū-Sekten abgehalten werden sollte. In einer kleinen Zazen-Halle befanden sich die Abteile mit einer Tatami-Matte, auf der wir Zazen betrieben, schliefen und jeden Tag die beiden formellen Mahlzeiten einnahmen. Die Teilnehmer waren, wie sich herausstellte, eine junge Engländerin, eine Japanerin Ende 20 und ich selbst (damals gerade 47). Als Fiona und ich ins Besprechungszimmer des Priesters gerufen wurden, erfuhr ich, dass ich zur «Dolmetscherin» für Fiona ernannt worden war, deren Japanisch noch begrenzter als meines war. Meine Sprachkenntnisse waren schon für mein eigenes Verständnis absolut ungenügend, ganz zu schweigen vom Dolmetschen für jemand anderes. Das Englisch des Priesters erschöpfte sich, wie wir feststellten, großenteils darin, dass er uns begrüßte und die Zazen-Unterweisungen erteilte. Von dem Augenblick an, da wir das Hauptgebäude betraten, in dem das Besprechungszimmer lag, herrschte also große Verwirrung.

Wie man uns beigebracht hatte, läuteten wir eine Glocke, um Einlass zu begehren, dann warteten wir, bis der Priester die Glocke anschlug, die uns zu ihm rief. Wir traten ein, verbeugten uns vor dem Altar und vor dem Priester und setzten uns nebeneinander in unserer besten Annäherung an das *seiza*, die kniende Position, bei der das Gesäß auf den Fersen ruht und die bei allen offiziellen Anlässen eingenommen wird. Der Priester erklärte uns, unser Kōan laute (so, wie ich es damals verstand und es mir jetzt erinnerlich ist): «Sitzen ist das Zazen des Körpers. Was ist das Zazen des Geistes?» Wir wurden angewiesen, während all unserer Aktivitäten und sogar im Schlaf an diese Frage zu denken. Dann wurden wir mit einem Glockenton entlassen und gingen mit Verbeugungen hinaus, zurück in die Zazen-Halle. In der ersten Pause diskutierten Fiona und ich über die Frage, doch wir hatten einander nicht viel zu sagen, da diese Erfahrung für uns beide völlig neu war. Einen Tag später gingen wir noch einmal zum Besprechungszimmer. Dieses Mal wurde ich aufgefordert, als Erste einzutreten und meine Antwort vorzutragen. Sie lautete *«shikantaza»*, eine Formulierung, die mir vor allem deshalb in den Sinn kam, weil ich wusste, was sie auf Englisch bedeutet. Dann trat Fiona ein, während ich dablieb. Ihre Antwort lautete *«mu»* (wörtlich «nichts» oder «nicht»), wahrscheinlich aus dem gleichen Grund wie bei mir. Dann sagte der Priester in etwa: «Ihr irrt euch beide. Ihr hättet sagen sollen *satori.*» Das war das Ende unserer Kōan-Praxis.

So kurz und exzentrisch diese Erfahrung auch war, enthielt sie doch den wesentlichen Punkt der Kōan-Praxis, nämlich das Bestreben, mit dem Kōan eins zu werden. Ruth Fuller Sasaki, eine der ersten Frauen aus dem Westen, die als Priesterin im japanischen Rinzaishū-Zen zugelassen wurden, hat dies so geschildert:

> Das Beherrschen des Zazen ist die Grundlage für das Kōan-Studium. Während der Zazen-Praxis befasst man sich mit dem Kōan. Falsch wäre es zu sagen, es würde als Gegenstand der Meditation verwendet. Das Kōan wird von dem vorbereiteten Instrument übernommen, und wenn eine Verschmelzung von Instrument und Mittel stattfindet, wird der Bewusstseinszustand erreicht, den zu erleuchten die Intention des Kōan ist, und in diesem Augenblick ist das Kōan gelöst. Diese Erfahrung kann während der formellen Zazen-Praxis erfolgen – ebenso unter jeder Bedingung und zu jeder Tages- oder Nachtzeit.

In einer traditionelleren Form wird jedem Schüler zunächst ein Kōan vom Instrukteur der Priesterhalle zugewiesen. Antworten auf das Kōan werden ein- oder zweimal am Tag vorgetragen, außer während eines Sesshin – da kann dies mehrmals am Tag der Fall sein. Dieses Vortragen der Antwort, *sanzen* genannt (wörtlich Teilnahme am Zen), beginnt mit einer förmlichen Anfrage und der entsprechenden Erlaubnis, die durch einen Austausch von Glockentönen signalisiert werden, gefolgt von tiefen Verbeugungen. Schüler und Instrukteur sitzen einander gegenüber, während der Schüler das ihm zugewiesene Kōan formuliert und eine Antwort gibt. Wenn der Instrukteur die Antwort als für dieses Kōan gültig akzeptiert, kann der Schüler aufgefordert werden, sich eine Überschrift dafür auszudenken, die aus einer Sammlung von Zen-Gedichten ausgewählt werden soll und das nächste Mal vorgetragen wird. Andernfalls läutet der Instrukteur die Glocke, die das Ende des Gesprächs signalisiert, wobei er möglicherweise zuerst ein Wort der Ermutigung hinzufügt oder einen Hinweis auf die richtige Richtung gibt.

6 Was ist Satori?

Das Wort *satori* ist die substantivierte Form von *satoru*, einem japanischen Verb, das so viel bedeutet wie «die Augen öffnen, erwachen und klar sehen». Diese Wörter, besonders das Verb, werden auch in alltäglichen Zusammenhängen und nicht ausschließlich als religiöse Begriffe verwendet. In einem Japanisch-Englisch-Wörterbuch werden folgende Beispielsätze für die Verwendung des Verbs angegeben: «Er wird es nach und nach besser *wissen*», «Er *verstand den Wink* und ging» und «Als ich mir über die Schädlichkeit dieses Lasters *klar wurde*, habe ich das Rauchen aufgegeben».

Der Buddhismus entstand mit dem Erwachen von Shākyamuni Buddha, als er reglos unter einem Baum saß. In diesem Erwachen erblickte der Buddha deutlich, als Teil seines eigenen Seins und seiner Empfindungen, was wir inzwischen die vier edlen Wahrheiten, den achtfachen Pfad und die zwölfgliedrige Kette der bedingten Entstehung nennen.

Dieses Ereignis im Leben des Buddha wird – ebenso wie ähnliche Ereignisse im Leben späterer Buddhisten – in westlichen Übersetzungen oft als Erleuchtung bezeichnet. Wir müssen, glaube ich, die unterschiedlichen Implikationen der Wörter «Erleuchtung» und «Erwachen» genau berücksichtigen. Vor allem ist das Erwachen etwas, das von einem selbst sowohl vollzogen als auch erfahren wird. Die Zeit des Erwachens kann zwar von etwas Äußerem ausgelöst werden (im gewöhnlichen Denken), aber die Handlung ist etwas ganz und gar Innerliches und Einsames (ebenfalls im gewöhnlichen Denken). Die Erleuchtung dagegen ist etwas, das nur als Folge irgendeiner Handlung außerhalb von einem selbst geschehen kann. In der Sprache des Buddhisten oder in der gewöhnlichen Rede sagen wir: «Ich wurde erleuchtet.» Nie sagen wir: «Ich erleuchtete», in der Weise, in der wir etwa sagen: «Ich erwachte.»

Im Falle des Buddha Shākyamuni sowie all jener, die später das wahre Satori erfuhren, hat das Erlebnis des Erwachens, auch wenn es in einem Augenblick erfolgte, das weitere Leben verändert. Zwar mögen viele Jahre vergehen, bevor für andere die vollen Auswirkungen offenkundig werden – wenn einem die Augen geöffnet werden, wird derjenige, der erwacht, das Universum vom Augenblick des Erwachens an mit anderen Augen sehen. Der Augenblick an sich ist nur ein Moment wie jeder andere – die Auswirkungen, die das Erwachen nicht nur für das ganze verbleibende Leben des Erwachenden, sondern auch für all jene hat, die vom Erwachenden beeinflusst werden können, sind ein einzigartiger Schatz.

Als Zen im Westen populär zu werden begann, bezeichneten diejenigen, die sich damit befassten, Satori als eine Art surrealistischer Verzückung. Sie behaupteten sogar, Satori könne durch die Einnahme von Drogen erfahren werden. Derartige Vorstellungen sind grundfalsch. Wir können, glaube ich, die Erfahrung des Satori selbst beurteilen, indem wir die Handlungen des Buddha Shākyamuni in der Zeit unmittelbar nach seinem Erwachen betrachten.

Unter den ersten aufgezeichneten buddhistischen Lehren befinden sich mehrere übereinstimmende Geschichten über die Zeit, als Siddhārtha Gautama, ein junger Mann, der viele Jahre als wandernder religiöser Sucher und Asket verbracht hatte, der Erwachte wurde (so die wörtliche Bedeutung des indischen Begriffs *buddha*). Zuerst blieb er sieben Tage lang reglos unter einem Baum sitzen und gab sich der Kontemplation der vollen Bedeutung der erwachten Wahrheit hin. Danach erforschte er sein neues Verständnis weiter, während er jeweils sieben Tage lang unter einer Reihe anderer Bäume saß. Gewöhnlich ist von sieben Wochen die Rede, die diese Kontemplation in Anspruch nahm, auch wenn einige Versionen unterschiedliche Zahlen von Bäumen und damit auch von Wochen aufführen. Gegen Ende dieser Zeit wandte der Buddha seine Aufmerksamkeit der Frage zu, ob er anderen auf dem Weg zum Öffnen ihrer Augen helfen könne. Schließlich entschied er, dass er zumindest die fünf Männer, mit denen er die Askese praktiziert hatte, ausfindig machen und versuchen müsse, ihnen etwas von der Wahrheit zu vermitteln, zu der er erwacht war, in der Hoffnung, dass die fünf auf diese Weise ebenfalls in der Lage sein könnten, ihre Augen zu öffnen. Dies war die erste Frucht des Satori.

7 *Was ist* kenshō?

Kenshō ist der spezielle Begriff, der manchmal für die erste Erfahrung des buddhistischen Erwachens wie auch für jedes derartige Erwachen gewöhnlicher Menschen verwendet wird, so dass sich mit Satori ausschließlich das Erwachen des Buddha und einer kleinen Zahl berühmter Buddhisten aus früherer Zeit bezeichnen lässt. Die beiden chinesischen Schriftzeichen, aus denen sich Kenshō zusammensetzt, bedeuten das Verb «sehen, beobachten, prüfen» und das Substantiv «Wesen, Qualität» oder «Reinheit». Die Grundbedeutung von Kenshō ist somit etwa «das Wesen oder die Qualität sehen», ohne dass daraus hervorgeht, ob das Wesen von einem selbst (wie es in englischen Übersetzungen des Begriffs oft heißt) oder ob das Wesen aller Zeit und allen Raums gesehen wird (die, wie uns der Buddhismus lehrt, keineswegs von uns getrennt werden können).

Das Erwachen und das Verstehen der Wirklichkeit sind die Grundlage jedes Buddhismus, nicht nur des Zen-Zweigs. Innerhalb der Zen-Schulen und zwischen diesen Schulen und anderen Zweigen des Buddhismus gibt es allerdings große Unterschiede im Hinblick darauf, wie das Erwachen erfolgen und was sich aus einem geringen Verstehen ergeben kann. Die Schulen, die am meisten betonen, dass die Erfahrung des Kenshō unumgänglich sei, nehmen anscheinend am wenigsten Rücksicht darauf, wie das Kenshō die folgenden Handlungen dessen, der es erfährt, verändert (oder nicht verändert).

Zu Beginn meiner Erfahrung mit Zazen bat ich einen Priester im Zenshuji, dem Sōtōshū-Tempel in Los Angeles, um einige Bücher über Zen. Eines von denen, die er mir lieh (und mit ziemlicher Sicherheit selbst nicht gelesen hatte), war Philip Kapleaus *Die drei Pfeiler des Zen.* Ich erinnere mich noch an zwei Stellen aus diesem Buch: Die eine handelte vom «Schweben» über dem Kissen, die andere vom Kenshō, das «Erleuchtung» genannt wurde. Zum Glück las ich die Passage über das Schweben zuerst. Der Autor bemerkt, es komme ziemlich häufig vor, dass Menschen mit etwas Erfahrung mit Zazen während einer Zazen-Phase das Gefühl hätten, über dem Kissen, auf dem sie sitzen, in der Luft zu schweben. Begierig nahm ich diese faszinierende Beobachtung auf. Und nur ein paar Tage später, während ich abends zu Hause Zazen praktizierte, allein, hatte ich den Eindruck, ich würde mich über das Kissen erheben. Nun, sofern das echte Zazen vor diesem Zeitpunkt geschehen war, endete es mit Sicherheit in diesem Augenblick der fröhlichen Selbstgefälligkeit! Als ich das Erlebnis gegenüber dem Zenshuji-Priester erwähnte, der mir das Buch geliehen hatte, erwiderte er allerdings nur: «Ach, wirklich?» Während ich mich noch über seine mangelnde Begeisterung wunderte, begann ich über das nachzudenken, was geschehen war. Als ich mich an Details des Erlebnisses zu erinnern versuchte, ging mir auf, dass für einen Leser, der sich auf eine derartige Behauptung einlässt, nur zwei Reaktionen möglich sind. Entweder man wiederholt gleich so getreu wie möglich die Erfahrung, von der jemand anders gesprochen hat, oder man schwört in Gedanken, man würde auch in tausend Jahren nicht den Hauch einer solchen Erfahrung machen. Ich sagte, ich hätte zum Glück zuerst die Stelle über das Schweben gelesen, bevor ich zu der über die «Erleuchtung» kam, denn da war ich bereits durch meine Analyse der ersten Stelle ein wenig immun geworden und bemühte mich, das, was das Buch schilderte, weder zu wiederholen noch zu vermeiden.

Doch selbst dann noch war ich schrecklich beeindruckt davon, dass alle Menschen, von denen in dem Text die Rede war, derartige Höhepunkte der Zen-Praxis erreicht hatten. Ich beendete einfach die Lektüre, gab das Buch zurück und vergaß es im Großen und Ganzen. Fast zehn Jahre später wollte jemand in der Zazen-Gruppe im Taisōji, dem Tokyoter Tempel, in dem ich bei den Gottesdiensten assistierte, von mir wissen, was ich von dem Buch im Allgemeinen und von den Kenshō-Geschichten im Besonderen hielte. Bevor ich darauf antwortete, lieh ich mir das Buch von dem Fragesteller und las den Abschnitt über Kenshō nach. Diesmal hatte ich aufgrund von mehr Ausbildung, Erfahrung und Wissen aus verschiedenen Quellen einen völlig anderen Eindruck. Bei dieser zweiten Lektüre beeindruckten mich am meisten die praktisch identischen Schilderungen eines japanischen Teenagers, eines US-Amerikaners mittleren Alters und einer ganzen Gruppe anderer Menschen mit ähnlich unterschiedlichem Background. Aufgrund meiner jahrelangen Erfahrung als Autorin und Redakteurin zweifelte ich daran, dass die Erlebnisschilderungen so ähnlich ausfallen würden, wenn dieselbe Gruppe von Menschen eine gewöhnliche Mahlzeit zu sich genommen und später ihre Eindrücke beim Essen beschrieben hätte. Wie also konnte dann eine viel weniger öffentliche, einsame Erfahrung derart einheitliche Reaktionen hervorrufen? Und da erinnerte ich mich an die Lehre, die ich aus dem «Schweben» gezogen hatte. Alle Personen in Kapleaus Buch gehörten ein und derselben Zazen-Gruppe an, und derselbe Priester war für Zazen zuständig und erteilte formelle wie informelle Zen-Instruktionen. Auch wenn die Instruktion wahrscheinlich keine Details enthielt, wurde mit Sicherheit eine ziemlich klare allgemeine Vorstellung vermittelt, dass «ihr Kenshō erlebt, wenn ihr dieses Muster erlebt».

Der übliche Zen-Begriff dafür, dass man die Erfahrung eines anderen aufgreift und sie als eigene versteht, lautet «den Schatz eines anderen Menschen zählen». Ein klassisches Kōan (aus dem *Sambyakusoku*) erzählt davon, wie Kyōgen viele Jahre damit verbrachte, von Isan zu lernen. Doch so sehr sich Kyōgen auch bemühte – er erlebte nicht einmal ein kleines Erwachen. Schließlich bat er seinen Meister Isan, ihm die Bedeutung der buddhistischen Wahrheit zu erklären. Isan lehnte dies ab und sagte, das sei etwas, was jeder Mensch direkt erfahren müsse. Kyōgen verließ verzweifelt den Tempel und lebte fortan allein in einer Berghütte. Es verging eine lange Zeit. Eines Tages kehrte er vor seiner Hütte, als der Besen einen Kieselstein gegen einen Bambusstamm fliegen ließ. Bei dem Geräusch des auf den Bambus auftreffenden Kieselsteins erwachte Kyōgen plötzlich. Daraufhin kehrte er in den Tempel zurück, bedankte sich herzlich bei Isan, weil er geschwiegen hatte, und sagte, nur dank Isans entschiedenem Schweigen habe er die Gelegenheit für die wunderbare Erfahrung des Erwachens gehabt.

Kenshō tritt in vielen Formen auf, aber in jeder Form muss es das eigene, einzigartige Kenshō sein.

8 Wodurch unterscheidet sich Zazen von anderen Formen der buddhistischen Meditation?

Die verschiedenen Zweige des Buddhismus befürworten eine ganze Fülle von Praktiken, die sich unter dem Begriff Meditation subsumieren lassen. Bei einigen geht es um bewegungslose Stille, bei anderen um Bewegungen wie Gehen, und wieder andere basieren auf Sprechgesang. In allen Fällen werden die Praktiken als eine Kombination von Methoden betrachtet, die zum Erwachen führen, und von Handlungen, die dieses Erwachen widerspiegeln.

Zazen, insbesondere das Shikantaza der Sōtōshū, konzentriert sich darauf, das ganze Universum als vereint zu erfahren und die falsche Vorstellung von einem getrennten Selbst abzulegen. Andere Formen der buddhistischen Meditation hingegen ermutigen generell zu einem Sichzurückziehen in das trügerische Selbst, wobei die Sinne für alles verschlossen werden, das als außerhalb des getrennten Selbst gilt. Sie halten allerdings eine Konzentration aufrecht, die den Fluss der Meinungen und des begrifflichen Denkens verhindert.

Varianten der buddhistischen Meditationspraktiken sind unter anderem die ausgiebige Rezitation von Sūtras oder einer kurzen Formel der Verehrung gegenüber einem Buddha oder einem Sūtra, Visualisierungsübungen und die Konzentration auf die Details körperlicher Handlungen.

Man könnte meinen, dass der Sprechgesang – eines ganzen Sūtra oder einer kurzen Formel wie «*Namu Amida Butsu*» (Ehrfurcht vor Buddha Amida) –, viele Male wiederholt, mit Sicherheit dem Fluss des diskursiven Denkens Einhalt gebieten müsste. Wenn der zu rezitierende Text von einer Seite abgelesen wird, ohne dass man ihn auswendig gelernt hat, wird jeder aufkommende diskursive Gedanke den Fluss des Rezitierens unterbrechen. Doch sobald die Worte (oder die Handlungen, die erforderlich sind, um diese Worte in dieser Abfolge zum Ausdruck zu bringen) auswendig gelernt sind, ändert sich die Situation. Das Rezitieren von Sūtras während eines Gedenkgottesdienstes gilt eigentlich nicht als eine Form der Meditation für den Priester, der den Gottesdienst abhält. Zum Glück, denn oft merke ich, wie ich denke: Was macht dieser Mensch in der dritten Reihe bloß?, während ich damit fortfahre, ein Sūtra zu rezitieren. Die meiste Zeit kann ich in mein Buch schauen, finde meine Stelle und fahre fort, ohne den Sprechgesang zu unterbrechen. In manchen Fällen habe ich den Sprechgesang bis zum Ende durchgehalten, ohne auf den Text zu schauen. Ein derartiges Vorgehen ist weder eine gute Meditation noch ein gut absolvierter Gedenkgottesdienst. Es beweist jedoch, wie leicht sich unser Geist ablenken lässt.

Beim Sprechgesang sind alle Wahrnehmungen außerhalb des gesungenen Textes und des Selbst, das singt (sowie der Stimmen der anderen in der Gruppe, falls es sich um den Sprechgesang einer Gruppe handelt), Ablenkungen, die minimiert werden müssen. Die Folge ist ein getrenntes Selbst, das nur einen eng begrenzten Ausschnitt des Universums außerhalb dieses Selbst wahrnimmt.

Visualisierungsübungen verlangen eine totale Konzentration, die alles außerhalb der Visualisierung ausschließt, die als ein Produkt des Selbst existiert. Ein Tendaishū-Priester hielt einmal im Monat eine Vorlesung, die mit einer kurzen Zazen-Phase schloss. Während dieses Zazen forderte er uns auf, ruhig zu werden und uns zu konzentrieren, und dann führte er uns auf eine «Reise zum Mond». In dieser Zeit, die uns anschließend ziemlich lang vorkam, obwohl sie, wie ich vermute, in Wirklichkeit nur ein paar Minuten währte, stellte sich jeder Teilnehmer den Mond als Zeichnung auf einer Schriftrolle vor, dann so, wie er von der Erde aus erscheint und wie ihn ein Mensch sieht, der sich durchs Weltall auf ihn zubewegt. Als wir schließlich in den Mondorbit gelangten, hielten wir inne und kehrten nach und nach auf die gleiche Weise zurück, wie wir zum Mond aufgestiegen waren. Jeder Augenblick der Nichtaufmerksamkeit während des ganzen Vorgangs führte zu einem Verlust des bis zu diesem Augenblick erreichten visuellen Musters. Trotz der scheinbaren Einfachheit der Übung fand ich, dass es äußerst schwierig war, die Konzentration die ganze Zeit über aufrechtzuerhalten. Jede Wahrnehmung außerhalb der Visualisierung, etwa, wenn man einen Windhauch verspürte oder einen Lastwagen in der Nähe vorbeirumpeln hörte, zerstörte natürlich die erforderliche Konzentration. Diese Übung sowie andere ähnliche Übungen erfordern eine totale

Konzentration auf einen einzelnen Denkvorgang, sogar bis hin zum Ausschluss der Empfindungen des eigenen Körpers.

Die vollständige Konzentration auf winzige Details einer einfachen Handlung, etwa ein langsames Schreiten, oder auf die visuellen Komponenten der Szene vor einem, erfordert eine ähnlich nachhaltige Aufmerksamkeit für das, was im Prinzip ein vom Selbst erschaffener Begriff ist. Zwei Menschen können diese Praktiken nicht auf die gleiche Weise erleben. Zwei sehen nicht den gleichen Mond, und der Mond, der gesehen wird, hat mit allem anderen im Universum überhaupt nichts zu tun, außer mit dem Geist, der das Sehen ausübt.

9 Wodurch unterscheidet sich Zazen von der Meditation in anderen Religionen oder Praktiken?

Die meisten Praktiken, die als «Meditation» bezeichnet werden, bestehen aus der Konzentration auf einen bestimmten Text. Diese Konzentration auf Worte und Begriffe ist dem für Zazen charakteristischen Loslassen von Worten und Begriffen entgegengesetzt. Aus diesem Grund vermeiden es die meisten Zen-Priester und Laienführer, den Begriff «Meditation» zu gebrauchen, und sprechen direkt von «Zazen».

Eine Anweisung für die katholische Meditation beispielsweise besagt, dass ein Vers aus der Bibel, eine kurze Passage aus einem anderen religiösen Text oder eine Formulierung wie «Jesus liebt mich» im Mittelpunkt der Meditation stehen kann, und hält fest, dass man aufrecht mit geschlossenen Augen dasitzen solle. Als Erstes fällt uns vielleicht als Unterschied zum Zazen das Schließen der Augen auf. Wir Menschen haben nur unsere Sinne, die uns beim Wahrnehmen der Wirklichkeit behilflich sind. Von allen Sinnen wird dem Sehen gewöhnlich die größte Aufmerksamkeit gewidmet. Und für den Buddhisten heißt Verstehen nun einmal «erwachen» oder «die Augen öffnen». Doch in der christlichen Meditation über einen Text wird der Sehsinn höchstens kurz benutzt, nämlich, um den gewählten Text zu lesen, und dann bewusst abgeschaltet.

Weniger offensichtlich ist, dass die Meditation über einen Text eine Methode zur Erkundung unserer Begriffe ist. Lautet der gewählte Text beispielsweise «Gott liebt mich», müssen wir zuerst die Begriffe entwickeln, die wir «Gott», «lieben» und «ich» nennen. Dann gehen wir zur Formulierung von Begriffen für die wechselseitigen Beziehungen zwischen den ersten drei Begriffen über, und später gelangen wir vielleicht zu Begriffen, die diese wechselseitigen Beziehungen auf zusätzliche Ausgangsbegriffe ausweiten. All das ist schön und gut, wenn man Begriffe erkunden und ausweiten möchte. Zazen hingegen ist darauf bedacht, dass wir unsere Begriffe loslassen und die Wirklichkeit ohne die Schleier von Begriffen und Meinungen wahrnehmen.

Man kann natürlich bewegungslos in einem großartig korrekten vollen Lotossitz dasitzen, während man sinnliche Wahrnehmungen ausschaltet und innere Strukturen von Begriffen über Begriffe aufbaut. Das ist allerdings nicht Zazen.

Andere Meditationstraditionen enthalten Praktiken ohne Worte und konzentrieren sich damit weniger auf Begriffe, aber fast alle versuchen, zwischen «inneren» und «äußeren» Sphären zu unterscheiden, wobei die Aufmerksamkeit einzig und allein der als «innere» definierten Sphäre gewidmet wird. Auch dies ist eine Verstärkung einer Illusion, die Zazen zerstören soll.

10 Muss man Buddhist sein, um Zazen zu praktizieren?

Nein und ja. Die Antwort hängt teils davon ab, wie man Zazen definiert, teils davon, welche andere Religion man praktiziert – wenn überhaupt eine. Sehen wir uns zuerst die Definition an. Nach der meinen ist es erforderlich, sich auf Zazen als religiöse Praxis, nicht als mentale Übung einzulassen und sich fortwährend zu bemühen, sich direkt auf die Wirklichkeit zu konzentrieren, ohne Bezug zu seinen früheren Begriffen und Meinungen. Meiner Meinung nach ist es höchst bedauerlich, dass die alte und angesehene indische religiöse Praxis namens Yoga heute für die meisten Menschen im Westen eine Art körperliche Übung bedeutet. Wenn man von der Vorstellung ausgeht, eine körperliche Übung zu absolvieren, um den eigenen Körper fitter zu machen, ist es vielleicht möglich, zu einer tiefen religiösen Erfahrung zu gelangen, doch halte ich das für eher unwahrscheinlich. Auf ähnliche Weise befassen sich viele Menschen im

Westen mit dem, was sie «Zen» oder «Zazen» nennen, wie mit einer mentalen Übung. Die Wahrscheinlichkeit, dass man zu einem das Leben verändernden religiösen Erwachen gelangt, wenn man sich vornimmt, «seine Konzentrationsfähigkeit zu verbessern» oder «weniger labil zu sein», erscheint mir sogar noch geringer als beim Yoga.

Gewiss hat der Buddhismus kein Patent darauf, aufrecht mit überkreuzten Beinen dazusitzen. Der Lotossitz, der so sehr zu jeder Art von Buddhismus gehört, ist einfach eine stabile Haltung, wenn man auf dem Boden oder auf einer niedrigen Unterlage sitzt. Diese Haltung hat es schon vor dem Buddha Shākyamuni gegeben, und sie wird in großen Teilen Asiens seit Jahrtausenden eingenommen. Eindeutig wird Zazen nicht allein durch eine Haltung erzeugt. Es ist absolut möglich, im Lotossitz dazusitzen, während man zum Beispiel geistig ein ganz neues soziales System aufbaut oder Wissen paukt, das man für eine Schulprüfung braucht. Allerdings würde niemand diese Tätigkeiten als «Zazen» bezeichnen.

Komplexer ist die Frage nach anderen Religionen. Für Menschen, die überhaupt keine Religion haben, gibt es kein Problem. Bei Menschen, deren Religion eher eine des Handelns als eine des Glaubens ist, verhält es sich gewöhnlich ebenso (da ich nicht über alle möglichen Religionen Bescheid weiß, kann ich da nicht völlig sicher sein). Für Menschen, deren Religion Glaubenssache ist, insbesondere wenn sie einer monotheistischen Religion angehören, gibt es wahrscheinlich ein Problem.

Ich habe einmal als Diskussionsthema für meinen buddhistischen Englischkurs, an dem junge japanische Priester teilnahmen, einen US-amerikanischen Zeitungsartikel herangezogen, der von einem katholischen Priester handelte, der auch der buddhistischen Priesterschaft beigetreten war. (Eigentlich konnte man ihn korrekterweise nicht als buddhistischen Geistlichen bezeichnen, da die Person, die ihn aufgenommen hatte, damals noch nicht dazu berechtigt war. Doch das ließen wir bei unserer Diskussion außer Acht.) Zu meiner Überraschung fand keiner meiner Schüler irgendetwas merkwürdig an dieser Situation. Vielmehr erklärten sie mir sogleich, in Japan sei es noch immer üblich, dass jemand sowohl im Shintoismus als auch im Buddhismus zum Priester geweiht werde. Was bis 1868, als die Meiji-Restauration nicht nur die Regierung, sondern auch die Kultur Japans revolutioniert hatte, einfach «japanische Religion» gewesen war, wurde per Regierungserlass «Shintoismus», «Buddhismus» und «Konfuzianismus». Bis dahin hatte man oft gemeinsame Lokalitäten und Priester. Der Buddhismus wie der Shintoismus sind Religionen des Handelns. Die Anhänger vollzogen buddhistische Handlungen (zu denen auch Zazen zählt) in den buddhistischen Gebäuden unter der Aufsicht eines entsprechend gewandeten buddhistischen Priesters. Dieselben Anhänger vollzogen shintoistische Handlungen (indem sie etwa die *kami* oder Wächtergeister um Unterstützung anriefen) in den Shintō-Gebäuden unter der Aufsicht eines entsprechend gewandeten Shintō-Priesters, der dieselbe Person wie der buddhistische Priester sein konnte. Da sich die Handlungen unterscheiden, nimmt man hier keinen Konflikt wahr. Die Anhänger werden nicht aufgefordert, entweder an den Buddha oder die *kami* zu «glauben». Buddhas und *kami* werden einfach als Namen für Aspekte unseres Universums verwendet, genauso wie Gras und Sterne, und auch wir selbst sind Namen für derartige Aspekte.

Die Bedeutung all dessen für das Zazen liegt in der Wahrnehmung der Wirklichkeit durch den unvoreingenommenen Geist des Zazen. Ein reiner Geist, der jeden Augenblick erlebt, kann das Einssein aller Wesen und die Vergänglichkeit sämtlicher Phänomene erfahren. Ein Geist, der bereits von der Vorstellung eines ewigen Wesens geprägt ist, das unabhängig vom Universum ist, muss diese Erfahrung ablehnen oder sie nur durch die Filter früherer Vorstellungen wahrnehmen. Ein katholischer Priester und Professor der Theologie diskutierte mit mir einmal über Zazen und Erwachen. Er habe gehört, so erklärte er mir, dass Zazen zur Erfahrung der Einheit von Subjekt und Objekt, von Selbst und Buddha führe. Ich bestätigte dies – seine Aussage sei eine Möglichkeit, diese Erfahrung in begrenzte Worte zu fassen. Dann sagte er, im nächsten Augenblick erkenne man natürlich, dass das Selbst und Buddha nicht nur getrennt, sondern völlig verschiedene Wesenheiten seien. Mit anderen Worten: Jemand, der in einem Augenblick die Wirklichkeit direkt erfährt, muss diese Wirklichkeit im nächsten Augenblick ablehnen, um zu einer vorgefassten Theorie zurückzukehren. Nein. Zazen bietet die Möglichkeit, die Wirklichkeit so zu sehen, wie sie ist, frei von all unseren menschlichen Erfindungen und Plänen. Still dazusitzen, ganz gleich, wie vollkommen die Lotoshaltung ausfällt, ist nicht

Zazen, wenn es eine Wiederholung unseres normalen diskursiven Denkens ist, egal, ob der Diskurs sich mit einem vom ganzen Universum unabhängigen Wesen befasst oder mit Dingen, die wir auf dem Heimweg vom Zazen kaufen sollen.

11 Dient Zazen der Bewältigung psychischer oder neurologischer Probleme?

Heutzutage wird alles Mögliche als «stresslindernd» angepriesen, und oft gehört dazu auch Zazen. Wie ich bereits festgestellt habe («Warum praktiziert man Zazen?»), erleben wir gewöhnlich nur beim Zazen, dass wir still und bewegungslos sind, während wir wach sind. Diese Erfahrung, bei der der Geist sich nicht entschieden auf den Augenblick einlässt, wirkt in zwei Richtungen. Die meiste Zeit ist bewegungslose Stille für den Großteil der Menschen entspannend. Ja, sie kann zum Schlaf führen, wenn man sich nicht bemüht, wach zu sein. Es gibt genügend Geschichten von Leuten, die fest einschliefen, während sie aufrecht in der Zazen-Haltung dasaßen. Vor kurzem habe ich eine über den Vorsteher eines Ausbildungstempels gehört, der die Auszubildenden regelmäßig ermahnte, ihre Schlafenszeit zugunsten von zusätzlicher Zazen-Zeit zu reduzieren. Als die Glocke zur Teepause nach dem Zazen läutete, schlief der «schlaflose» Vorsteher so tief und fest, dass er beim Klang der Glocke nicht erwachte. Das tat er auch nicht, als alle anderen die Halle verließen und sie am Ende der Teepause wieder betraten (ich garantiere, dass das Kommen und Gehen auf jeden Fall korrekterweise so geräuschlos wie möglich erfolgte). Irgendwann während der nächsten Zazen-Phase wachte er schließlich auf. Während der ganzen Zeit verharrte er in seiner Haltung. «Zazen» als Schlafersatz oder als stresslindernde Maßnahme ist eine weitere der vielen Formen des traditionellen Sitzens, ohne dass man wirklich Zazen praktiziert.

Vorausgesetzt, man bleibt wach, kann ein unkonzentrierter Geist auch zu Tagträumen oder in manchen Fällen gar zu Albträumen führen. Die Freiheit, der Bewegung und dem Sprechen keine Aufmerksamkeit widmen zu müssen, lässt dem Geist Zeit, unter Umständen in alle möglichen Richtungen zu schweifen. Für einen gesunden Menschen ist dies eine angenehme und beruhigende

Erfahrung, auch wenn das Ergebnis kein echtes Zazen ist. Bei einem bereits deprimierten Menschen allerdings wird dieser Zustand geradezu dazu angeregt, über eine vage Unzufriedenheit hinaus völlig unerträgliche Dimensionen anzunehmen. Und bei einem zornigen Menschen besteht die Gefahr, dass sich eine milde Verstimmung zu einer mörderischen Wut auswächst.

Aus diesem Grund raten verantwortungsbewusste Zen-Führer Menschen dringend davon ab, Zazen zu praktizieren, während sie unter irgendeinem psychischen oder neurologischen Problem leiden. Versucht man Zazen in einer Gruppe zu betreiben, kann dies das Problem verstärken – fast sicher ist dies der Fall, wenn man Zazen allein zu praktizieren versucht. Die harten Bedingungen in einem Ausbildungstempel für neue Priester führten dazu, dass ein Schüler, den ich kenne und der als Alkoholiker auf Entzug eingetreten war, wieder zu trinken anfing, als er den Tempel verließ. Ein anderer Schüler trat in unübersehbar instabilem Zustand ein, und als er ging, war er nicht mehr in der Lage, mit dem Alltag klarzukommen.

Nein, Zazen eignet sich eindeutig nicht dazu, psychische oder neurologische Probleme zu beheben.

12 Verschafft mir Zazen Frieden?

Mein Meister (das heißt der Priester, der mich als Schüler annahm) fragt oft diejenigen, die nach einem friedvollen Geist durch Zazen streben, woher der friedvolle Geist ihrer Meinung nach denn kommen solle. Er könne doch nicht durchs Fenster hereinschweben! Er erklärt ihnen, dass sie, wenn sie von Anfang an keinen friedvollen Geist haben, auch am Ende keinen haben können. Beim Zazen, wiederholt er, geht es nicht darum, einen friedvollen Geist oder sonst etwas zu gewinnen. Es beruhigt unsere normalen, beharrlichen Begierden, auch die nach einem «friedvollen Geist», so dass wir die Wirklichkeit wahrnehmen können. Diese Wirklichkeit, die wir erkennen, wenn wir hören und sehen und unsere anderen Sinne öffnen, schließt den friedvollen Geist mit ein, der den Dharma kennt. Die Jagd nach innerem Frieden ist wie ein Versuch, einen Schmetterling zu erhaschen und festzuhalten. Wenn es uns gelingt, unsere Finger um den Schmetterling zu schließen, zerstören wir die lebendige Schönheit, die wir begehrt haben. Wenn wir andererseits eine Hand öffnen und bewegungslos warten, lässt sich der Schmetterling vielleicht auf dieser Hand nieder und gestattet uns, seine Vollkommenheit zu bewundern.

Ein bekanntes Kōan erzählt von Bodhidharma, dem Meister, der die Zen-Lehren in China eingeführt haben soll, und einem Schüler, der einen friedvollen Geist suchte (Beispiel 41 des *Mumonkan*, «Daruma beruhigt einen Geist»). Als Eka, der Schüler, Bodhidharma bat, seinen Geist zu beruhigen, erwiderte der Meister: «Bring mir deinen Geist, und ich werde ihn beruhigen.» Eka machte sich zwar viele Tage lang eifrig auf die Suche, musste aber schließlich eingestehen, dass er seinen Geist nicht finden konnte, um ihn zu präsentieren. «Siehst du», sagte Bodhidharma, «er hat bereits seinen Frieden.»

Je bemühter wir nach Frieden oder etwas anderem als einem Ergebnis unseres Zazen suchen, desto weniger ist es uns möglich, es zu finden. Nur indem wir all unsere Vorstellungen vom Suchen und Gewinnen aufgeben, können wir zu der Wirklichkeit erwachen, die immer bei uns ist.

13 Muss man ein wenig verrückt werden, um Erleuchtung zu erlangen?

Meine erste Antwort auf diese Frage lautet – wie ich schon bei der Frage «Was ist Satori?» feststellte –, dass *Erleuchtung* ein ungeeigneter Terminus ist – *Erwachen* kommt dem Originalbegriff viel näher. Zweitens – und auch das habe ich bei meinen Ausführungen über Satori erwähnt – ist ein wichtiges Element des Erwachens des Buddha die Praxis des Mittleren Weges, die dem achtfachen Pfad folgt. Zen ist schließlich ein Zweig des Buddhismus. Als solcher verehrt es den achtfachen Pfad und ermutigt dazu, sich bestmöglich daran zu halten. Niemandem käme es in den Sinn, eine geistige oder emotionale Krankheit als ein Element der «vollkommenen Erkenntnis, des vollkommenen Entschlusses, der vollkommenen Rede, des vollkommenen Handelns, des vollkommenen Lebenserwerbs, der vollkommenen Anstrengung, der vollkommenen Achtsamkeit und der vollkommenen Sammlung» zu bezeichnen, die den achtfachen Pfad ausmachen.

Die buddhistischen Führer seit Buddha Shākyamuni haben ihre Anhänger zur Beharrlichkeit ermahnt. Die Beharrlichkeit ist denn auch ein Hauptfaktor bei der «vollkommenen Anstrengung». Sie ist allerdings nicht das Gleiche wie Besessenheit, und Monomanie ist kein Bestandteil des «vollkommenen Entschlusses». Zazen verlangt körperliche wie geistige Gesundheit. Es ist viel mehr Energie und Anstrengung erforderlich, als man meinen möchte, um bewegungslos dazusitzen und sich darauf zu konzentrieren, den gegenwärtigen Augenblick zu erleben. Ich war erstaunt über meinen Appetit während der ersten Sesshin, an denen ich teilnahm, als der Tag fast völlig im Zazen verbracht wurde. Ich hatte gemeint, dass ich bei einer körperlich so wenig fordernden Übung kaum ein Bedürfnis nach Essen haben oder mich kaum dafür interessieren würde. Die Erfahrung zeigte, dass die Anstrengung des Zazen dazu führte, dass ich *mehr* statt weniger Essen als sonst brauchte.

Die rückhaltlose, beharrliche Anstrengung muss viele Faktoren ausbalancieren. Sie ist für jeden Einzelnen einzigartig. Der Verzehr von Nahrung, der bei dem einen Menschen bloß eine Folge der Gier ist, kann für einen anderen die für die Erhaltung der Gesundheit erforderliche minimale Grundernährung sein. Der Schmerz, der für den einen ein Element der Erfahrung des Augenblicks ist, eine vorübergehende Angelegenheit, bis sich der Körper einer ungewohnten Haltung anpasst, kann für jemand anders Auslöser einer körperlichen Verletzung sein. Nicht zufällig wird die buddhistische Lehre der «Mittlere Weg» genannt.

Hakuin, der das System der Kōan-Praxis eingeführt hat, das inzwischen in Japan Standard ist, schrieb, dass man eine «Zen-Krankheit» bekommen könne, und es wird immer wieder angeführt, dass er ein Bedürfnis entwickelt habe, seine Erfahrung als Vorspiel zum Erwachen zu wiederholen. Eigentlich sah Hakuin in der Krankheit ein Hindernis für das Erwachen und legte anderen dringend nahe, die taoistische Heilungspraxis anzuwenden, die schließlich seine Gesundheit und Energie wiederherstellte. Der Ursprung des Mittleren Wegs des Buddha war gerade eine Praxis der extremen Askese, die fast zum Tod führte, den Körper verzehrte und den Geist abstumpfte. Erst als er zu einer gesunden Lebensweise zurückkehrte, vermochte er voller Konzentration unter dem Bodhi-Baum zu sitzen und zur Wirklichkeit des Seins zu erwachen.

14 Muss man die japanische Kultur mögen, um Zazen zu praktizieren?

Das hängt davon ab, wie Sie «japanische Kultur» definieren. Wenn Sie unter Kultur in erster Linie Teezeremonie, Blumenarrangements, Kalligraphie und Haiku verstehen, lautet die Antwort natürlich nein. Grüner Tee wurde in Japan als Quelle von Koffein beliebt, mit dem sich Zen-Priester, besonders die, die sich einer ersten Unterweisung unterziehen, während des Zazen wach halten. Die Teezeremonie ist eine viel später erfolgte Verfeinerung des einfachen, praktischen ursprünglichen Brauchs. Blumen gehören zu den traditionellen buddhistischen Opfergaben, darum arrangieren die Priester die Blumen, die auf den Altar gestellt werden sollen. Altarblumen werden jedoch nicht in dem manierierten Stil angeordnet, wie er von bestimmten Ikebana-Schulen gelehrt wird. Die Kalligraphie ist notwendig für die Priester, die Gedenktafeln, Gedenkzeichen für Tempel sowie verschiedene formale Texte schreiben müssen. Keine dieser Aktivitäten ist für Laien erforderlich oder üblich.

Bei einer umfassenderen, genaueren Vorstellung von «Kultur» sieht es jedoch anders aus. Ein fundamentales Element der japanischen Kultur ist eine Betonung der Gruppenharmonie gegenüber individuellen Ansichten. Zazen ist ein Beispiel dafür. Wie wir später sehen werden (bei «Kann ich Zazen nicht allein praktizieren?»), ist das in einer Gruppe praktizierte Zazen entschieden dem von einem Einzelnen absolvierten Zazen vorzuziehen. Die Gruppenpraxis enthält eine Reihe von üblichen Verfahren, die das Zazen für alle Teilnehmer erleichtern sollen, auch wenn ihnen als Individuen die Verfahren merkwürdig oder lästig vorkommen mögen. Wenn man beispielsweise immer daran denkt, sich im Uhrzeigersinn umzudrehen, ist eine Kollision mit einem Nachbarn weniger wahrscheinlich. Und wenn man die Zazen-Halle in der Reihenfolge verlässt, in der man sitzt, können die Teilnehmer reibungslos hinausgehen, ohne dass es zu Staus kommt oder man sich in Höflichkeitsfloskeln wie «Nach Ihnen» – «Nein, nach Ihnen» überbietet.

Der Unterschied zwischen der Förderung der Gruppenharmonie und dem Befolgen von Verfahren als Individuum wurde einmal von zwei Frauen aus dem Westen anschaulich demonstriert, die eine Zeit lang praktizierende Laien im selben Zen-Tempel waren. Die Tempelvorschriften sahen unter anderem vor, dass man einen Gang zwischen dem Hauptgebäude und dem Zazen-Gebäude ruhig und ohne Eile passierte. Zunächst verstand die eine Frau das so, dass sie so langsam wie möglich gehen müsste, ganz gleich, wie viel Zeit ihr bis zum Beginn des Zazen oder der Tätigkeit im Anschluss an das Zazen blieb und wie viele andere Menschen sich hinter ihr stauten. Als die zweite Frau das bemerkte, beschloss sie, noch langsamer als die erste zu gehen. Beide Frauen überboten sich an Langsamkeit und zwangen damit alle anderen, entweder das Zazen-Gebäude zu spät zu betreten oder zu verlassen (und zwar in einer gereizten Stimmung) oder sich rasch einen Weg um jede Frau herumzubahnen und damit das harmonische Miteinander zu verletzen, was ebenfalls eine alles andere als gelassene Haltung zur Folge hatte.

Ein damit verwandtes Element der japanischen Kultur ist die Betonung der Form. Beim Zazen erkennt man dieses Element beispielsweise an detaillierten Vorschriften für das Servieren und das Verzehren einer Mahlzeit. Eine der Funktionen der genauen Einhaltung von Formen besteht darin, die Aufmerksamkeit auf das zu konzentrieren, was gerade ansteht. Selbst bei einer informellen Zen-Mahlzeit müssen der Servierende wie der Empfangende sorgfältig auf das Servieren des Essens achten – lässt man zum Beispiel das Essen in eine Schüssel fallen, während man überlegt, wie viel übrig bleiben wird, wird man mit Sicherheit Essen verschütten, und wenn man das Essen entgegennimmt, während man sich das Gleiche überlegt, signalisiert man dem Servierenden wahrscheinlich, mehr oder weniger auszuteilen, als es dem Empfangenden Recht ist. Das Essen selbst gibt Anlass zu einem gekünstelten Verzehr, da die japanische Kultur Wert auf die Nahrungsmittel legt, die das menschliche Leben erhalten, indem Pflanzen oder Tieren das Leben genommen wird.

Nach der umfassenderen wie der engeren Definition von Kultur ging die japanische Kultur großenteils aus dem Austausch zwischen dem Buddhismus aus China und Korea und der präbuddhistischen Kultur Japans hervor. Insofern dieser Austausch bereits im frühen 6. Jahrhundert begonnen hatte und der Buddhismus von der Einführung der Schriftsprache in Japan begleitet wurde, ist es heute äußerst schwierig, zwischen eingeführten und bereits existierenden Elementen zu unterscheiden. Spezielle Beiträge des Zen-Buddhismus, der Jahrhunderte später einsetzt, sind sogar noch schwerer von denen anderer Zweige des Buddhismus zu unterscheiden. Im umfassenden Sinn ist es für die Praxis des Zazen hilfreich, wenn nicht gar unabdingbar, die Elemente der traditionellen buddhistischen Kultur zu schätzen.

15 Warum gibt es so viele Vorschriften bezüglich dessen, wie und wann genau man sich bewegen soll?

Selbst die Teilnahme an einer einzelnen Zazen-Sitzungsperiode geht mit einer ganzen Abfolge von Handlungen einher, die von allen erwartet werden. Manchmal kommen spezielle Gruppen in den Taisōji, um Zazen zu erleben. Obwohl wahrscheinlich kaum jemand nach diesem einen Mal zum Teilnehmer wird und wir versuchen, diese Gruppenbesuche außerhalb der regulären Zazen-Zeiten anzusetzen, unterweisen wir doch jede Gruppe in der normalen Prozedur, an die wir uns hier halten. Zuweilen hat es den Anschein, als ob derartige Vorschriften, etwa, wie man sich umdrehen und welcher Fuß den Zazen-Bereich zuerst betreten soll, meist nichts anderes bewirkt, als Neulinge zu verwirren und sie wegen irgendwelcher Fehler nervös zu machen.

Es gibt jedoch gute Gründe selbst für scheinbar willkürliche Regeln dieser Art. Die Anweisungen für die Zazen-Haltung basieren auf der Beobachtung körperlicher Folgen dieser Haltung. Ganz allgemein hat die empfohlene Haltung den Vorteil, dass das Rückgrat gestützt wird und folglich keine Rückenschmerzen auftreten. Die nach unten gerichteten Augen erhalten den Kontakt mit der Wirklichkeit aufrecht, während die Ablenkungen geringer sind als sonst bei einem großen Gesichtsfeld. Wenn man die Zunge gegen den Gaumen drückt, wird die Speichelproduktion reduziert, und man muss folglich weniger schlucken.

Andere Vorschriften gestatten es vielen Menschen, zu handeln, ohne dass sie sich gegenseitig stören oder sich miteinander unterhalten müssen, um irgendwelche Dinge zu klären. Oft wünsche ich, dass ich Leuten, die an Gedenkgottesdiensten teilnehmen, ihre Plätze genauso zuweisen könnte, wie dies bei Zazen der Fall ist. Dann müssten wir nicht alle warten, während zwei Menschen umständliche Höflichkeitsfloskeln wie «Bitte, nach Ihnen» – «Nein, nach Ihnen» austauschen. Wenn alle sich stets nur im Uhrzeigersinn umdrehen, werden Sitznachbarn wahrscheinlich weniger miteinander zusammenstoßen. Und wenn alle nacheinander hinausgehen, wird es kein Gedränge und kein Abklären geben, wer denn nun als Nächster zur Tür hinausgeht.

Über den praktischen Nutzen hinaus wirken sich solche Regelungen auch psychologisch aus. Strenge Vorschriften machen es erforderlich, dass sich der Geist in jedem Augenblick auf das Handeln konzentriert. Die Konzentration auf jeden Augenblick ist sowohl die grundlegende Handlung des Zazen als auch das Ergebnis fortgesetzter Zazen-Praxis. «Treten Sie auf der linken Seite ein, mit dem linken Fuß zuerst» gehört etwa zur selben Kategorie wie «Halten Sie zum Fahrzeug vor Ihnen mindestens eine Wagenlänge Abstand, und vergrößern Sie diesen Abstand, wenn Sie Ihre Geschwindigkeit erhöhen». Beides verlangt konzentrierte Aufmerksamkeit auf das jeweilige Handeln. Einen Raum mit dem rechten statt mit dem linken Fuß zu betreten hat zwar gewiss weniger schwer wiegende Folgen als zu dichtes Auffahren, aber die Gewohnheit, auf die Details unseres Handelns zu achten, wirkt sich in vielerlei Hinsicht positiv aus.

Ein anderes Ergebnis detaillierter Vorschriften ist seltsamerweise geistige Flexibilität. Jeder Tempel oder jedes Zen-Zentrum hat da seine eigenen Varianten der Grundregeln. In der Sōtōshū gibt es zwei Haupttempel, und in beiden weisen die einzelnen Handlungen viele kleine Unterschiede auf. Wenn zum Beispiel ein Priester im Eiheiji oder einem Tempel, der sich nach dem Procedere des Eiheiji richtet, den Gottesdienst abhält, geht er bei der Rückkehr vom Altar zur Gottesdienstposition stets nach rechts um die Ecken, indem er sich auf seinem Weg nach außen umdreht. Hält derselbe Priester den Gottesdienst im Sōjiji oder einem Tempel ab, der sich nach dem Procedere des Sōjiji richtet, erfolgt die Kehrtwende nach innen, also nach links. Jeder Sōtōshū-Priester muss an einem Morgen in beiden Haupttempeln amtieren und daher lernen, sich nach beiden Regelwerken zu richten. Diese Erfahrung lässt natürlich gar nicht erst die Vorstellung aufkommen, es gäbe nur eine «richtige» Art und Weise zu handeln.

16 Warum greifen Zen-Gruppen auf Tischmanieren und -utensilien zurück, die bei normalen Japanern nicht mehr gebräuchlich sind?

Das Essen aus seinen eigenen Schüsseln, die zu Beginn der Mahlzeit ausgewickelt und am Ende derselben wieder eingewickelt werden, ist ein Sonderfall der in der vorangegangenen Antwort dargelegten Vorschriften in Bezug auf Bewegungen.

Nach einer seit langem bestehenden Tradition erhält jeder Priester zu dem Zeitpunkt, da er die Gebote empfängt und ein Priesterschüler wird, einen Satz Schüsseln, einen Löffel, Essstäbchen und einen Schüsselschaber, zusammen mit einer Serviette, einem Handtuch und einem Tuch zum Einwickeln. All das behält der Priester sein Leben lang. Traditionen werden nur dann lange aufrechterhalten, wenn sie eine bestimmte Funktion erfüllen, und die Traditionen, die die Essschüsseln betreffen, bilden da keine Ausnahme.

Ein Grundprinzip jeder Art von Buddhismus besagt, dass die Nahrung, die unser Leben erhält, ein kostbares Geschenk nicht nur der Menschen ist, die die Nahrung erzeugt und zubereitet haben, sondern auch der Pflanzen und Tiere, die ihr Leben gegeben haben, um ein Element in unserem Leben zu werden. Das Empfangen dieses Geschenks ist daher mit großer Aufmerksamkeit und Sorgfalt verbunden. Wenn traditionelle Essschüsseln benutzt werden, wird jedes Reiskorn sorgfältig gegessen, wobei die letzten Körnchen mit dem Schüsselschaber herausgekratzt werden, bevor die Schüsseln abgespült und bis zur nächsten Mahlzeit wieder eingewickelt werden. Das Abwaschen ist genauso ein Teil der Mahlzeit wie das Servieren und Essen, und daher darf außer ungenießbaren Obstkernen nichts weggeworfen werden.

Die Verehrung für die Quelle unseres Weiterlebens schreibt vor, dass das Essen mit Sorgfalt, in stummer Aufmerksamkeit und Wertschätzung erfolgt. Sogar das Klicken der Essstäbchen ist gedämpft. Die Abfolge des Herausnehmens und Verstauens von Essstäbchen und Löffel – die Stäbchen werden zuerst herausgeholt und zuletzt verstaut – minimiert das Geklapper. Ähnliche Sorgfalt wird bei jedem weiteren Schritt aufgewendet, von der Vorbereitung auf das Essen und dem Essen selbst bis zum Aufräumen.

Ungeachtet all dieser Vorschriften gibt es viele kleinere Varianten in den einzelnen Tempeln. Ich musste mich innerhalb weniger Monate, der Zeit, in der ich Priesterschülerin wurde, mit drei verschiedenen Katalogen von Vorschriften für den Gebrauch der Schüsseln vertraut machen. Die Folge war natürlich, dass ich sie völlig durcheinander brachte. Schließlich fragte ich eines Tages meinen Meister, was denn nun das richtige Vorgehen sei. Er teilte mir mit, jedes Vorgehen sei für den jeweiligen Tempel «das richtige». Ja, wenn ich sähe, sagte er, wie alle anderen etwas auf eine Weise täten, die, wie man mir beigebracht hatte, unrichtig sei, dann sei die «unrichtige» Weise zu dieser Zeit und an diesem Ort die richtige!

Das Design der Schüsseln und der mit ihnen zusammenhängenden Gegenstände ist Teil des Erbes früherer Generationen von Buddhisten. Der ehrfürchtige Gebrauch, den wir von ihnen machen, um das kostbare Leben von Getreide, Obst und Gemüsen zu empfangen, ist Teil unserer Wertschätzung für dieses Erbe.

17 Warum brauche ich einen Lehrer, und warum sollte der Lehrer ein Priester sein?

Der Priester, der einen Zazen-Gottesdienst in Japan abhält, heißt *shidōshi*: der Meister (oder Lehrer), der den Weg zeigt. Zen-Priester warnen oft davor, einen Finger, der zum Mond zeigt, mit dem Mond selbst zu verwechseln. Dennoch hat jemand, der den Neumond an einem dunstigen Himmel mit dahineilenden Wolken sehen möchte, allen Grund, für einen Finger dankbar zu sein, der zu der Himmelsgegend zeigt, in der der Mond erscheint. Beim Erfahren der buddhistischen Lehren muss man selbst wahrnehmen und handeln – das kann kein anderer. Allerdings ist ein Finger, der eine Richtung anzeigt, ein großer Segen.

Der erste und nächstliegende Grund dafür, dass man einen Führer zum Zazen hat, ist körperlicher Natur. Der Führer unterweist einen in den körperlichen Handlungen der Zazen-Praxis, insbesondere hinsichtlich der Sitzhaltung. Häusliche Experimente, die auf der Lektüre dieses oder eines anderen Buches beruhen, führen wahrscheinlich zu einer Überanstrengung des Körpers, vor allem des Rückens und der Schultern. So mancher gibt dann den Versuch auf.

Ein erfahrener Zazen-Führer kann sich Ihre Haltung anschauen und Gleichgewicht sowie Stabilität korrigieren. Er kann verschiedene weniger perfekte Haltungen für Menschen vorschlagen, denen der empfohlene Voll- oder Halblotossitz nicht gelingt. Während der Anfangsphasen der Zen-Praxis ist die Haltung nicht nur für Menschen im Westen, sondern auch für Japaner eine Hauptschwierigkeit. Nicht alle Zen-Priester haben Erfahrung im Anleiten von Menschen mit körperlichen Problemen, aber die, denen diese Erfahrung fehlt, können bei Priesterkollegen Anregungen einholen.

Über diese körperliche Unterweisung hinaus wird die frühe Anleitung, die man im Hinblick auf die Ergebnisse des Zazen erhält, meiner Ansicht nach wahrscheinlich darüber entscheiden, ob Zen eine Grundlage für die Handlungen des täglichen Lebens oder nur eine Technik zur Entspannung oder Konzentration oder für irgendeinen anderen erwünschten segensreichen Zweck wird. Wenn Zazen beispielsweise als eine Methode zum Senken Ihres Blutdrucks dargestellt wird, werden Sie höchstwahrscheinlich Ihren Blutdruck zumindest während der Zazen-Phase senken, aber Sie werden wohl kaum über dieses begrenzte Ziel hinausgelangen. Wird Zazen als psychotherapeutische Technik angepriesen (was meiner Ansicht nach unklug ist, wie ich in einer früheren Antwort ausgeführt habe), wird es fallen gelassen, wenn das Bedürfnis nach einer Psychotherapie abnimmt oder vergeht. Dann wird man nie wieder den Dharma als die Quelle aller Handlungen erfahren.

Der Zazen-Führer, insbesondere wenn er als Priester ausgebildet worden ist, kann sich mit Problemen befassen, die im Laufe des Zazen auftreten können. Die Befreiung unseres Geistes auf einer großen Weide kann während des Sitzens zu Tagträumen, erschreckenden Albträumen, Phantasien aller Art, Gefühlen des Zorns und Allmachtsgefühlen führen – eigentlich zu fast allem, wenn wir uns nicht fortwährend auf jeden Augenblick konzentrieren. Der Priester, der «den Weg zeigt», kann nicht verhindern, dass solche Dinge auftreten, aber er kann uns dazu anleiten, mit ihnen umzugehen und zu vermeiden, dass sie sich wiederholen.

Eine nach meiner Erfahrung überaus wichtige Rolle des Führers und einer Gruppe anderer Praktizierender besteht darin, die Einstellung zu verhindern, dass es um «mein Zazen» geht. Alle Phänomene sind ohne Selbst. Das ist eine der Grundlagen allen buddhistischen

Denkens. Es gibt kein «Ich», und daher kann nichts «mein» sein, am wenigsten das Zazen oder das Sūtra-Rezitieren oder andere religiöse Praktiken des Buddhismus.

Ein Zen-Priester hat nichts Magisches an sich. Dass wir einfach Menschen sind, war das Erste, was ich von dem Priester erfuhr, der später mein Meister wurde. Das Studium und die Ausbildung, die erforderlich sind, um als Priester in einer Zen-Sekte ordiniert zu werden (im wahren Sinne dieses Begriffs), verlangen vor allem ein entschiedenes Bemühen. Der Schüler wird dazu ermutigt, sich und andere zu beobachten und dabei über das zu reflektieren, was mit dem Mittleren Weg übereinstimmt und was nicht. Der Meister ist für jeden Schüler moralisch und in Japan bis zu einem gewissen Grad auch juristisch verantwortlich. Daher geziemt es dem Meister, jeden Schüler sorgfältig zu beobachten und nötigenfalls Änderungen im Handeln und in der Einstellung zu empfehlen. Wenn all dies so funktioniert, wie es gewollt ist, führt dies zu Generationen von Priestern, die mehr als üblich nachdenklich und aufmerksam sind. Nur wenige andere Erfahrungen vermögen wahrscheinlich solche Gewohnheiten so erfolgreich zu vermitteln wie die Priesterausbildung.

18 Kann ich nicht einfach etwas über Zen lesen?

Über Zen zu lesen, ohne jemals Zen-Handlungen erlebt zu haben, ist etwa so, als würde man über Sex lesen, ohne jemals sexuelle Handlungen erlebt zu haben. Und wenn man über Zen liest und anschließend allein experimentiert, wird das wahrscheinlich noch weniger zu positiven Ergebnissen führen, als wenn man über Sex liest und allein experimentiert.

Zazen ebenso wie die Kōan-Praxis erfordern Interaktionen mit mindestens einem Führer-Lehrer-Priester, am besten auch noch mit einer eingespielten Gruppe von Praktizierenden, damit eine sinnvolle Praxis vonstatten gehen kann. Eine Kōan-Praxis ohne einen Leiter ist von Anfang an dazu verurteilt, nur eine Phantasieübung zu sein und genau auf die diskursiven Denkmuster zurückzugreifen, von denen die Kōan-Praxis ja gerade abhalten soll. Man denkt sich ein logisches, reizvolles Konzept aus und gratuliert sich dann dazu, wie schlau dieses Konzept ist. Oder man findet nur unlogische, reizlose Konzepte und macht sich dann Vorwürfe, weil man nicht so schlau ist. Weder das eine noch das andere Ergebnis hat etwas mit einer echten Kōan-Praxis gemein, und beide führen zu Denkgewohnheiten, die dem erstrebten Ziel entschieden widersprechen.

Was nun das subtilere Zazen angeht, so ist der Versuch, es allein mit Hilfe von Lektüre zu praktizieren, wahrscheinlich noch mehr zum Scheitern verurteilt. Hier kann ich aus eigener Erfahrung sprechen, obwohl sie zum Glück nicht lange währte. Als ich auf die Sammlung von Dharma-Gesprächen von Shunryū Suzuki stieß (*Zen-Geist, Anfänger-Geist*), beschloss ich, Zazen allein zu probieren. Da ich mir beide Knie verletzt hatte und das eine Kniegelenk nur teilweise beweglich war, bekam ich zunächst einmal Schwierigkeiten mit der richtigen Haltung. Da ich weder ein Zafu (Sitzkissen) besaß noch eine rechte Vorstellung davon hatte, was ein Zafu ist, geschweige denn, wo ich eins bekommen konnte, begann ich meine Versuche mit einem Kopfkissen (das viel zu weich war und sich nach ein paar Minuten als zu dünn erwies) und setzte mich auf mein Bett (was überhaupt nicht zu empfehlen ist, da die Sitzunterlage nicht stabil genug ist und das Bett psychologisch zum Schlafen einlädt). Begeistert zählte ich meine Atemzüge, wobei ich die Kleinigkeit übersah, bei zehn aufzuhören, und darum von vorn begann. Da ich seit meiner Kindheit eine Vorliebe für Mathematik habe, war es für mich absolut kein Problem, meine Atemzüge bis hundert oder weiter zu zählen, während vor meinem geistigen Auge meine gereizte Unterhaltung mit einem leitenden Techniker vom Nachmittag ablief. Zum Glück merkte ich bald, dass ich hier alles Mögliche praktizierte – nur nicht Zazen. Dann machte ich Zenshuji, den Sōtōshū-Tempel in Los Angeles, ausfindig und begann, an den Zazen-Gottesdiensten dort teilzunehmen.

Die meiste Zeit mit Zazen verbrachte ich jedoch noch immer allein zu Hause, nach einem langen Arbeitstag oder zur frühen Morgenstunde. Ich war von der Arbeit müde und an ein frühes Aufstehen überhaupt nicht gewöhnt. Auch nachdem ich von langjährig erfahrenen Priestern einige grundlegende Anweisungen bekommen und Dharma-Gespräche mit ihnen geführt hatte, blieb es somit natürlich nicht aus, dass das Sitzen auf einem Kissen (das einem Zafu ein wenig mehr ähnelte als das Kopfkissen) rasch «mein Zazen» wurde und ich grobe Unterbrechungen durch Anrufe von Freunden und Familienangehörigen am Abend oder durch Vögel, die den Morgen begrüßten, als ärgerliche Störungen «meines Zazen» betrachtete. Es dauerte lange, bis ich dieses Hindernis auf dem Weg zum Zazen überwand. Wahrscheinlich hätte ich mir durch einen weniger passiven und einsamen Beginn viele spätere Schwierigkeiten ersparen können.

Seither bin ich mehreren Menschen begegnet, die am Anfang «bloß gelesen» hatten und dabei großartige Höhenflüge der Phantasie – der überreizten, ekstatischen wie der völlig entsetzlichen Art – erlebt hatten. Einer von ihnen war weder ekstatisch noch entsetzt, sondern einfach sicher, dass der Sōtōshū-Kanchō (der Oberpriester der Sōtō-Schule) natürlich alles stehen und liegen lassen würde, um sich ganz persönlich und intensiv ihm, einem jungen Europäer, zu widmen, der nur ein sechsmonatiges Touristenvisum hatte und in dieser Zeit das Erwachen erreichen wollte. Er war auch sicher, dass er und der Kanchō sich im Tempel des Dōgen Eihei aufhalten würden, obwohl er sich tatsächlich in der Tokyoter Filiale des Eiheiji-Tempels befand, weit entfernt vom eigentlichen Eiheiji-Tempel auf der anderen Seite des Landes. Als ich als Dolmetscherin von einem Priester geholt wurde, der nach diesen ganzen Missverständnissen vollkommen verwirrt war, benötigte ich drei Stunden an diesem und noch mehr Zeit am folgenden Tag, um dem Besucher seine Irrtümer klarzumachen. Ich bin mir nie sicher gewesen, ob er endlich glaubte, was ich ihm sagte, oder ob er nach einer Weile einfach aufgab. Seine ganzen Vorstellungen stammten aus einem Buch, das er gelesen hatte!

19 Kann ich Zazen nicht allein praktizieren?

Die Zazen-Praxis in einer Gruppe hat viele Vorteile gegenüber einem allein praktizierten Zazen. Der augenfälligste Vorteil ist die Regelmäßigkeit von Zeit und Ort. Zazen ist ebenso ein Ausdruck wie eine Quelle des erwachten Geistes des Buddhismus, der die Handlungen des buddhistischen Lebens gestaltet. Darum gehört Zazen regelrecht zum Leben eines Praktizierenden. Ob es viermal jeden Tag oder einmal im Monat praktiziert wird – entscheidend ist, dass es eine eingeführte Gewohnheit ist. Eine Gruppe von Menschen muss für jeden Zazen-Gottesdienst die Zeit und den Ort festlegen, während ein Einzelner Zeit und Ort im Hinblick auf andere Tätigkeiten, Gefühle und eine allgemeine Bequemlichkeit oftmals zu verändern geneigt ist. Viele Menschen haben das Praktizieren von Zazen mit dem Zähneputzen verglichen: Beides wirkt sich im Allgemeinen langfristig erfreulicher aus, als wenn man es nicht praktiziert, aber keins von beiden wird wohl seinen Zweck erfüllen, wenn es aus einem Impuls heraus ausgeübt wird, um irgendeinen unmittelbaren Vorteil zu erzielen. Wir denken nicht etwa: Ich möchte keine Löcher bekommen, darum werde ich mir nun die Zähne putzen. Wir putzen uns einfach die Zähne, wenn es Zeit fürs Zähneputzen ist. Genauso praktizieren wir Zazen, wenn es Zeit für Zazen ist. Würde das Zähneputzen genauso viel Zeit und Mühe erfordern wie Zazen, bräuchten wir vielleicht auch für diese Tätigkeit die Unterstützung einer Gruppe.

Zazen ist, wie zahllose Priester im Laufe der Jahrhunderte erklärt haben, keine Tätigkeit, die für einen bestimmten Zweck ausgeübt wird. Ja, gerade wenn man damit irgendeinen Nutzen anstrebt – ob eine Erfahrung des Erwachens oder eine Spannungsminderung –, wird dies wahrscheinlich verhindern, dass sich das gewünschte Resultat einstellt. Abgesehen vielleicht von denjenigen, die in einem Zen-Tempel geboren wurden, haben wir alle, die wir Zazen praktizieren, am Anfang dieser Praxis irgendeinen Zweck im Auge. Dōgen hat gesagt, dass Zazen das natürliche Handeln des erwachten Geistes sei, der in uns allen existiert, aber wir müssen diesen erwachten Geist irgendwie erfahren haben, bevor er uns zum «natürlichen Handeln» des Zazen führen kann. In dem Maße jedoch, in dem wir damit fortfahren, irgendeinen Nutzen anzustreben, kann Zazen kein natürliches Handeln werden.

Eine Gruppe garantiert nicht nur die Regelmäßigkeit und Stabilität von Zeit und Ort, sondern bietet darüber hinaus jedem Mitglied eine Atmosphäre der Unterstützung. Diese Unterstützung spürt man in Verbindung mit den physischen Anforderungen des Zazen. «Wenn alle anderen bewegungslos dasitzen, kann ich auch bewegungslos bleiben», ist ein häufiger (und hilfreicher) Gedanke während des Zazen, besonders für Anfänger. Eine weniger augenfällige, aber wichtigere Unterstützung erfährt man, wenn man sich auf den Augenblick konzentriert, statt irgendeinem mentalen Diskurs zu folgen. Der mentale Diskurs verstellt uns die Erfahrung der Wirklichkeit und weckt die 108 Begierden oder Bindungen, denen wir Menschen unterworfen sind. Die Begierden und Bindungen färben unsere Erfahrung und führen oft zu Erlebnissen von Freude oder Zorn, die beide gleichermaßen unwirklich sind. Natürlich stellen sich Gedanken und Gefühle während des Zazen ein. Sie gehören zu unserer Existenz als Menschen. Die Gruppe hilft jedoch jedem Mitglied dabei, Gedanken und Gefühle so rasch und leicht loszulassen, wie sie kommen. Das einsame Zazen führt leicht dazu, dass wir bei irgendeinem abschweifenden Gedanken oder Gefühl verweilen, was zu weiteren und stärkeren Begierden und Bindungen führen kann. Zazen ist (in den Augenblicken, die wir frei von unseren Meinungen und Vorstellungen erleben können) ein Leben ohne Begierden und Bindungen. Priester wie Laien stellen oft fest, dass gerade der Raum, in dem Zazen regelmäßig praktiziert wird, irgendwann eine spezielle Atmosphäre des religiösen Erlebens bekommt. Oder ist dies vielleicht nur der Rückstand zahlloser Räucherstäbchen?

Nicht immer ist es möglich, Zazen zusammen mit einer Gruppe von Menschen zu praktizieren. Wenn die Möglichkeit besteht, dann, meine ich, sollten wir sie mit tiefer Dankbarkeit nutzen.

20 Warum verbeugt man sich vor dem Kissen?

Das tut man gar nicht. Am Anfang und am Ende des Zazen ist es üblich, sich stehend in Richtung der eigenen Sitzposition und in der entgegengesetzten Richtung zu verbeugen. Diese Verbeugungen stehen für Dankesbekundungen gegenüber den anderen Menschen, die sich anschicken, Zazen mit uns zu praktizieren, und gegenüber den Menschen, die gerade Zazen mit uns praktiziert haben. Wahrscheinlich gibt es in der Zazen-Halle in alle vier Richtungen zeigende Sitzpositionen, doch die konventionellen Begrüßungen werden dergestalt vereinfacht, dass man die eigene und die direkt gegenüberliegende Seite alle möglichen Positionen in der Halle repräsentieren lässt.

Und was ist, wenn niemand anderes in der Halle ist, wenn Sie eintreten? Dann verbeugen Sie sich dennoch, indem sie den Menschen danken, die vielleicht später eintreten. Selbst wenn niemand Ihnen während Ihres Zazen Gesellschaft leistet, können Sie sich am Ende des Zazen vor denen verbeugen, die Zazen dort zu anderen Zeiten praktiziert haben. Man hat oft festgestellt, dass ein Ort, an dem Zazen regelmäßig von einer Gruppe von Menschen praktiziert wird, irgendwann ein Gefühl des friedvollen Willkommens für alle Eintretenden ausstrahlt. Daher können wir all denen dankbar sein, die sich an der Erzeugung der Bedingungen dieses Augenblicks beteiligt haben.

21 Zen soll doch von heiligen Texten getrennt sein – warum rezitieren dann manche Menschen Sūtras, statt einfach Zazen zu praktizieren?

Es gibt viele Aspekte der Zen-Praxis, und das Rezitieren von Sūtras ist einer davon. Ich hatte vor mehreren Jahren das Privileg, eine Zeit lang an einer speziellen Praxis unter der Leitung von Reverend Kojun Noiri teilnehmen zu dürfen, der sein Leben der Beschäftigung mit Dōgens Vorschriften für die körperliche Praxis des Zen-Buddhismus widmet. Während dieser Zeit erklärte uns Reverend Noiri, unser Tagesablauf basiere auf Dōgens Rat, dass ein Drittel des Tages dem Zazen, ein weiteres dem Sūtra-Studium und das letzte der Arbeit gewidmet sein sollten. Das Sūtra-Studium umfasste in diesem Fall sowohl das Rezitieren als auch die stumme Lektüre und das Anhören von Lesungen. Der Gründer der Sōtōshū vernachlässigte somit eindeutig nicht die heiligen Texte.

Die Aussage, Zen solle von heiligen Texten getrennt sein, bedeutet, dass ein buddhistischer Priester nicht seine *ganze* Zeit dem Sūtra-Studium widmet. Es gibt auch Zeiten für Zazen und Zeiten für die Arbeit. Zazen an sich befasst sich nicht direkt mit dem Sūtra-Studium, auch wenn es eine ganze eigenständige Literatur hervorgebracht hat, die sich entschieden auf Zitate von und Anspielungen auf Sūtras stützt. «Getrennt von» bedeutet in diesem Fall «zusätzlich zu» statt «anstelle von».

Genauso, wie es viele Formen der Zen-Praxis gibt, gibt es viele Arten von Praktizierenden. Die meisten Mitglieder von Zen-Tempeln betrachten Zazen als eine spezielle Praxis für Priester, insbesondere während der ersten Ausbildungsphase. Das Rezitieren von Sūtras andererseits gilt als Tätigkeit für Laien wie für Priester. Zazen ist vorzugsweise eine Gruppentätigkeit, aber das Rezitieren von Sūtras kann durchaus allein absolviert werden. Ja, das Rezitieren von Sūtras durch Laien wird meist am Hausaltar praktiziert, und zwar von dem Familienangehörigen, der die täglichen Opfergaben von Tee, Reis, Blumen und Weihrauch darbietet. In manchen Zen-Tempeln (wie in einigen Tempeln anderer Richtungen des Buddhismus) erwartet man von allen Teilnehmern an einem Gottesdienst, dass sie sich am Rezitieren beteiligen, statt bloß dem Rezitieren des Priesters zu lauschen. Regelmäßige Sitzungen, um das Rezitieren wie das Schreiben von Sūtras zu praktizieren, sind in vielen Zen-Tempeln an der Tagesordnung. Ein Sūtra in chinesischen Schriftzeichen mit Pinsel und Tusche zu schreiben, wobei man innehält, um jedes Zeichen sorgfältig zu betrachten, ist an sich eine Form der Konzentration auf die Wirklichkeit des Augenblicks. Wer sich an solchen Aktivitäten beteiligt, könnte durchaus sagen: «Der Buddhismus gründet sich auf den Worten des Buddha Shākyamuni, wie sie in den Sūtras festgehalten sind. Warum benötigen wir die wortlose Praxis des Zazen?»

Eine der Primärtugenden von Zen ist die Nichtdiskriminierung, nämlich das zu achten, was da ist, ohne Rücksicht auf unsere persönlichen Meinungen. Gewiss dürfte dann ein Zen-Anhänger unter allen Buddhisten als Letzter behaupten, dass eine Praxis tugendhaft sei und eine andere nicht.

22 Kann ich mein Studium oder meinen Beruf fortsetzen, während ich dem Zen-Weg folge?

Der Buddhismus begann mit vier Kategorien von Anhängern: Frauen und Männern, die ihr Zuhause verließen (die heutigen Priester), und Frauen und Männern, die einen Haushalt führten (die heutigen Laien). Irgendwie scheinen die letzten beiden Gruppen von den heutigen Zen-Begeisterten übersehen zu werden. Jeder möchte Priester werden, obwohl sich nur wenige Möchtegernpriester der vollen formalen Ausbildung unterziehen oder die Pflichten und Verantwortungen der Priesterschaft akzeptieren wollen. Was ist aus Vimalakīrti geworden, dem reichen Laien, der die großen Mahāyāna-Lehren in einem Sūtra auslegte, das seinen Namen trägt, die Predigt des Vimalakīrti? Was aus dem «Laien P'ang», dem chinesischen Zen-Laien, der ein Nachfolger zweier berühmter Zen-Priester – Sekitō Kisen und Baso Dōitsu – war und dessen Worte in einem Buch von Sprüchen aufgezeichnet wurden, das sogar ins Englische übersetzt wurde?

Zurück zur ursprünglichen Frage. Nun, das hängt davon ab, was Sie unter «dem Zen-Weg folgen» verstehen. Wenn Sie sich dafür entscheiden, dem Weg des Laien zu folgen, können Sie nicht nur Ihr Studium oder Ihren Beruf fortsetzen – Sie sollten dies sogar tun. Nichts anderes bedeutet es nämlich, die Regeln eines Laien zu empfangen: ein weltliches Leben mit religiösen Tätigkeiten zu kombinieren. Der engagierte Laie nimmt an Zazen und an anderen religiösen Aktivitäten in einem Tempel oder Zentrum ebenso wie zu Hause teil, aber die Teilnahme findet außerhalb der Studien- und Arbeitszeiten statt. Ferien und Urlaube können vielleicht mit einer intensiven religiösen Praxis verbracht werden. Es wird nicht erwartet, dass ein Laie in einen Ausbildungstempel für Priester eintritt und dort monatelang bleibt. Dies ist nicht notwendig. Hingegen ist es unumgänglich, dass der Laie den Alltagsaufgaben des Studiums und der Arbeit Zeit und Aufmerksamkeit widmet. Oft dienen Laien sogar in Japan als Führer in manchen Bereichen der Zen-Praxis, aber sie tragen nicht die volle Verantwortung des örtlichen Zen-Priesters. Laien, die die Regeln beachten, demonstrieren ein Erwachen und geben anderen ein Beispiel, das zumindest dem von Priestern gleichkommt und in vielen Fällen das gewöhnlicher Priester übertrifft.

Wenn Sie sich dafür entscheiden, Priester zu werden (und einen Priester finden, der Sie als Auszubildenden akzeptiert), müssen Sie zumindest Ihr weltliches Studium oder ihre berufliche Laufbahn unterbrechen, während Sie das Studium und die Ausbildung aufnehmen, die notwendig sind, um ordiniert zu werden. Normalerweise dauert es zwei bis drei Jahre – häufig eher fünf oder mehr –, bis die verschiedenen, von einer Zen-Schule vorgeschriebenen Stufen absolviert sind, damit man ein geweihter Priester wird, der dafür qualifiziert ist, amtierender Priester eines normalen Tempels zu sein. Für höherrangige Tempel oder ein höheres Priesteramt sind die

Qualifikationszeiten entsprechend länger. Das Leben in einem Ausbildungstempel nimmt einen rund um die Uhr in Anspruch, und oft scheint der Tag dreißig Stunden zu haben, die mit Aktivitäten ausgefüllt sind, und keine Zeit fürs Ausruhen. Sobald der Priester geweiht ist, erwartet man von ihm, dass er absolut kompetent ist, einen Tempel und seine Mitglieder zu managen, und zwar nicht nur als Religionsführer, sondern unter anderem auch als Finanzbuchhalter, Hausverwalter, Ratgeber bei allen Problemen des Lebens und Gemeindeführer. Wenn jemand unter dreißig, der gerade das College absolviert hat, sich darauf vorbereitet, all diese Rollen zu übernehmen, kann er einfach nicht erwarten, dass sich das mit einem Studium oder einer Arbeit außerhalb des Tempels vereinbaren lässt. Wer in einen Ausbildungstempel vor einem Universitätsabschluss eintritt (das sind in Japan meist junge Frauen), muss generell länger als üblich bleiben, bevor er seine Ausbildung abschließt. Die Kombination von weltlichem Studium und buddhistischer Ausbildung ist extrem schwierig.

In Indien gibt es eine lange Tradition, sein Leben als junger Erwachsener einem weltlichen Leben zu widmen, einschließlich der Gründung und Unterhaltung eines Haushalts und einer Familie. Erst wenn es Zeit ist, sich aus diesem Leben zurückzuziehen, gilt es als angemessen, sich voll und ganz der Religion zu widmen. Vielleicht sollte unsere heutige Welt sich diese Tradition zum Vorbild nehmen.

23 Was soll ich über Zen lesen?

Heutzutage ist die Auswahl viel größer als damals, als ich mich erstmals für Zen interessierte, und die Gelegenheiten für die Zen-Praxis und das Erlernen von Zen unter der Anleitung kompetenter Führer haben sogar noch stärker zugenommen. Die Lektüre ist inzwischen nicht so sehr notwendig als vielmehr eine Frage des Interesses.

Der Buddhismus als Ganzer, vor allem wenn er Zen einschließt, ist eher eine Religion des Handelns als des Glaubens. Ich meine allerdings wirklich, dass sich weniger Missverständnisse im Denken des Neulings einnisten, je weniger er in den ersten ein, zwei Jahren seiner Praxis liest.

Zen-Adepten gewöhnen es sich an, die Sprache auf typische «Zen-Weise» zu verwenden, ganz zu schweigen von der Gewohnheit, beim Schreiben großzügig Begriffe aus dem Sanskrit, dem Pali, dem Chinesischen (mit zwei Transkriptionssystemen) und aus dem Japanischen (ebenfalls mit mehreren Transkriptionsformen) einzustreuen. So sehr ich solche Tricks wie das «Übersetzen» aus dem Japanischen ins Sanskrit beklage, noch dazu im Gewand des Englischen (oder Französischen, Deutschen oder sonst einer westlichen Sprache), muss ich doch gestehen, dass auch ich übertrieben optimistisch bin, was den buddhistischen Wortschatz des Normallesers angeht.

Selbst wenn die Sprache eine mustergültige Klarheit demonstriert, ist es schwierig genug, sich über eine zeitliche Kluft von mehr als einem halben Jahrtausend hinweg und zwischen Kulturen zu verständigen, die sich schon früh weit auseinander entwickelt haben. Auch der fähigste Übersetzer kann nicht mehr sicher sein, was denn ein chinesischer Laie aus dem 18. Jahrhundert oder ein japanischer Priester aus dem 13. Jahrhundert mit jeder Formulierung genau zu verstehen geben wollte. Das gilt sogar für die Übersetzung aus einer alten Version einer Sprache in die moderne Form desselben Idioms.

Wie wahrscheinlich ist es somit, dass ein Leser, der zum ersten Mal Zen-Begriffen und -Konzepten begegnet, einen genauen Eindruck von der Botschaft des Originalautors erhält? Ein paar Jahre Erfahrung mit buddhistischen Handlungen und im Anhören der Erläuterungen moderner Religionsführer liefern sicher einen Kontext für ein zumindest etwas genaueres Verstehen.

Ungeachtet dessen hat die Lektüre im Leben eines ernsthaft Praktizierenden durchaus einen Stellenwert. Ich würde nur die Aneignung gewisser Hintergrundinformationen empfehlen, bevor man sich ins Dickicht der Zen-Schriften selbst begibt. So wird beispielsweise eine Einführung in das fundamentale buddhistische Denken mit Sicherheit hilfreich sein, wenn man später die Vertiefungen und Ausweitungen dieses Denkens verstehen will. Genauso wird eine allgemeine Geschichte des Buddhismus und der Entwicklung des Zen-Buddhismus ein Gefühl dafür vermitteln, dass Menschen und nicht körperlose geistige Prozesse die Religion geschaffen haben, die wir nun miteinander teilen.

Jedes Jahr erscheinen neue Bücher über Buddhismus im Allgemeinen und über Zen im Besonderen, und die akademische Beschäftigung hiermit nimmt unverkennbar zu. Daher möchte ich lieber keine bestimmten Bücher vorschlagen, sondern nur ein Gebiet, mit dem Sie starten können. Sobald Sie ein wenig Erfahrung haben, werden Sie selbst herausfinden, welche Bücher Sie interessieren und in Ihrer Praxis unterstützen.

24 Ich möchte «das echte Zen» kennen lernen und habe darum vor, nach Japan zu fahren, obwohl ich kein Japanisch verstehe. Schließlich soll Zen ja über Worte hinausgehen – kann ich also die Bedeutung einfach spüren?

Diese Frage hat zwei Aspekte, die bedacht werden müssen: Zum einen geht es um den Menschen, der die Frage stellt, und dann – wichtiger noch – um die Menschen, mit denen es der Fragesteller in Japan zu tun haben wird. Befassen wir uns zuerst mit der Sicht des Fragestellers.

Am Anfang meiner eigenen Erfahrung mit Zen versicherten mir japanische Priester oft fröhlich, selbst wenn ich die Sprache ihrer Vorlesungen nicht verstehen könnte, würde ich sicher die Bedeutung spüren. Da ich nicht als totaler Versager dastehen wollte, erklärte ich ihnen nie, dass ich die Bedeutung von Vorlesungen in einer Sprache, die ich nicht verstand, nicht zu spüren vermochte. Im Grunde waren diese Vorlesungen wahrscheinlich der Ausgangspunkt einer schrecklichen Gewohnheit, die mir bis heute zu schaffen macht, nämlich einfach meine Ohren von meinem Gehirn während jedes längeren Zeitraums abzukoppeln, in dem ich mündlichem Japanisch ausgesetzt bin, sei es mir nun verständlich (was inzwischen gewöhnlich der Fall ist) oder unverständlich (was damals immer der Fall war). Die Atmosphäre, die durch Zuhörer geschaffen wurde, die tatsächlich verstanden, war ein beruhigender Background für Zazen oder Tagträumereien. Rasch lernte ich, nicht völlig einzunicken.

Was mich allerdings davon überzeugte, dass diese Einstellung des «Spürens der Bedeutung» grundlegend falsch ist, geschah ein paar Jahre später. Als ich noch auf die japanische Sprachenschule ging, nahm ich an einem einwöchentlichen Sesshin in einem Tempel in

Tokyo teil. Ein Mitglied einer kalifornischen Zen-Gruppe – nennen wir sie Eileen – war damals zufällig in Tokyo und ebenfalls bei dem Sesshin. Ich war mit diesem Tempel genügend vertraut, um seine besonderen Vorschriften und Sitten ziemlich gut zu kennen, und dank der Sprachenschule vermochte ich einfache Aussagen zu verstehen («Staub diese Regale ab», zum Beispiel), und darum wurde ich Eileens Hauptschnittstelle mit den Priestern und den anderen Laien. Dennoch gab es Zeiten, in denen Eileen in einer Pause, in der ich mich nicht bei ihrer Gruppe aufhielt, mit irgendjemandem von den Laien sprach.

Wir beendeten das Sesshin unter anderem mit einer Zeremonie namens *shōsan*, in der Priesterschüler einem älteren Priester Fragen stellen. Wie Eileen diese Zeremonie erlebt hatte – und davon erzählte sie mir am nächsten Tag mit großer Begeisterung –, unterschied sich doch sehr von meinem Eindruck.

Unsere Unterhaltung begann mit Eileens Bemerkung, dass sie am Vortag von der Einführung von Tempelvorstehern für das nächste Jahr (das Sesshin wurde während der ersten Dezemberwoche abgehalten) tief beeindruckt gewesen sei. Ich fragte sie, was sie denn da über die Einführung eines neuen Vorstehers gehört habe; der Tempel war groß und fungierte auch als Ausbildungstempel für neue Priester, und darum war dort während des Sesshin eine Reihe von Vollpriestern abgestiegen; aber diese Vorsteher dienen gewöhnlich unbegrenzt lange, bis sie zu sehr mit ihren eigenen Tempeln beschäftigt sind, um weiterzumachen, oder bis sie sich aus den aktiveren Bereichen ihrer Pflichten zurückziehen. Es war sicher möglich, dass einer zurücktrat und ein anderer eingeführt wurde, aber von so einem Ereignis hatte ich nichts gehört.

Eileen erwiderte, niemand habe ihr davon erzählt – sie wisse es einfach aufgrund der wunderbaren Zeremonie, die sie abgehalten hätten. Als sie diese Zeremonie beschrieb, dämmerte mir nach und nach, dass sie vom Shōsan sprach. Der erste Teil bestand Eileens Version zufolge darin, dass der Hauptpriester die neuen Vorsteher fragte, ob sie sicher seien, dass ihr Verständnis des Buddhismus ausreiche, um ihre Pflichten zu erfüllen. Tatsächlich handelte es sich bei diesem Teil der Zeremonie darum, dass die Priesterschüler (die noch nicht qualifiziert waren, Tempelvorsteher zu sein) dem Hauptpriester Fragen stellten. Das ist eine Möglichkeit, einerseits den Schülern Informationen zu vermitteln und andererseits ihr Verständnis zu beurteilen, nämlich anhand der Frage, die jeder stellt, sowie der Bitte um zusätzliche Erläuterungen, die jeder vorbringen darf. Eileen hatte die Adressaten wie den Zweck der Befragung glatt vertauscht.

Als Nächstes erfolgte, was Eileen für eine «bewegende Zeremonie der Kontinuität» hielt, in der, wie sie sagte, jeder «neue Vorsteher» Weihrauch opferte als Zeichen der Hingabe an die neue Rolle, dann eine Prise der Weihrauchasche zurücknahm, um sie in die persönliche Räuchervase dieses «Vorstehers» zu geben, als Symbol der kontinuierlichen Reihe von Vorstehern, die dem Tempel dienen. Erst Jahre später kam ich schließlich auf das, was in ihr diesen faszinierenden, aber völlig falschen Eindruck ausgelöst hatte. Jeder Schüler bekam ein Briefchen mit pulverisiertem Weihrauch, der auf Holzkohle in der Räuchervase verbrannt werden sollte. Man verbeugt sich vor der Räuchervase, legt das Briefchen auf die linke Hand und öffnet es, opfert Weihrauch wie üblich mit der rechten Hand, dann dreht man die linke Hand um, wobei man das Briefchen festhält, um alle restlichen Weihrauchkörnchen auf die Holzkohle fallen zu lassen, und schließlich faltet man das leere Briefchen und verstaut es in einem Kimonoärmel, um es später wegzuwerfen. Dieses letzte Leeren und Verstauen des Papiers hatte Eileen als «Zurücknehmen einer Prise Weihrauchasche» wahrgenommen.

So viel zu unserer Fähigkeit, «die Bedeutung einfach zu *spüren*».

Nun zu den Menschen, mit denen wir es bei dieser Erfahrung zu tun bekommen. Kennen Sie die japanischen Wörter für «Wischlappen» und «Staubtuch»? Sobald Sie anfangen, den lackierten Weihrauchhalter oder – noch schlimmer – den Altar mit einem feuchten Wischlappen zu putzen, gibt es eine Verständigungskrise. Wissen Sie, wie Sie einen Futon auslegen, darauf schlafen und zusammenfalten sollen, während der Nachbarfuton auf jeder Seite weniger als einen Fußbreit Abstand hat? Wird sich das Servieren jeder Mahlzeit verspäten, weil Sie nicht wissen, welche Schüssel Sie dem Servierer geben und wie Sie signalisieren sollen, dass Sie genug Essen haben? Selbst wenn Sie schon Erfahrungen in einem Zen-Zentrum gesammelt haben, können Sie die praktischen Details, die von Tempel zu Tempel verschieden sind, nicht im Voraus kennen. Sind Sie imstande, Ihre Nachbarn zu beobachten und sich der neuen Situation anzupassen, und zwar so rasch und akkurat, dass Sie für andere nicht ein ausgesprochenes Hindernis darstellen? Haben Sie jemals das Ausmaß der Frustration erlebt, das es mit sich bringt, etwas einem Menschen erklären zu müssen, der nicht die gleiche Sprache spricht wie Sie? Denken Sie daran, dass der Tempel einfach nicht für Ihre Zwecke errichtet worden ist – er hat anderen gedient, dient anderen und wird weiterhin anderen dienen, lange nachdem Sie nicht mehr da sind. Es liegt ganz bei Ihnen, ob Ihre Abreise Anlass zu einem großen Fest ist.

Nein, Sie können nicht nach Japan kommen ohne japanische Sprachkenntnisse und ohne einen einschlägigen Background und dann erwarten, für alle Menschen in Ihrer Umgebung etwas anderes zu sein als ein großes Hindernis.

ZAZEN IN DER PRAXIS

1 Was ist der Lotossitz, und warum sollen wir so dasitzen?

Der Lotossitz ist eine Sitzhaltung, die auf die Zeit schon vor dem Buddha Shākyamuni zurückgeht und noch heute allgemein gebräuchlich ist. Der Grund dafür ist die Stütze, die diese Haltung der Wirbelsäule bietet. Verschiedene religiöse Gruppen haben sich metaphysische Erklärungen für den Lotossitz ausgedacht, aber ich bin fest davon überzeugt, dass in diesem Fall die Physik die besseren Argumente hat als die Metaphysik. Längere Zeit – normalerweise dreißig bis fünfzig Minuten – bewegungslos dazusitzen, kann für den Rücken eine schwere Belastung darstellen, wenn er nicht richtig gestützt wird.

Es gibt zwei Varianten des Lotossitzes: den «vollen Lotos» (japanisch *kekka fuza*) und den «halben Lotos» (japanisch *hanka fuza*). Beim vollen Lotossitz wird jeder Fuß auf den gegenüberliegenden Oberschenkel gelegt, wobei die Zehenspitzen annähernd parallel zum äußeren Rand des Schenkels ruhen, wie es die Abbildung 1 zeigt. Menschen, die den vollen Lotossitz beherrschen, erklären ein-

Abb. 1 Voller Lotossitz

Abb. 2 Halber Lotossitz

stimmig (jedenfalls nach meiner – zugegebenermaßen begrenzten – Erfahrung), dass die Ergebnisse die Anstrengung vollauf rechtfertigen, die erforderlich ist, den Körper auf diese Sitzhaltung zu trainieren. Beim halben Lotossitz wird ein Fuß auf den gegenüberliegenden Oberschenkel gelegt, während der andere auf der Sitzfläche (Fußboden oder Podest) liegen bleibt, wie es die Abbildung 2 zeigt. In beiden Fällen sollten die Knie fest auf der Sitzfläche ruhen und mit dem Gesäß ein Dreieck bilden. Bitte beachten Sie, dass die Füße auf den Oberschenkeln liegen, nicht auf den Knien oder Waden. Die Oberschenkel sind breit genug, damit die Knöchel darauf ruhen können, und fleischig genug, um das Gewicht der Füße aufzunehmen, ohne dass ein unangemessener Druck auf die Nerven oder Blutgefäße ausgeübt wird.

In Dōgens Schrift *Fukan Zazengi* («Allgemeine Darlegung der Prinzipien des Zazen») heißt es, dass beim vollen Lotossitz der rechte Fuß auf den linken Oberschenkel und dann der linke Fuß auf den rechten Oberschenkel gelegt werden solle. Beim halben Lotossitz solle der linke Fuß auf den rechten Oberschenkel gelegt werden, während der rechte Fuß auf der Sitzfläche bleibe. Häufig allerdings kann ein längeres Sitzen in diesen Positionen (besonders im halben Lotossitz) die Hüften einknicken lassen, wenn der Fuß jedes Mal auf

Abb. 3 Zafu-Sitzkissen

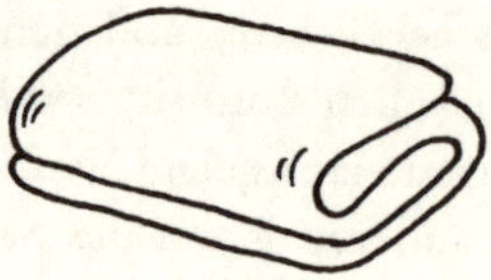

Abb. 4 Verschränkte Kissen

die gleiche Stelle gelegt wird. Wer im Lotossitz zehn Minuten pro Tag oder einmal vierzig Minuten pro Woche oder Monat sitzt, ist nicht gefährdet. Wer jedoch an einem Sesshin teilnimmt (siehe «Was sind Sesshin, und warum nimmt man daran teil?»), könnte gut beraten sein, für einzelne Zazen-Zeiten die Beinpositionen zu wechseln (erst das rechte über das linke Bein, dann das linke über das rechte Bein). Weil meine Knie vor meiner Zazen-Praxis beschädigt wurden, habe ich es mir angewöhnt, in einer einzigen Position dazusitzen, und darum sind meine Hüften im Laufe der Jahre leicht eingeknickt.

Erhöht man das Gesäß mit einem Kissen, erleichtert das das Einnehmen des Lotossitzes ein wenig und sorgt auch für eine bequemere Unterlage, als wenn man direkt auf einer unnachgiebigen Fläche sitzt. Die Sōtō-Schule verwendet normalerweise ein rundes Kissen, von etwa 35 cm Durchmesser und 10 bis 15 cm Höhe, das mit Kapok ausgestopft ist (Abbildung 3). Manche Rinzai-Sekten nehmen zwei dünne, quadratische Kissen, die einmal gefaltet und ineinander verschränkt sind (Abbildung 4).

Abb. 5 Richtige Haltung

Abb. 6 Handhaltung

In beiden Fällen ist es wichtig, dass das Gesäß so weit wie möglich vorn auf dem Kissen ruht, ohne abzurutschen. Auf der Rückseite des Oberschenkels verläuft ein Nerv, der druckempfindlich ist. Sitzt man zu weit hinten auf dem Kissen, wird Druck auf diesen Nerv ausgeübt, was oft zu einer Taubheit im gesamten Bein führt. Zu Beginn des Zazen ist es üblich, den Oberkörper nach links und rechts, dann nach vorn und hinten zu neigen, um sicherzugehen, dass der Körper in der Mitte des Kissens ruht und aufrecht ist.

Gewöhnlich ist davon die Rede, dass der Rücken gerade sei, aber eigentlich sollte er ein leichtes Hohlkreuz bilden. Ein langer, gerader Gegenstand, etwa ein *kyosaku* (*keisaku* in der Rinzai-Schule), der senkrecht hinten an den im Lotossitz Sitzenden angelegt wird, sollte den Hinterkopf, die Rückseite der Schultern und das Gesäß berühren, während sich im Kreuz ein Zwischenraum von 2 bis 3 cm befindet (siehe Abbildung 5). Der Kopf sollte etwas hinter seiner normalen Position gehalten werden, wobei das Kinn eingezogen, aber nicht nach unten geneigt ist. All das sorgt für eine aufrechte Wirbelsäule, die bewegungslos bleiben kann, ohne sich zu überanstrengen. Dōgen führt des Weiteren aus, dass der Mund geschlossen bleiben soll, wobei sich die Zähne leicht berühren und die Zunge an den Gaumen stößt. Dies verringert im Allgemeinen die Speichelerzeugung. Die Augen sollen offen bleiben (genauso wie Ohren, Geschmacksknospen, Nase, temperatur- und berührungsempfindliche Nerven), aber gut ist es, nach unten zu schauen, um visuelle Ablenkungen zu vermeiden. Die Hände ruhen auf den Fersen, wobei die rechte Hand unten und die linke Hand oben ist, mit den Handflächen nach oben und sich überlappenden Fingern, so dass die zweiten Knöchel der Mittelfinger übereinander liegen und die Daumen einander gerade berühren und mit den Fingern und Handflächen ein Oval bilden (siehe Abbildung 6).

Dies ist die ideale Haltung für Zazen.

2 Welche anderen Positionen sind für Zazen akzeptabel?

Fast jede Haltung ist geeignet, wenn sie für ein bewegungsloses Sitzen ohne übermäßige Anstrengung ausreichend stabil ist. Zwei der verbreiteteren Varianten sind die «birmanische Haltung» und die «gestützte Seiza».

Abb. 7 Birmanische Haltung

Abb. 8 Normale Seiza

Die birmanische Haltung ähnelt dem Lotossitz, wobei beide Füße und Waden auf der Sitzfläche bleiben, wie in Abbildung 7. Ein Fuß sollte am Körper liegen, der andere neben dem gegenüber befindlichen Knie. Der Oberkörper ist aufrecht, im Kreuz durchgedrückt, und der Kopf wird wie beim Lotossitz nach hinten gehalten. Wie beim Lotossitz ist es gut, die Positionen der Beine zu wechseln, wenn Sie oft in dieser Haltung länger als ein paar Minuten sitzen. Dies ist die Haltung, die ich normalerweise wegen meiner kaputten Knie einnehme. Ich muss allerdings einräumen, dass sie den Rücken nicht so gut stützt wie der halbe Lotossitz.

Die von Japanern beim Sitzen auf Tatami-Böden verwendete Haltung heißt Seiza, was wörtlich so viel wie «richtiges Sitzen» bedeutet (siehe Abbildung 8). Normalerweise ruht dabei das Gesäß auf den Fußsohlen, die so nebeneinander liegen, dass der große Zeh eines Fußes auf dem anderen Fuß ruht; der Rücken ist aufrecht. Für Zazen allerdings wird ein Zafu oder ein anderes Kissen zwischen die Füße gelegt, um das Gesäß zu stützen, wie dies in Abbildung 9 zu sehen ist. Da das Gewicht des Körpers nicht auf den Füßen ruht, ist diese «gestützte Seiza» leichter als die normale Seiza auszuhalten. Manche Menschen, insbesondere die, die größer oder schwerer als der Durchschnittsjapaner sind, stellen ein Zafu hochkant hin, wenn sie die Seiza einnehmen, so dass der Winkel zwischen Oberschenkeln und Waden größer wird (Abbildung 10).

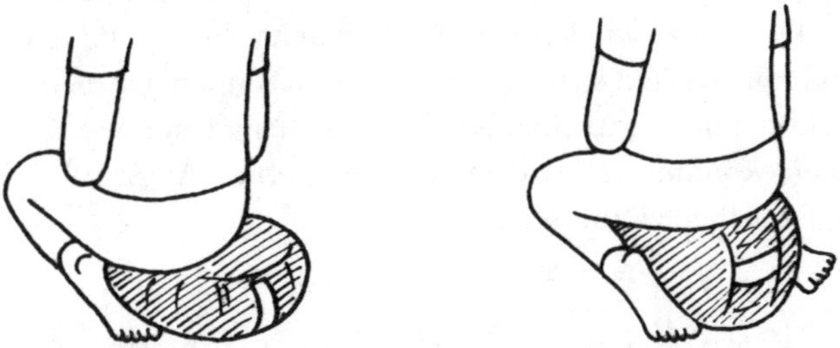

Abb. 9, 10 «Unterstützte Seiza»; bei der zweiten steht das Zafu hochkant

Bei einer anderen möglichen Haltung liegt das Gesäß auf dem Kissen, die Knie ruhen zu beiden Seiten auf der Sitzfläche, und die Waden liegen abgewinkelt nach hinten, wie Abbildung 11 zeigt. Diese Haltung stützt jedoch den Rücken nur wenig und führt eher dazu, dass er abknickt und damit angespannt ist.

Meine allgemeine Regel für das Auswählen von Sitzhaltungen besagt, dass man sich um den Rücken selbst auf Kosten der Beine kümmern sollte. Schmerzende Beine – ich kann ein Lied davon sin-

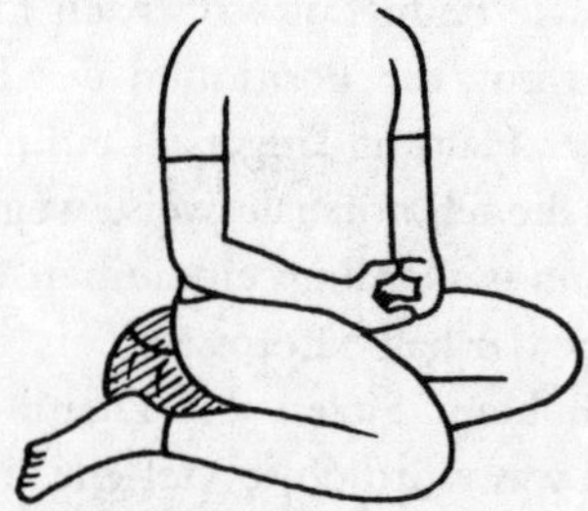

Abb. 11 Seitliche Beinhaltung

gen! – fühlen sich gewöhnlich nach etwa zehn Minuten Herumgehen wieder normal an. Ein verspannter Rücken dagegen kann zu wochenlangen Schmerzen führen. Zu Beginn meiner Zen-Praxis entlastete ich meine Beine ein wenig, indem ich so saß, dass sich mein Rücken leicht verdrehte.

Unglücklicherweise verdrehte ich ihn genauso, wie ich dies ein paar Jahre zuvor bei einer schiefen Schreibhaltung getan hatte, als ich unter Zeitdruck ein langes Manuskript schrieb. Meine Rückenmuskeln hatten sich seinerzeit so stark verkrampft, dass ich mich über eine Woche lang täglich Wärmebehandlungen unterziehen musste. Das Ganze wiederholte sich nun beim Zazen, und schreckliche Krämpfe stellten sich sogar dann ein, wenn ich gar nicht Zazen praktizierte und nur meinen Rücken ein wenig verdrehte. Erst nach Monaten konnte ich wieder dasitzen, ohne Angst vor diesen Krämpfen haben zu müssen.

3 Kann ich Zazen auf einem Stuhl praktizieren?

«Stuhl-Zazen» ist zwar gerade ein populärer Trend in Japan, bringt aber mehrere Probleme mit sich. So muss man zuerst einmal einen Stuhl finden, der genau die richtige Höhe für den jeweiligen Praktizierenden hat. Wenn fünf Menschen Zazen auf Stühlen praktizieren, sind vermutlich fünf verschiedene Stuhlhöhen nötig. Die Füße müssen bequem flach auf dem Fußboden stehen, während die Oberschenkel auf der Sitzfläche des Stuhls parallel zum Fußboden ruhen. Da der Rücken die gleiche Haltung wie im Lotossitz einnehmen sollte, ist es gewöhnlich besser, einen Stuhl ohne Rückenlehne zu verwenden. Hat der Stuhl eine Rückenlehne, sollte der Rücken des Zazen-Praktizierenden entweder keinen Kontakt zu ihr haben oder – falls der Stuhl eine gerade Rückenlehne hat – sie am Gesäß, an den Schultern und am Hinterkopf berühren (vorausgesetzt, die Rückenlehne ist hoch genug). Weiche Kissen beeinträchtigen zwar die Haltung, aber andererseits sollte der Stuhlsitz eine gewisse Nachgiebigkeit aufweisen, genauso wie eine gewisse Nachgiebigkeit bei dem Kissen erforderlich ist, das für den Lotossitz oder andere Fußbodensitzhaltungen verwendet wird.

Manche Priester sagen, die Hände sollten beim Stuhl-Zazen die gleiche Haltung wie beim Fußboden-Zazen einnehmen. Ich habe jedoch herausgefunden, dass so eine Haltung der Hände Rücken und Schultern überanstrengen kann. Wer sich überanstrengt fühlt, sollte besser jede Handfläche nach unten etwa im Zentrum des entsprechenden Oberschenkels ruhen lassen.

4 Welche Kleidung ist für Zazen geeignet?

Drei Dinge gilt es zu überlegen, wenn Sie sich entscheiden müssen, was Sie für das Zazen tragen wollen. Da ist zum einen das Zazen in einer Gruppe – hier passen Sie sich am besten dem offenkundigen Stil dieser Gruppe an (mehr darüber später). Die anderen beiden Dinge haben mit dem Zazen zu Hause zu tun, und zwar allein wie in einer Gruppe. Einerseits ist Zazen eine religiöse Praxis, andererseits wird es üblicherweise im Sitzen auf einem Fußbodenkissen mit weit gespreizten Knien praktiziert. Die meisten religiösen Praktiken, ganz gleich, welcher Religion sie entstammen, verlangen einen gewissen Konservatismus in der Kleidung. Eine Kleidung, die den Großteil des Körpers bedeckt, ist gut, und zwar nicht nur um des äußeren Erscheinungsbildes willen, sondern auch als Schutz gegen Mücken im Sommer und Kälte im Winter. Gedeckte Farben, kaum oder gar nicht gemustert, sind generell vorzuziehen.

Es liegt nahe, dass eine knöchellange Hose mit weitem Schnitt und aus weichem Stoff eine gute Wahl für Männer wie für Frauen ist. Der weite Schnitt und der weiche Stoff sind für die übliche Zazen-Position mit gespreizten Knien notwendig. Manche Menschen kommen zu Zazen-Sitzungen in Jeans. Dabei gibt es zwei Probleme:

Der Stoff ist steif und schneidet daher in die Beine ein, wo er sich auf der Rückseite der Knie in Falten legt, und wenn die Hose ziemlich eng anliegt, kann das Auseinanderspreizen der Knie Mühe bereiten. Ein waden- bis knöchellanger Rock ist ebenfalls angenehm, besonders im Winter, wenn die Füße von den Falten des Rocks bedeckt werden können. In den meisten Gruppen würde man allerdings beim Anblick eines Mannes in einem Rock wahrscheinlich die Stirn runzeln.

Das Oberteil zur Hose oder zum Rock sollte vorzugsweise ein dezentes Hemd oder eine schlichte Bluse sein, mit Ärmeln (lang oder kurz, aber mindestens die Schultern bedeckend), am Hals geschlossen (ein Oberhemd kann und sollte jedoch am Hals um ein oder zwei Knöpfe geöffnet werden) und lang genug, dass es ohne Lücken unter oder über dem unteren Kleidungsstück getragen werden kann.

Eine spezielle Kleidung ist nicht erforderlich, und die Sachen müssen auch nicht teuer sein, sondern einfach, unaufdringlich und praktisch.

Viele Laien in Japan tragen zum Zazen die traditionelle japanische Arbeitskleidung (in der Sōtōshū *samu-e* und in der Rinzaishū *samu-gi* genannt). Die lange, am Knöchel geraffte und oben mit Gummi- oder Stoffbändern zusammengehaltene Hose ist bequem und verschafft große Beinfreiheit. Das wie der obere Abschnitt eines Kimono geschnittene Oberteil hat lange, am Handgelenk geraffte Ärmel, ist am gewickelten, von Bändern zusammengehaltenen Vorderteil breit überlappend und hat genügend Länge, um das Oberteil der Hose zu bedecken. Es ist allerdings nicht notwendig, dass man sich diese Kleidung besorgt. Sie ist in Japan momentan in Mode und gilt in jedem Fall als etwas Spezielles, so dass sie im Westen meist ziemlich teuer ist. (Wer allerdings mit einer Nähmaschine umzugehen weiß, kann sich diese praktischen Kleidungsstücke leicht und preiswert selbst anfertigen.)

In den USA haben mehrere Gruppen ihren eigenen Zazen-Kleidungsstil. Eine derartige Kleidung ist ebenso einheitlich wie bequem, und wer in einer Gruppe weiter praktizieren möchte, die eine bestimmte Kleidungsnorm hat, sollte sich wohl dem Gruppenstandard anpassen.

Besonders während eines Sesshin haben japanische Laien oft einen Hakama an, den langen Rock, der über einem Kimono getragen wird. Hakamas fürs Bogenschießen sind kreisrund geschnitten, nicht wie ein Hosenrock, und darum ist der Bogenschützen-Hakama besonders bequem für Zazen. Doch beide Stile können getragen werden. Ich muss mich allerdings oft sehr beherrschen, um nicht zu lachen, wenn ich einen ganz feierlichen Japaner bei einem Sesshin in einem schwarzen Hakama mit einem weißen Oberhemd und ohne Hose erblicke, so dass die gebogenen weißen Hemdenschöße durch die Seitenschlitze lugen, wo sich der vordere und der hintere Teil des Hakama in der Taille vereinen. Ich rate jedem, der einen Hakama anzieht, konsequenterweise auch einen Kimono zu tragen.

5 *Wie kann ich aufhören zu denken?*

Ein weithin angesehener Sōtōshū-Priester, Reverend Kōshō Uchiyama, hat einmal geschrieben, unsere Gedanken seien wie Verdauungssäfte. Beide hätten zwar natürliche Funktionen, die für das Leben des Menschen wichtig seien, aber ihre übermäßige Erzeugung führe zu Kummer und Krankheit. Er hat auch eine unverblümte Antwort auf die Frage gegeben, wie man zu denken aufhören könne: Schneide deinen Kopf ab!

Die Erzeugung von Gedanken ist ein normaler und notwendiger Prozess, doch die meisten von uns lassen diesen Prozess weit über die Grenzen des Notwendigen hinausgehen. Beim Zazen hören wir nicht völlig auf zu denken – wir können es ja auch gar nicht. Vielmehr werden wir uns einfach einer aufkommenden Gedankenfolge bewusst und lassen aufgrund dieses Bewusstseins die Gedanken los.

So hören wir beispielsweise vielleicht einen Vogel zwitschern. Wenn wir uns ganz sorgfältig nur auf diesen einen Vorgang in diesem einen Augenblick konzentrieren, können wir diesen reinen Laut hören und loslassen. Häufiger allerdings folgen wir unserer Gewohnheit, einen Laut zu hören, ihm einen Namen zu geben, uns die Quelle des Lauts vorzustellen, uns an andere Gelegenheiten zu erinnern, bei denen wir den Laut gehört haben, und so weiter. Das eine Vogelgezwitscher führt uns rasch von diesem einen Punkt und diesem einen Augenblick zu einer ganzen Geschichte von Vögeln, die wir gehört, und Orten, an denen wir sie gehört haben, und vielleicht setzen wir die Gedankenkette bis zu Menschen hin fort, bei denen wir Vögel gehört haben, und lassen unsere langjährige Beziehung zu einem oder mehreren dieser Menschen Revue passieren: «Das hört sich genau wie die Vögel an, die ich früher immer hörte, wenn Opa mit mir in den Park ging. In all den Bäumen und am See gab es alle möglichen Vögel. Und im Schatten und am Wasser war es dort sogar mitten im schwülen, stickigen Sommer von Buffalo kühler. Manchmal gingen wir nach dem Park in die Stadt und aßen in der YMCA-Cafeteria zu Mittag – es gefiel mir, dass ich mir dort an der Selbstbedienungstheke etwas zu essen aussuchen konnte. Aber einmal, als ich dort mit Opa Muscheln aß, gerade nachdem ich eine neue Brille bekommen hatte, wurde es mir auf der Heimfahrt im Bus schlecht. Erst dreißig Jahre später konnte ich wieder Muscheln essen! Das war kurz bevor Opa mir ein Fotomalbuch schenkte und ...» Früher oder später freilich werden wir uns dieser abschweifenden Gedanken bewusst und konzentrieren uns wieder auf das Hier und Jetzt oder hören die Glocke, die anzeigt, dass die Zazen-Sitzung zu Ende ist.

Nicht alle Gedanken suchen wir beim Zazen zu unterdrücken, sondern nur das diskursive Denken. Mein Abschweifen vom Vogelgesang zum Fotokolorieren ist eine Form von diskursivem Denken. Eine andere Form ist das Planen von etwas, das wir in der Zukunft tun wollen, etwa die Einkäufe von Dingen tätigen, die wir für die morgigen Mahlzeiten benötigen. Oder dass wir uns Sorgen wegen der möglichen Folgen unseres Handelns machen – auch das ist eine Form des diskursiven Denkens.

Wir können die Zukunft nicht erschaffen – wir müssen so lange warten, bis sie Gegenwart ist. Wir können aber auch nicht die Vergangenheit neu erschaffen – sie kann nie wiederkehren. Erst wenn wir uns auf diesen einen Punkt in diesem einen Augenblick konzentrieren, können wir die Wirklichkeit erleben, indem wir unsere imaginären Zukünfte und Vergangenheiten loslassen. Um diesen Augenblick der Wirklichkeit zu erkennen, müssen wir auch unsere Meinungen und Vorlieben aufgeben. Vogelgesang oder Motorradbrummen – ein Laut ist einfach nur ein Laut, wenn wir ihn mit dem Geist der Wirklichkeit hören.

6 *Warum soll ich meine Augen offen halten?*

Das Wort, mit dem das buddhistische, speziell das zen-buddhistische Verstehen oft bezeichnet wird, lautet Satori. Wie bereits erläutert, leitet es sich von dem japanischen Verb *satoru* her, das nicht nur «verstehen» bedeutet, sondern eigentlich eher «sehen» oder «erwachen». Eine Möglichkeit, diese Wörter mit chinesischen Schriftzeichen zu schreiben, enthält sogar das Zeichen für Sehen. Wie können wir also erwachen und die Wirklichkeit sehen, wenn wir unsere Augen schließen?

Beim Zazen sind wir uns im Gegensatz zu den meisten Meditationsformen nicht nur des Universums, in dem wir sitzen, sondern auch mehr als gewöhnlich unserer Umgebung bewusst. Die Augen zu schließen heißt, einen Aspekt des Ortes, an dem wir Zazen praktizieren, zu ignorieren. Unsere Ohren, unsere Nase, unsere Zunge, unsere Hautoberfläche können wir nicht schließen. Warum sollen wir also unsere Augen schließen?

Auf der praktischen Ebene ist das Schließen der Augen, während wir reglos beim Zazen dasitzen, ein Nachahmen der Umstände, die wir normalerweise nur erleben, wenn wir schlafen oder fast schlafen. Damit suggeriert es Geist und Körper eher, dass es Zeit zum Schlafen ist. Der Schlaf jedoch ist nicht Zazen. Die Augen offen zu halten erleichtert es, während des Zazen wach und aufmerksam zu bleiben.

Ein weiterer praktischer Effekt besteht darin, dass das Schließen der Augen den Geist anregen kann, beliebige Gedanken zu erzeugen und dann diesen Gedanken zu folgen. Das verleitet uns dazu, uns seligen oder entsetzlichen Tagträumen hinzugeben. Wenn wir hingegen einfach die Augen öffnen, befassen sich unsere Gedanken mit der gegenwärtigen Wirklichkeit.

Die Augen müssen zwar während des Zazen offen sein, doch um uns zu konzentrieren, ist es hilfreich, schräg nach unten zu schauen (etwa in einem 45-Grad-Winkel) und einen einzelnen Punkt zu fixieren. Das schränkt die visuelle Anregung ein, die wir erhalten. Sogar während des Zen im Gehen (*kinhin*) sollen die Augen nach unten gerichtet sein und unsere Blicke nicht umherschweifen.

Dieses systematische Wachsein für Sinneswahrnehmungen, während wir die Intensität und Vielfalt dieser Wahrnehmungen etwas einschränken (indem wir bewegungslos bleiben, an einem ruhigen Ort, geschützt vorm Wetter), hilft uns sehr dabei, zu unserem Einssein mit dem Universum zu erwachen.

7 Warum soll ich mich während des Zazen nicht bewegen?

In den meisten Zazen-Gruppen für Laien wird ein gewisses Maß an Bewegung während des Zazen akzeptiert. (Priesterschüler sollen im Allgemeinen bewegungslos sitzen, aber die Vorschriften, die ihnen während eines kurzen, konzentrierten Trainings auferlegt werden, gelten nicht für eine langfristige Praxis.) Zum Stillsitzen gibt es allerdings eine Menge zu sagen. Zumindest sollte man lange genug stillsitzen, um die Notwendigkeit, sich zu bewegen, zu überprüfen. Wenn einem der Mangel an Bewegung eindeutig irgendwelche anhaltenden Schwierigkeiten bereitet, kann man das Minimum an sinnvoller Bewegung möglichst leise absolvieren.

Zazen ist eine stille Praxis und wird am ehesten an einem ruhigen Ort richtig ausgeübt. Laute sind ein natürlicher Teil unseres Universums, doch ein gewisses Maß an Ruhe ist der Konzentration förderlich. Wie ich schon bei der Antwort auf die Frage «Wie kann ich aufhören zu denken?» feststellte, führen Laute leicht zu diskursivem Denken, das sich weit von «diesem Punkt, diesem Augenblick» entfernen kann. Wenn man den Körper bewegt, seine Position verlagert, erzeugt das ein Rascheln, das die Ruhe unterbricht und vermutlich auch die Konzentration der meisten Menschen, die Zazen praktizieren.

Ein weiterer praktischer Grund, der dafür spricht, sich möglichst nicht zu bewegen, ist die Wahrscheinlichkeit, dass man andernfalls eine weniger bequeme Haltung einnimmt als die, aus der heraus die Bewegung zunächst erfolgt ist. Ich mache fast ausnahmslos diese Erfahrung: Wenn ich meine Füße verlagere, damit der Druck an irgendeinem Punkt nachlässt oder um das Gefühl der Taubheit in ihnen loszuwerden, erzeugt die neue Haltung einen schlimmeren Druck, oder sie lässt prompt den Fuß taub werden, mit dem zuvor alles in Ordnung war. Der erste Teil von Zazen besteht darin, den eigenen Körper auszurichten und zu überprüfen, ob die Haltung im Gleichgewicht und aufrecht ist. Das ist keine Vorbereitung auf Zazen

– es ist ein wichtiger Bestandteil von Zazen selbst. Die vollständige Abfolge lässt sich jedoch während der restlichen Zazen-Sitzung nicht wiederholen, ohne dass man seine Nachbarn und sich selbst ablenkt. Die «angepasste» Haltung ist daher wahrscheinlich nicht im Gleichgewicht.

Der wichtigere Grund, bewegungslos dazusitzen, ist der, dass wir so die Wirklichkeit ohne unsere üblichen verzerrten Vorstellungen und Vorlieben betrachten. In dem Drang, die Haltung zu ändern, spiegelt sich nicht nur eine Unzufriedenheit wegen unserer Haltung wider, sondern auch die Annahme, dass eine andere Haltung angenehmer als die gegenwärtige sei. Die Beobachtung der Wirklichkeit bedeutet, dass wir irgendeine Empfindung (oder deren Fehlen) wahrnehmen, ohne von dieser Empfindung zu einer Vorstellung von Unbehagen überzugehen, gefolgt von dem Wunsch nach einer anderen Haltung, gefolgt von einem geistigen Bild von dem Behagen, das durch eine Bewegung erlangt werden könnte, gefolgt vom Ausführen dieser Bewegung und wahrscheinlich gefolgt von der Wahrnehmung einer anderen Empfindung, die als unangenehm erlebt wird. Statt irgendwelche Vorlieben und Abneigungen gemäß unbegründeter Vorstellungen zu entwickeln, können wir die Wirklichkeit durch Zazen überprüfen, wenn wir die Empfindung untersuchen, ohne sie zu bewerten. Wenn also ein Fuß Druck empfindet, müssen wir uns fragen, an welchem Punkt des Fußes dieser Druck denn genau auftritt. Was für eine Empfindung stellt sich ein? Ist sie zum Beispiel intensiv oder dumpf?

Eine solche Überprüfung hat häufig zur Folge, dass die Empfindung dem Zugriff des Geistes entgleitet und verschwindet. Zumindest trägt eine gründliche Untersuchung, während man bewegungslos bleibt, dazu bei, dass einem einfällt, wie man die Empfindung abschwächen oder beseitigen kann.

Unbehagen und Schmerz sind ganz allgemein menschliche Probleme, mit denen die meisten Menschen vertraut sind. Nur wenige begegnen ihnen ihr Leben lang nicht oder erleben niemals Umstände, die das bewegungslose Ertragen von Unbehagen oder Schmerz erfordern. Als ich mich einer Angiographie unterziehen musste, war es unerlässlich, nicht nur während des damit verbundenen Einschnitts und der Untersuchung selbst bewegungslos zu bleiben, sondern auch etwa zwei Stunden danach, während der Einschnitt sich schloss. Die Gewohnheit, meinen Geist in Zazen zu versenken, war für mich eine große Hilfe. Selbst wenn es uns nicht gelingt, uns vollkommen auf die Wirklichkeit zu konzentrieren, kann sich schon der Versuch, dies zu tun, irgendwann als sinnvoll erweisen.

8 Was brauche ich, um Zazen zu Hause zu praktizieren?

Auch wenn es viele Gründe dafür gibt, Zazen in einer Gruppe in Anwesenheit eines kompetenten Priesters oder Laienführers zu praktizieren, wird man es in der Regel zumindest zum Teil auch allein zu Hause ausüben. Bedeutet dies, dass man dazu einen kompletten buddhistischen Altar und eine persönliche Zazen-Halle benötigt? Nein. Die unerlässlichen Voraussetzungen sind einfach: ein einigermaßen bequemer, förderlicher Ort, an dem man sitzen kann, und irgendeine Vorrichtung, die das Ende der Zazen-Sitzung anzeigt. Alle anderen Dinge können hilfreich sein, sind aber überhaupt nicht notwendig.

Sehen wir uns zuerst den Zazen-Sitzplatz an. In japanischen Tempeln bilden flexibel gewebte Tatami-Matten mit einer dicken Reisstrohunterlage die Basisoberfläche für Zazen, sei es direkt auf dem Fußboden oder auf einem Podest. In chinesischen Tempeln hingegen wird eine harte Oberfläche als Basis verwendet. Nur in wenigen westlichen Häusern (oder gar Zazen-Hallen) gibt es Tatami-Matten, und darum benötigt man hier eine Basisauflage, um Knie, Knöchel und Füße zu schützen. Ein dicker Teppich kann die gleiche Funktion wie eine Tatami-Matte haben. In China verwendet man für diesen Zweck einen gefalteten Quilt (Dōgen erwähnt in seinen Zazen-Beschreibungen auch einen Futon oder wattierten Quilt als Unterlage unter dem Sitzkissen). Eine Möglichkeit ist also ein Quilt oder sogar eine Decke. Eine andere ist ein nicht sehr dickes Kissen, das so groß ist, dass das Sitzkissen und die Knie darauf liegen können.

Auf der Unterlage sollte sich ein Sitzkissen befinden, um die Hüften mindestens acht bis zehn Zentimeter über das Basisniveau zu heben. Ideal ist ein rundes Zafu, mit einem Durchmesser von 36 bis 38 Zentimetern und einer Höhe von 13 bis 21 Zentimetern, das fest, aber nicht zu steif mit Kapok gefüllt ist. Ein ähnliches Kissen kann mit Fasern oder Schaumgummi gefüllt sein, aber die Fasern verdichten sich nach einiger Zeit, und Schaumgummi zerfällt, während Kapok sich sogar nach jahrelangem täglichen Gebrauch wieder zu seiner Originalhöhe aufschütteln lässt. Ein anderes traditionelles Sitzkissen wird aus zwei ziemlich dünnen, rechteckigen Kissen gebildet, die zusammengefaltet und miteinander verschränkt werden. (Die Abbildungen 3 und 4 zeigen ein Zafu und ein Paar gefaltete Kissen.) Irgendwann werden Sie sich wohl eines dieser Kissen mit Kapok-Füllung zulegen wollen. Eher erhältliche Kissen nach Art der Standardsofakissen sind jedoch ebenso geeignet, wenn sie die erforderliche Höhe aufweisen und nicht zu weich sind.

Das Ende der Zazen-Sitzung anzuzeigen ist nicht nur aus praktischen Gründen für die meisten Menschen notwendig, sondern auch eine wichtige geistige Unterstützung. Zazen sollte regelmäßig, zu einer bestimmten Zeit praktiziert werden, unabhängig von seiner Häufigkeit, und einen wahrnehmbaren Anfang und Abschluss haben.

Als ich Zazen zu praktizieren anfing, fuhr ich zweimal pro Woche zu einem Tempel im Zentrum von Los Angeles. Schon sehr bald beschloss ich, auch an jedem der verbleibenden fünf Wochentage Zazen zu praktizieren: zu Hause. Da ich gelesen hatte, dass Ausbildungstempel normalerweise Zazen zuerst am Morgen und zuletzt am Abend abhalten, versuchte ich dieses Muster zu übernehmen. Schnell kam ich dahinter, dass meine abendliche Zazen-Sitzung nur zu oft vom Klingeln des Telefons abrupt beendet wurde. Ein schrilles, hartnäckiges Klingeln ist sicher nicht ideal, um eine Zazen-Sitzung zu beenden, selbst wenn die fragliche Klingel zu einer regelmäßigen Zeit ertönt. Der Küchenwecker, den ich eingeschaltet hatte, tickte so laut, dass es mir in meinem stillen Zustand vorkam, als würde er im ganzen Haus, wenn nicht gar im ganzen Viertel widerhallen. Und sein Klingeln war kaum leiser als das des Telefons.

Nach mehrmonatiger Erfahrung gab ich das abendliche Zazen zu Hause wieder auf; selbst wenn das Telefon und die Haustürklingel stumm blieben, war ich eher daran interessiert, schlafen zu gehen, als mich auf Zazen zu konzentrieren. Und was das morgendliche Zazen betraf, bei dem irgendeine Art von Wecker unabdingbar war, damit ich rechtzeitig zur Arbeit kam, griff ich den Vorschlag eines Priesters im Tempel auf und ließ kurze Weihrauchstäbchen innerhalb meines peripheren Gesichtsfelds, aber nicht direkt vor meinen Augen, abbrennen. Weihrauchstäbchen brennen mit gleichmäßiger Geschwindigkeit ab – ja, das Abbrennen von Weihrauchstäbchen diente im alten China und Japan sogar als eine Art Uhr. Noch heute, wenn ich das Zazen allein praktiziere, wende ich diese Methode an. Auf eine Uhr zu schauen, wie ich es tue, wenn ich die Zeit für das Zazen anderer Menschen festsetze, kann leicht vom Zazen selbst ablenken. Die abnehmende Höhe des brennenden Weihrauchstäbchens ist irgendwie weniger auffällig, meine ich. Alternativen sind Küchenwecker, vorzugsweise ohne ein hörbares Ticken und mit einem unaufdringlichen Klingeln, wenn die Zeit abgelaufen ist, ähnlich beschaffene Wecker und irgendein Haushaltsgerät, das sich mit einem hörbaren Klicken am Ende eines Zeitraums oder einer festgesetzten Stunde und Minute einschaltet. Die durch das Zazen erzeugte Stille bedeutet, dass jedes laute, plötzliche Geräusch eine Reaktion auslöst, die viel stärker als sonst ist, und darum sind sanfte Signale angenehmer für Herzschlag und Blutdruck.

Weihrauch ist auch dann hilfreich, wenn er nicht als Zeitmesser verwendet wird. Sein Duft wird mit der Zazen-Praxis assoziiert, und damit trägt er dazu bei, dass sich der Geist darauf einstellt, sich wach auf den Augenblick zu konzentrieren.

Wer den japanischen Brauch eines Hausaltars übernehmen möchte, an dem man Sūtras rezitiert und die traditionellen buddhistischen Opfergaben darbringt, benötigt eine Buddha-Statue oder ein Buddha-Bildnis sowie Opferutensilien. Das Schränkchen, das im Allgemeinen in Japan verwendet wird, muss nicht sein – in Japan ist es teuer, und anderswo ist es nur schwer zu bekommen. Mein eigener Hausaltar befindet sich auf einer kleinen Kommode. Die traditionellen Opferutensilien sind eine Kerze, Blumen, Reis, Tee, Weihrauchstäbchen und -pulver. Das Weihrauchpulver wird entweder auf einem kleinen Stück Holzkohle oder einem Bündel kurzer Weihrauchstäbchen verbrannt. Heißes Wasser gilt als eine Form von Tee und wird oft als Teeopfergabe verwendet. Kaffeetrinker können Kaffee statt Tee opfern. Falls Reis für Sie kein Grundnahrungsmittel ist, können Sie ihn durch etwas anderes, Entsprechendes ersetzen. Der Reis und die Nahrungsopfergaben werden normalerweise in kleinen, eigens für diesen Zweck vorgesehenen Behältnissen dargebracht, aber gewöhnliche Tassen und Schälchen tun es auch.

Nicht lange nachdem ich das *Herz-Sūtra* (*Maka Hannyaharamita Shingyō*) nach meinem morgendlichen Zazen zu rezitieren begann (auf Japanisch), kaufte ich eine Buddha-Statue und alle Opferutensilien, die ich für geeignet hielt. Eines, das mir besonders gefiel und das ich in Japantown in San Francisco entdeckte, war eine kleine Messingschale auf einem Kissen. Die Räuchervasen, die ich gesehen hatte, waren viel größer und ziemlich kunstvoll gearbeitet. Daher glaubte ich, dass diese «Räucherschale» mit ihrem «Isolierkissen» viel einfacher und hübscher, auf jeden Fall kleiner sei. Statt das Weihrauchpulver auf einer Schicht Asche mit einem Stückchen Holzkohle darauf zu verbrennen, verwendete ich Räucherkerzen. Das bisschen Asche, das dabei entstand, blieb auf dem Boden der Schale als Isolierschicht liegen. Ein paar Monate später bekam ich zufällig Besuch von einem Sōtōshū-Priester, der sich auf der Rückreise nach Japan befand, und ich bat ihn, mit mir das *Herz-Sūtra* zu rezitieren und den Weihespruch für diese Rezitation zu sprechen. Er trat sogleich an meinen Hausaltar heran (der damals auf einem Schrank stand), zündete die Kerze und ein Weihrauchstäbchen an und begann sich dann umzuschauen. Er suchte den Klöppel für meinen Gong – und stellte bei seiner Suche erstaunt fest, dass sich etwas Weißes auf dem Boden des Gongs befand. Meine «Weihrauchschale» war ein Gong!

Schließlich erstand ich eine «echte» Weihrauchvase, eine Tüte Weihrauchasche und eine Schachtel mit kleinen Holzkohlewürfeln. Der Gong wurde geleert und künftig seinem eigentlichen Zweck entsprechend benutzt. Dennoch war er eine sehr hübsche Weihrauchschale gewesen. Es ist überhaupt nicht respektlos oder «falsch», etwas zu verwenden, das einem zur Verfügung steht, und man muss keineswegs teure Utensilien aus Japan kaufen. Wichtig ist Ihre Aktivität beim Opfern von Licht, Blumen, Weihrauch, Nahrung und Sūtra-Sprechgesang und dass Sie all dies der Förderung des Weges von Buddha weihen.

9 *Wie lange soll ich Zazen zu Hause praktizieren?*

Wer Zazen zunächst in einem Tempel oder Zen-Zentrum praktiziert, versucht im Allgemeinen, die gleiche Zeitspanne zu Hause zu üben, die er von den Gruppensitzungen her kennt. Normalerweise sind dies bei jeder Zazen-Sitzung vierzig bis fünfzig Minuten. Ich glaube allerdings, dass solch lange Zazen-Sitzungen zu Hause keine gute Idee sind, und zwar aus mehreren Gründen.

Als ich mit dem Zazen im Zenshuji, dem Sōtōshū-Tempel in Los Angeles, anfing, betrug die Sitzungsdauer fünfundvierzig Minuten. An den Montagabenden gab es nach der ersten Zazen-Sitzung eine kurze Phase Zen im Gehen (Kinhin) und dann eine weitere Zazen-Sitzung. Am Samstagmorgen folgte einer Zazen-Sitzung eine Sūtra-Rezitation in der Haupthalle des Tempels. Für mich war es sehr schmerzhaft, auf einem Kissen auf dem Zazen-Podest zu sitzen. Aufgrund der Nachwirkungen einer Operation an einem Knie und der ständigen Arthritissymptome in beiden Knien war es mir unmöglich, mich auf den Knien auf der Plattform auch nur in der birmanischen Haltung niederzulassen. Als ich mich nach dem Zazen zu Hause erkundigte und einer der Priester mir fünf bis zehn Minuten vorschlug, war ich daher höchst erleichtert. Trotz dieses ermutigenden Vorschlags meinte ich, dass «eigentlich» ein viel längerer Zeitraum «besser» wäre. In den Jahren, die seither vergangen sind, ist mir klar geworden, dass fünf bis zehn Minuten wirklich ein ausreichender Zeitraum für das einsame Zazen zu Hause sind. Zwanzig Minuten sollte ein solches Zazen wohl nicht überschreiten.

Ein Grund für kurze Zazen-Sitzungen ist die Schwierigkeit, die es den meisten von uns bereitet, noch einen längeren Termin in unserem ohnehin bereits mehr als ausgefüllten Tagesablauf unterzubringen. Das Zazen sollte keine besondere Gelegenheit sein, sondern ein normaler, regelmäßiger Teil des täglichen Lebens – oder einmal in der Woche oder im Monat stattfinden. Physisch wie mental passen wir uns an das Zazen besser an, wenn es Teil einer Routine ist statt eine Praxis, die wir mühsam in einem Zeitraum unterbringen müssen, der normalerweise für etwas anderes verwendet wird. Aus eigener Erfahrung weiß ich, dass es einfacher ist, jeden Morgen zehn Minuten für Zazen zu reservieren als fast eine Stunde.

Ein weiterer Grund ist unser Konzentrationsvermögen. Die wache Konzentration des Zazen aufrechtzuerhalten erfordert eine überraschend große Mühe. Diese zehn Minuten lang aufbringen zu wollen gelingt wahrscheinlich viel eher, als dies vierzig Minuten lang zu versuchen. Ich habe mich zu Beginn einer vierzigminütigen Zazen-Sitzung, sogar in Anwesenheit anderer Menschen, oft dabei ertappt, wie ich mir halb bewusst vornahm, mich ein paar Minuten lang Tagträumen hinzugeben, bevor ich mich auf das echte Zazen einließ. Die Folge sind natürlich vierzig Minuten Tagträumerei statt Zazen. Legt man ein enges zeitliches Limit fest, macht man das Zazen zu etwas Kostbarem – wir wollen keinen Augenblick dieser kurzen Zeit verschwenden, und darum bemühen wir uns, wach und konzentriert zu bleiben.

Die Anwesenheit anderer Menschen, die sich alle die für das Zazen erforderliche Mühe geben, hilft anscheinend jedem Einzelnen irgendwie, darin nicht nachzulassen. Vermutlich haben wir das Gefühl, wenn alle anderen sich konzentrieren, müssen wir unseren individuellen Beitrag zum Bemühen der Gruppe leisten.

Die Zugehörigkeit zu einer Gruppe verringert auch die Neigung, Zazen als persönlichen Besitz zu verstehen. Wenn man allein sitzt und dies noch dazu über einen längeren Zeitraum, glaubt man sehr leicht, dass das ganze Universum stillstehen und sich einzig und allein «meinem Zazen» widmen soll. Selbst der morgendliche Gesang der Zikaden im Sommer wird als Unterbrechung «meines Zazen» verstanden – ebenso die Wärme oder die Kälte, die von einem vorbeifahrenden schweren Lastwagen ausgelösten Vibrationen und andere Sinneswahrnehmungen. In dem Augenblick, in dem aus Zazen mein Zazen wird, ist es bloß noch eine ungewöhnliche Sitzhaltung, während wir uns unseren üblichen illusorischen Vorstellungen hingeben. Gerade die Dinge, die wir dann als «Unterbrechungen» wahrnehmen, sind die Phänomene des Augenblicks, die Phänomene, die wir in jedem Augenblick zu erfahren suchen, um die Wirklichkeit zu erkennen. Dieses Erkennen der Wirklichkeit in dem Augenblick ist der Sinn von Zazen.

10 Woher weiß ich, dass es Zeit ist, meine Zazen-Sitzungen zu verlängern?

Aus der Antwort auf die Frage nach der Länge von Zazen-Sitzungen geht bereits hervor, dass Sie sich zuerst überlegen sollten, ob es irgendeinen Grund gibt, Ihre Zazen-Sitzung zu verlängern. Angenommen, die Antwort lautet «Ja» – vielleicht, weil es Ihnen Schwierigkeiten bereitet, sich auf längere Zazen-Sitzungen einzurichten, wenn Sie in einem Tempel oder sonstwo in einer Gruppe sind –, dann geht es meist darum, dass Sie auf Ihren eigenen Zustand achten.

Vielleicht will sich Ihr Körper nicht in eine stabile Haltung fügen. Das war bei mir der Fall, als ich meine Knie nicht auf die Sitzfläche niederlassen konnte. Dann ist es wahrscheinlich effektiver, zu versuchen, sich, wenn möglich, an zwei Fronten anzupassen: die Zahl der Zazen-Sitzungen zu erhöhen und die Sitzungen zu verlängern. Wenn Sie Zazen-Sitzungen von fünf Minuten pro Tag als einigermaßen angenehm empfinden, versuchen Sie es mit zwei Sitzungen von jeweils fünf Minuten, am besten im Abstand von mehreren Stunden. Wenn das nicht zu schwierig ist, versuchen Sie es mit einer Sitzung von zehn Minuten, und belassen Sie die andere bei fünf Minuten. Und so fort. Während all dieser Sitzungen wird ihr Körper lernen, wie er sitzen soll. Sie können auch sorgfältig darauf achten, welche Zonen problematisch sind, und dann versuchen, Ihre Haltung ein wenig zu korrigieren, um diese Problemzonen nicht zu überanstrengen. Vielleicht legen Sie ein kleines Taschentuch oder Handtuch unter das Sprungbein, das zu stark auf den Fußboden gedrückt wird.

Wenn Sie feststellen, dass Ihr Geist nach den ersten Minuten Zazen nicht wach bleiben kann, sollten Sie nicht versuchen, die Zazen-Sitzung allzu sehr zu verlängern – ein wiederholtes Versagen wird Sie nur entmutigen und kann sogar das Muster der Unaufmerksamkeit verstärken. Können Sie fünf Minuten lang wach bleiben, versuchen Sie, dieses Wachsein auf sieben Minuten auszudehnen. Wenn Sie das Sieben-Minuten-Wachsein ständig durchhalten können, streben Sie neun oder zehn Minuten an. Denken Sie allerdings daran, dass niemand vierzig Minuten oder länger gleichmäßig wach und konzentriert bleibt. Zazen ist ein Konzentrationsprozess, gefolgt von abschweifenden Gedanken, gefolgt vom Bewusstsein des Abschweifens und der Rückkehr zur wachen Konzentration.

Falls Sie physische oder mentale Schwierigkeiten haben, werden Sie wahrscheinlich feststellen, dass Sie das, was Ihnen etwa dreißig Minuten lang allein gelingt, vierzig oder fünfzig Minuten lang in einer Gruppe schaffen können.

11 Wie kann ich Zazen praktizieren, während ich mich als Elternteil um ein kleines Kind kümmere?

Ich habe den Eindruck, dass diese Frage oft einem Missverständnis hinsichtlich der Rolle von Zazen im täglichen Leben entspringt. Irgendetwas zu tun, während man sich um ein kleines Kind kümmert, ist schwieriger, als das Gleiche ohne die Komplikationen zu tun, die das Kind mit sich bringt. Zazen unterscheidet sich in dieser Hinsicht nicht von den übrigen regelmäßigen Tätigkeiten.

Hier zunächst einige Vorschläge, bevor ich mich mit den Missverständnissen befasse.

Säuglinge und Kleinkinder müssen vor dem Schlafengehen oft eine Weile auf den Armen gewiegt werden. Es gibt kaum eine bessere Zeit für eine Mutter oder einen Vater für ein paar stille Minuten Zazen als die zwischen dem Beruhigen des Kindes und seinem festen Schlaf. Wahrscheinlich wird sie oder er nicht die übliche Zazen-Haltung einnehmen, aber das ist nicht so wichtig, wenn die Sitzung nur kurz ist. Die Ruhe des Kindes kann durchaus zur Konzentration beitragen, und das konzentrierte Zazen vermag dem Kind ein Gefühl von Frieden und Sicherheit zu vermitteln.

Kurze Zazen-Sitzungen sind wohl die Hauptform des Zazen für Menschen mit ganz kleinen Kindern. Für sie geht es darum, einen Zeitraum zu finden, in dem sie fünf oder zehn Minuten lang einigermaßen sicher sein können, nicht unterbrochen zu werden. Wie alle, die Zazen zu Hause praktizieren, werden auch Eltern feststellen, dass der frühe Morgen am geeignetsten ist. Vorausgesetzt natürlich, dass nicht ein Wecker das Kind zusammen mit den Eltern weckt. Eine weitere Chance bietet der Mittagsschlaf des Kindes.

Je nachdem, wie die Gruppe ausgestattet ist, können Kinder ihre Eltern zu einer Zazen-Sitzung außer Haus begleiten und sich in einem eigenen Raum aufhalten, wo sie ungezwungen spielen können, ohne die Menschen im Zazen-Raum zu stören. Die Gruppenmitglieder können sich abwechselnd um die Kinder kümmern. Die Betreuung von Kindern ist zwar nicht Zazen, kann aber eine wunderbare buddhistische Praxis einer anderen Art sein.

Der Elternteil wiederum, der an einer Zazen-Sitzung teilnehmen möchte (und es ist gut, mindestens einmal im Monat mit anderen Menschen zusammenzusitzen), kann sich mit dem anderen Elternteil oder einem Verwandten oder Freund absprechen, in dieser Zeit bei dem Kind zu bleiben. Und die Eltern können sich in der Teilnahme an Zazen-Sitzungen und in der Kinderbetreuung abwechseln.

Die Teilnahme an Sesshin erweist sich wohl als sehr schwierig für Eltern eines kleinen Kindes (und auch noch eines Schulkindes). Doch Sesshin sind nicht notwendig. Viele Menschen haben eine wunderbare Zazen-Praxis, ohne jemals an Sesshin teilzunehmen.

Und damit sind wir auch schon bei den Missverständnissen angelangt. Viele Menschen im Westen ebenso wie manche Japaner scheinen zu glauben, dass es keine Zen-Praxis ohne eine häufige Teilnahme an drei- oder siebentägigen Sesshin geben kann oder dass «echtes» Zazen in einem Tempel oder Zen-Zentrum stattfindet. Doch das stimmt überhaupt nicht. Echtes Zazen ist ein Zazen, an dem der ganze Körper und Geist des sitzenden Menschen beteiligt ist, egal wo, wann und wie lange dieser Zustand aufrechterhalten werden kann. Fünf Minuten täglich zu Hause sind wahrscheinlich eine viel echtere Praxis als ein Sesshin einmal im Monat ohne weitere Zazen-Sitzungen. Monatliche Sesshin wurden für die Ausbildung neuer Priester in kurzer Zeit (meist in ein oder zwei Jahren) eingeführt. Es wird nicht erwartet, dass amtierende Priester für ein paar Tage im Monat ihre Tempelmitglieder im Stich lassen oder dass Laien ihr normales Leben unterbrechen, um jeden Monat für kurze Zeit Priesterschüler zu sein.

12 Was sind Sesshin, und warum nimmt man daran teil?

Sesshin sind ein paar Tage konzentrierter Zazen-Praxis; während eines Zeitraums von drei oder sieben Tagen verbringen die Teilnehmer fast die ganze Zeit mit Zazen, wobei sie zwölf oder mehr Stunden pro Tag für das Zazen selbst verwenden und während der Sūtra-Rezitationen und Mahlzeiten in der Zazen-Halle bleiben. Je nach den Möglichkeiten des jeweiligen Tempels schlafen die Teilnehmer sogar im Zazen-Raum.

Die beiden für das Wort Sesshin verwendeten chinesischen Schriftzeichen stehen für das Verbum «fangen» oder «einfangen» und das Substantiv «Geist» oder «Herz». Die ununterbrochene Hingabe an Zazen Tag und Nacht trägt dazu bei, den Geist so zu konzentrieren, dass er die Wirklichkeit erfährt. Die Wirksamkeit der Sesshin für diese Konzentration beruht zum Teil auf der ungewöhnlichen Beschaffenheit dieser Erfahrung. Sie verlangt eine rigorose Aufmerksamkeit, die während der vielen täglichen Beschäftigungen im normalen Leben nicht aufrechterhalten werden kann. Ein Faktor, der zum konzentrierten Zazen verhilft, ist die Unterweisung, die der das Sesshin leitende Priester in informellen Kommentaren wie in formellen Lesungen gewährt. Selbst ein einzelnes Sesshin führt oft zu einer deutlichen Vertiefung des religiösen Verständnisses.

Ausbildungstempel für neue Priester, das Vorbild, auf das sich die meisten westlichen Zen-Zentren beziehen, halten im Prinzip ein Sesshin pro Monat ab. Januar und August sind Monate, in denen lokale Tempel größere Verpflichtungen haben, und diese bleiben daher oft von diesem Schema ausgenommen. Die Priesterschüler dürfen in ihre Heimattempel zurückkehren, um bei den Neujahrsaktivitäten und der sommerlichen Totengedenkfeier, dem Obon, zu assistieren. Außerdem ist es in den meisten Teilen Japans im Januar extrem kalt und im August extrem heiß und feucht. Keine dieser Wetterlagen ist für eine ausschließliche Konzentration auf Zazen hilfreich, besonders nicht der erstickend feuchtheiße August.

Ausbildungstempel sind allerdings Orte, an denen ein Priester in der kurzen Zeitspanne von ein oder zwei Jahren fürs Leben geformt werden muss. Die Tätigkeiten in solchen Tempeln weichen notwendigerweise erheblich von denen in normalen Tempeln ab, die ihren lokalen Mitgliedern dienen. Bestattungen, Gedenkgottesdienste,

Gemeinschaftsdienste, Beratung und die vielen anderen Verpflichtungen eines gewöhnlichen amtierenden Priesters lassen sich nur selten mit monatlichen Klausuren in einer Zazen-Halle vereinbaren.

Jedes Jahr gibt es zwei primäre Sesshin-Zeiten: die erste Woche im Dezember bis zur Morgendämmerung des 8. Dezember, nach der japanischen Tradition die Zeit, da der Buddha Shākyamuni erstmals das Erwachen unter dem Bodhi-Baum erlangte; und die Woche bis zum 15. Februar, nach der japanischen Tradition das Datum, an dem der Buddha Shākyamuni ins Nirvāna gelangte. Zu diesen Zeiten werden Sesshin in den meisten normalen Tempeln abgehalten, wobei die Länge der Sesshin dort oft reduziert wird.

Der typische Ablauf eines Sōtōshū-Sesshin sieht in etwa so aus:

3.00 Uhr	Aufstehen
3.20– 6.00 Uhr	Zazen (einschließlich Zen im Gehen und kurzer Pausen), Tee und morgendliches Sūtra-Rezitieren
6.00 Uhr	Formelle Morgenmahlzeit, gefolgt von einer Zeit des Säuberns
7.50–11.00 Uhr	Zazen (einschließlich Zen im Gehen und kurzer Pausen), Tee und Lesung
11.00 Uhr	Formelle Mittagsmahlzeit, gefolgt von einer Ruhezeit
13.00–16.00 Uhr	Zazen (einschließlich Zen im Gehen und kurzer Pausen), Tee, Lesung und abendliche Sūtras
16.50 Uhr	Abendmahlzeit, gefolgt von einer Ruhezeit
18.20–21.30 Uhr	Zazen (einschließlich Zen im Gehen und kurzer Pausen), Rezitieren der «Allgemeinen Darlegung der Prinzipien des Zazen»
21.30 Uhr	Schlafenszeit

Nach der Tradition sind Baden und Rasieren während der Sesshin untersagt, darum freuen sich die Teilnehmer auf die Möglichkeit zu baden zwischen dem Abschluss des Sesshin und dem Sūtra-Rezitieren, das das Erwachen oder den Todestag des Buddha markiert. Die stark riechenden Salben zum Einreiben der Kniegelenke scheinen bis dahin jede Körperzelle und jede Kleidungsfaser durchdrungen zu haben. Nach dem rigorosen Ablaufschema fühlen sich manche

Teilnehmer allerdings für kurze Zeit orientierungslos und nicht in der Lage, sich den Aufgaben des täglichen Lebens zu widmen. Wenn man sich dem Alltag wieder zuwendet, dann mit einer Reserve an Aufmerksamkeit, Hingabe und Fürsorglichkeit, die sich während des Sesshin angesammelt hat.

13 In jedem Zen-Tempel in Japan gibt es täglich Zazen, nicht wahr? Was muss ich tun, um daran teilzunehmen?

Außer in Ausbildungstempeln wird nur in ganz wenigen Zen-Tempeln täglich Zazen praktiziert. Normale Tempel sollen ihren Mitgliederfamilien und der Gemeinschaft dienen. Und Mitgliederfamilien interessieren sich nur selten für Zazen – sie halten es für eine von Priesterschülern absolvierte asketische Praxis. Ein ständiger Priester muss oft noch zu später Stunde zur Verfügung stehen, so dass er Zazen am Abend unmöglich und am frühen Morgen nur unter äußersten Schwierigkeiten praktizieren kann.

Das führt üblicherweise dazu, dass Zazen-Gottesdienste einmal im Monat abgehalten werden – wenn überhaupt. Engagiertere Priester bieten Zazen vielleicht einmal in der Woche an. Häufiger als einmal die Woche ist ziemlich selten. Man darf nicht vergessen, dass der Buddhismus keine Bekehrungsreligion ist. In Zen-Tempeln gibt es kein Programm, um Menschen ausfindig zu machen, die an Zazen teilnehmen. Vorherrschend ist die Grundeinstellung: Wenn jemand bereit ist für Zazen, dann wird er auch in den Tempel kommen, um Zazen zu praktizieren.

Eine Möglichkeit zu erfahren, wo man Zazen in einem japanischen Tempel praktizieren kann, besteht darin, dass man sich an die japanische Touristenorganisation wendet. Mehrere Tempel, die in der Lage sind, Zazen Neulingen anzubieten, insbesondere solchen, die des Japanischen nicht mächtig sind, werden auf den Informationsseiten dieser Organisation aufgeführt. Es gibt Zweigstellen in Großstädten sowie telefonische Informationsdienste. Wenn Sie die Informationen über alle Tempel in der von Ihnen gewünschten Region sowie die Daten und Uhrzeiten für Zazen bekommen haben, können Sie sich über diese Tempel kundig machen.

Manche Reiseführer enthalten Informationen über Zazen-Sitzungen, aber nach meiner Erfahrung sind diese recht unzuverlässig. Sie sind nicht nur oft veraltet, sondern auch manchmal offenbar von anderen Führern abgeschrieben, ohne dass sie überprüft worden wären. Zu meinem Entsetzen habe ich feststellen müssen, dass ein vor kurzem erschienener Reiseführer über meine Zazen-Sitzungen Informationen enthält, die schon seit mehr als zehn Jahren nicht mehr gültig sind. Seien Sie also nicht überrascht, wenn ein Tempel den Zazen-Zeitplan geändert hat oder wenn der Deutsch (oder Englisch oder Französisch) sprechende Priester nicht mehr da ist.

Viele der in Japan erscheinenden fremdsprachigen Zeitungen enthalten Ankündigungen von Veranstaltungen. Diese Hinweise sind garantiert aktuell und beziehen sich prinzipiell (wenn nicht gar ausschließlich) auf Veranstaltungen, bei denen die Hauptsprache die der jeweiligen Zeitung ist – also Englisch, Portugiesisch, Chinesisch, Koreanisch oder sonst eine Fremdsprache.

Die Haupttempel oder Verwaltungszentralen von Zen-Sekten können zuweilen hilfreiche Informationen liefern, ebenso wie Bukkyō Dendō Kyōkai, eine in Tokyo ansässige pan-buddhistische Organisation, die eine informative Reihe von Büchern über japanischen Buddhismus herausbringt. Andere mögliche Informationsquellen sind lokale kulturelle oder touristische Organisationen.

Die vielleicht einfachste Methode, besonders wenn Sie innerhalb Ihres Wohnviertels bleiben wollen, besteht darin, sich eine Zeit lang in den Tempeln in Ihrer Nähe zu erkundigen. Achten Sie auf die, die sich als Tempel einer Zen-Sekte ausweisen. Vielleicht gibt es am Eingang sogar ein schwarzes Brett, auf dem die Zeiten der regelmäßigen Tempelaktivitäten bekannt gegeben werden.

Wie auch immer Sie einen Tempel ausfindig machen, in dem Sie sich einer Zazen-Gruppe anschließen können – ganz wichtig ist, wie Sie zum ersten Mal vorstellig werden. Westler sollten sich unbedingt von einem japanischen Bekannten bei der ersten Bitte um Informationen helfen lassen. Das ist nicht nur eine Frage Ihrer Japanischkenntnisse – wenn jemand an der Tempeltür in ein westliches Gesicht schaut oder am Telefon eine Stimme mit einem westlichen Akzent vernimmt, gerät er wahrscheinlich zunächst in Panik bei dem Gedanken, dass eine Verständigung unmöglich ist, weil er kein Englisch spricht. Der Anblick eines japanischen Gesichts an Ihrer Seite oder die beruhigenden Laute einer japanischen Stimme am

Telefon wirken Wunder bei dem Menschen, bei dem Sie eine Auskunft einholen wollen. Aus dem gleichen Grund sollten Sie einen japanischen Bekannten dazu überreden, Sie zur ersten Zazen-Sitzung zu begleiten. Nach dem ersten Mal, wenn Sie zumindest ein bisschen Japanisch können und eine gewisse Vertrautheit mit Zen und japanischen Sitten und Bräuchen bekunden, werden sich alle entspannen, und Sie werden auch allein akzeptiert werden.

Nachdem Sie ein paarmal in einem Tempel am Zazen teilgenommen haben, können Sie entscheiden, ob Ihnen die Zazen-Methode dieses Tempels zusagt. Wenn Sie wirklich das Gefühl haben, mit dem Priester oder den anderen Teilnehmern nicht klarzukommen, ist es wahrscheinlich am besten, wenn Sie noch einmal von vorn anfangen und sich einen anderen Tempel suchen. Denken Sie allerdings daran, dass die Zustände und Gebräuche in japanischen Tempeln mit denen in westlichen Zen-Zentren bemerkenswert wenig gemein haben. Die Gepflogenheiten japanischer Tempel haben sich über Jahrhunderte hinweg herausgebildet, wenn schon nicht bei dem einen Tempel, den Sie besuchen, so doch zumindest bei der Sekte, der dieser Tempel gehört. Anpassen müssen wird sich in den meisten Fällen allein der westliche Teilnehmer. Und sich unter solchen Bedingungen anzupassen, kann als eine weitere ausgezeichnete Form der buddhistischen Praxis angesehen werden.

14 Wie kann ich eine Zazen-Gruppe außerhalb von Japan finden?

Als ich mich zum ersten Mal für Zazen interessierte, entdeckte ich einen Sōtōshū-Tempel (das Buch, das mein Interesse erweckte, hatte ein Sōtōshū-Priester geschrieben) in Los Angeles schlicht in den Gelben Seiten des Telefonbuchs. Das lokale Telefonbuch des Vororts, in dem ich wohnte und arbeitete, führte zwar keinen Sōtōshū-Tempel auf, aber in den Gelben Seiten von Los Angeles war einer verzeichnet. Also fuhr ich dorthin, nachdem ich mich telefonisch nach den Zazen-Sitzungszeiten und nach der Möglichkeit einer Unterweisung auf Englisch erkundigt hatte. So merkwürdig Ihnen das vielleicht vorkommen mag, ist dies doch eine ganz praktische Möglichkeit, mit Ihrer Suche zu beginnen.

Der Umgang mit dem Internet ist im Westen weiter entwickelt als in Japan, und darum können Sie auch versuchen, Tempel übers Internet zu suchen, etwa unter dem Stichwort «Zazen» und unter Ihrer Region. Oder Sie können eine Mailingliste zum Thema Zen abonnieren und sich entweder nach Zazen-Gruppen in Ihrer Gegend erkundigen oder einfach die Erwähnung solcher Gruppen in der eingehenden E-Mail abwarten.

Gemeindezentren informieren Sie vielleicht über Gruppen in Ihrer Stadt, oder die Zentrale einer Zen-Sekte in Ihrer Region könnte entsprechende Verzeichnisse haben.

Sobald Sie eine in Frage kommende Zazen-Gruppe gefunden haben, sollten Sie zuerst einige Sitzungen besuchen. Wenn die Gruppe kompetent geführt wird und generell auf die Art von Zen-Praxis eingestellt ist, die Sie im Auge haben, ist Ihre Suche beendet. Falls Sie ernsthafte Vorbehalte gegen die Gruppe oder ihre(n) Leiter haben, schauen Sie bei einer anderen Gruppe vorbei. Viele Zazen-Gruppen sind ziemlich empfindlich, was «Verbrauchertests» betrifft, daher ist es wahrscheinlich am besten, sich nicht über andere Gruppen auszulassen, die Sie bereits besucht haben. Wenn Sie drei oder mehr Gruppen ernsthaft ausprobieren und nicht zufrieden sind, haben Sie vermutlich zu starre Vorstellungen davon, wie eine Zazen-Gruppe sein oder nicht sein sollte. Echtes Zazen beginnt in diesem Fall damit, dass Sie Ihre eigenen Ansichten loslassen und sich einfach auf Zazen konzentrieren, sich der Wirklichkeit eines Augenblicks stellen.

Selbst eine Gruppe mit einem eindeutig ungeeigneten Leiter (das heißt einem, der nur geringe oder gar keine Kenntnisse des Buddhismus hat oder dessen persönliches oder berufliches Verhalten unverkennbar im Gegensatz zum Geist der Vorschriften steht) kann ein für Zazen förderliches Milieu bieten, wenn die Praxis des einzelnen Mitglieds konzentriert und rein bleibt. (Das soll keineswegs eine Empfehlung für Sie sein, unter einem derartigen Leiter zu praktizieren, es sei denn, es gibt keine andere Gruppe.)

15 Warum schlagen Zen-Priester beim Zazen die Leute mit einem Stock?

Immer, wenn ein japanischer Film oder eine japanische Fernsehsendung gezeigt wird, ertönt unweigerlich wenige Sekunden nach dem Anfang das laute Klatschen eines abgeflachten Stocks auf eine Schulter oder einen Rücken. Diese Filme und Fernsehsendungen könnten uns zu der Annahme verleiten, dass beim japanischen Zazen die Leute einander ständig schlagen. Im wirklichen Leben jedoch beschränkt sich das auf Ausbildungstempel für neue Priester. Laien, die am Zazen teilnehmen, erleben es eher, dass dieser Stock dem Sitzenden stumm an den Rücken gelegt wird, um ihm die richtige, aufrechte Haltung nahe zu bringen.

Dieser Stock heißt (in der Sōtōshū) Kyosaku oder (in der Rinzaishū und Ōbakushū) Keisaku. Trotz der unterschiedlichen Aussprache wird das Wort mit den gleichen chinesischen Schriftzeichen geschrieben, und auch der Gegenstand selbst bleibt gleich, außer dass er unterschiedlich lang sein kann. Der Kyosaku ist etwa einen Meter lang, an einem Ende dick und abgerundet und am anderen dünn und flach. Der Priester hält ihn mit beiden Händen am abgerundeten Ende, während er im Zazen-Bereich auf und ab geht. Wenn jemand die Hände in der Geste des Respekts hebt, geht der Priester mit dem Kyosaku zu ihm. In der Sōtōshū praktizieren alle Zazen normalerweise mit dem Gesicht zur Wand, und zwar entweder auf einem Podest oder auf dem Fußboden. Der Priester stellt oder kniet sich hinter denjenigen, der ihn gerufen hat, verbeugt sich vor ihm, berührt mit dem Kyosaku sanft die rechte Schulter, um den Sitzenden darauf aufmerksam zu machen, und, während sich dieser ein wenig vorbeugt und den Kopf nach links neigt, holt der Priester mit dem Kyosaku rasch aus und lässt ihn auf die Schulter sausen. Richtig ausgeführt, ergibt dies einen sehr lauten, stechenden Schlag ohne irgendeine Verletzung oder einen Schmerz über den ersten Augenblick des Schlagens hinaus. Anschließend verbeugen sich der Priester und der Sitzende achtungsvoll voreinander.

In der Rinzaishū, wo die Leute mit dem Gesicht zum Zentrum des Raums sitzen, ist der auf und ab gehende Priester sichtbar, so dass er nicht auf sich aufmerksam machen muss. Während sich der Priester verbeugt, neigt sich der Sitzende vor, bis der Kopf die Sitzfläche berührt und ein Unterarm flach darauf liegt, während die andere Hand in der gegenüberliegenden Achselhöhle ruht. Dabei wird eine Schulter angehoben. Der Priester schlägt mit dem Keisaku auf den großen Muskel an der Rückseite der angehobenen Schulter, üblicherweise zweimal rasch, dann hält er inne, während der Sitzende die Haltung wechselt, um die andere Schulter anzuheben, und nun schlägt der Priester zweimal auf den hinteren Muskel dieser Schulter. Wie in allen Sekten, die Zazen praktizieren, verbeugen sich anschließend der Gebende und der Empfangende dieser Schläge voreinander.

Warum lässt man sich schlagen? Ein Grund ist ein Gefühl der Schläfrigkeit. Das Geräusch und das stechende Gefühl bringen den Geist des Empfangenden zur Achtsamkeit zurück. Tatsächlich macht das Geräusch jeden gründlich wach, der sich in der Nähe befindet und schläfrig ist. Ich bin noch auf einen anderen Grund gestoßen, und das schon ziemlich früh in meiner Zazen-Praxis. Ich hatte törichterweise ein Manuskript abgetippt, während ich mit verdrehtem Oberkörper dasaß, so dass ich die Notizen auf meinem Schreibtisch anschauen konnte, während die Schreibmaschine senkrecht zum Schreibtisch stand. Nachdem ich zwei oder drei Tage hintereinander ständig getippt hatte, bekam ich heftige Krämpfe in meinen Rückenmuskeln. Danach hatte ich geglaubt, mein Rücken sei völlig geheilt, bis ich während des Zazen wieder Krämpfe bekam – zum Glück schwächere. Anscheinend saß ich mit leicht verdrehtem Oberkörper da. Als ich mich jedoch bei allen drei Priestern, bei denen ich damals Zazen praktizierte, danach erkundigte, konnten sie nicht erkennen, was an meiner Haltung nicht stimmte. Höhere und niedrigere Sitzkissen brachten keine Abhilfe. Die Krämpfe traten häufiger auf. Ein Priester, der ein paar Monate zuvor einen Ausbildungstempel verlassen hatte, schlug mir schließlich vor, ich solle den Kyosaku verlangen. Der Muskel, der geschlagen wird, löst irgendwie ein reflexartiges Strecken des Rückens aus. (Eine Freundin erklärte mir später, dies sei genau die Stelle, an der ihr Arzt eine Tiefenmassage angewandt habe, um ihre Rückenschmerzen zu lindern.) Wir versuchten es, und er hatte Recht. Wie durch Zauberhand verschwanden die Krämpfe im Augenblick des Schlagens. Nach einiger Zeit lernte mein Rücken, sich selbst zu strecken, und ich war in der Lage, Zazen ohne Muskelkrämpfe zu praktizieren. Das gleiche reflexhafte Strecken kann eine Hilfe für jemanden sein, der gewohnheitsmäßig mit zusammengesacktem, krummem Rücken dasitzt und während der Zazen-Sitzung keine aufrechte Haltung einnehmen kann. Die Haltung ist keine Frage der Ästhetik oder der Gewohnheit, sondern eine Methode, Rückenprobleme zu vermeiden, und darum ist es wichtig, die richtige Haltung zu erlernen und anzuwenden.

Mit dem Namen des Stocks verbinden sich interessante Assoziationen und Ableitungen. Das erste Schriftzeichen bedeutet Grundsatz, Ermahnung, Unterweisung. Das zweite bedeutet nicht, wie man erwarten könnte, Stock oder etwas Ähnliches, sondern vielmehr Strick oder Peitsche. Der ganze Ausdruck – Keisaku – bedeutete früher, ein Pferd mit einer Peitsche (oder einem Stück Strick) zu größerer Geschwindigkeit anzuspornen. Darauf geht ein literarischer Gebrauch des Wortes zurück, nämlich die Bezeichnung einer wichtigen Passage, die den ganzen Text belebt, oder eines literarischen Werks, das eine tiefgründige Inspiration vermittelt. Auf diesen Aspekten basiert die Zen-Bedeutung «Erweckungsstock», wobei sich die «Erweckung» sowohl auf die buchstäbliche Schläfrigkeit als auch auf unsere menschlichen Wahnvorstellungen bezieht.

16 Was ist, wenn mein Fuß einschläft?

Das Hauptproblem bei einem Fuß, der während des Zazen taub wird, tritt am Ende der Zazen-Sitzung auf: Es hindert einen daran aufzustehen. Wenn man Zazen in einer speziellen Halle mit erhöhten Sitzplattformen praktiziert, erlebt man es nicht selten, dass jemand aufstehen will und wieder hinfällt. Selbst das Aufstehen vom Fußboden mit einem eingeschlafenen Fuß kann einen aus dem Gleichgewicht bringen und zu Verletzungen führen.

Die wichtigste Reaktion auf einen tauben Fuß besteht daher darin, dass man sich dieses Zustands bewusst ist und sich mit großer Vorsicht bewegt, bis sich das normale Gefühl wieder einstellt. Wenn Sie auf dem Fußboden sitzen, kann es hilfreich sein, die Füße sacht auf den Boden zu setzen und sich dann darauf zu hocken, um die Durchblutung rasch wieder herzustellen. Wenn Sie auf einem Podest sitzen, ist es eine gute Idee, jeden Fuß kreisförmig zu bewegen, bevor Sie aufzustehen versuchen – die Bewegung warnt Sie, wenn ein Fuß eingeschlafen ist.

Normalerweise schläft ein Fuß dann ein, wenn man in einer leicht unausgewogenen Haltung dasitzt, was möglicherweise durch die Verwendung eines Kissens verursacht wird, das höher oder niedriger ist, als Sie es gewohnt sind. Sobald Sie während des Zazen eine Taubheit zu verspüren beginnen, kann die leiseste Bewegung Ihres Fußes – ja schon das Anspannen der Muskeln ohne jede Bewegung – das Gefühl wiederherstellen. In den meisten Gruppen akzeptiert man es, wenn Sie Ihre Haltung leicht verlagern, nachdem Sie eine kleine Verbeugung mit erhobenen Händen, mit zusammengelegten Handflächen, vollführt haben, um ihre Nachbarn um Entschuldigung zu bitten.

Dies ist zwar ein häufig auftretendes Problem für Menschen, die gerade anfangen, Zazen zu praktizieren, aber im Allgemeinen ist es nicht etwas Ernstes oder von Dauer. Der Körper lernt anscheinend, wie er sich einer unvertrauten Haltung anpassen muss, und korrigiert seine Haltung bei übermäßigem Druck. Wenn Sie einige Zeit ständig Probleme damit haben, sagen Sie dem für Ihre Gruppe zuständigen Priester Bescheid, und bitten Sie darum, dass Ihre Haltung sorgfältig beobachtet und korrigiert wird.

17 Was soll ich tun, wenn mein Bein wehtut?

Schmerzen treten in vielerlei Formen auf. Die erste Reaktion sollte darin bestehen festzustellen, welche Form Sie gerade erleben. Ein leichter Schmerz erfordert kaum eine Reaktion. Bei heftigen Schmerzen sind Gegenmaßnahmen erforderlich. Wie bei einem eingeschlafenen Fuß lassen Schmerzen in den Beinen im Allgemeinen nach, wenn sich der Körper an eine neue Haltung anpasst und Muskeln und Sehnen neu beansprucht.

An eines sollte man im Hinblick auf schmerzende Beine denken, nämlich daran, dass die meisten Maßnahmen zur Reduzierung von Anspannungen in den Beinen Anspannungen im Rücken verursachen. Beinschmerzen lassen sich gewöhnlich viel leichter lindern als Rückenschmerzen, und daher kann es die angemessenste Reaktion sein, einfach bis zum Ende der Zazen-Sitzung zu warten. Meine eigene Faustregel, die ich mir zu Eigen gemacht habe, als ich nach einer Operation ein Knie nur teilweise bewegen konnte, besagt, dass jeder Schmerz, der innerhalb von zehn Minuten Gehen verschwindet, ein Schmerz ist, den man einfach ignorieren kann. Wenn Sie bis zum Ende der Zazen-Sitzung einer Schmerzempfindung Ihre ganze Aufmerksamkeit widmen, sobald sich Ihr Geist auf diese Empfindung konzentriert – wo genau ist er angesiedelt, was für eine Art Schmerz ist dies genau? –, führt dies oft dazu, dass sich der Schmerz bei genauer Überprüfung verflüchtigt.

Sprunggelenke können beim Kontakt mit einer harten Oberfläche leicht schmerzen. Dem lässt sich abhelfen, indem man ein zusammengefaltetes Taschentuch unter das schmerzende Gelenk schiebt. Ähnliche leichte Korrekturen, die man zu Beginn einer neuen Zazen-Sitzung oder sogar während einer solchen vornimmt, lindern oft Schmerzen in einem begrenzten Bereich.

Schmerzen, die während einer Phase des Zen im Gehen (Kinhin) anhalten, erfordern eine Änderung der Haltung während der nächsten Zazen-Sitzung. Vertauschen Sie die Lage der Beine, so dass dasjenige, das innen war, nun außen ist, und umgekehrt. Wenn Sie den vollen Lotossitz eingenommen haben, probieren Sie es mit dem halben Lotossitz, und wenn Sie im halben Lotossitz gesessen haben, versuchen Sie es mit dem birmanischen Stil oder mit dem unterstützten Seiza. Trotz Dōgens Anweisung, beim vollen Lotossitz den rechten Fuß auf den linken Oberschenkel zu legen, bevor man den linken Fuß auf den rechten Oberschenkel legt, ist jeder, der Zazen längere Zeit praktiziert, gut beraten, die Positionen der Beine abzuwechseln. Wegen meiner Knieverletzungen, die aus der Zeit herrühren, bevor ich anfing, Zazen zu praktizieren, habe ich es mir angewöhnt, in einer Position zu sitzen, und meine Hüften haben sich im Laufe der Jahre ein wenig abgeknickt, so dass ein Bein praktisch kürzer ist als das andere. Das Abwechseln der Haltungen verhindert, dass sich ein derartiges Abknicken entwickelt.

Anhaltende Schmerzen können es erforderlich machen, dass Sie weniger anstrengende Haltungen einnehmen, indem Sie vielleicht das «Stuhl-Zazen» praktizieren, die Länge Ihrer Zazen-Sitzungen reduzieren oder sogar jedes formelle Zazen eine Zeit lang einstellen. Denken Sie daran, dass ein echtes, völlig konzentriertes Zazen, das eine Minute beansprucht, mehr bedeutet, als stundenlanges unkonzentriertes Dasitzen.

18 Mir wird während des Zazen oft sehr warm, selbst wenn der Raum kühl ist. Wieso?

Bei manchen Menschen verlagert Zazen die Durchblutung zur Haut hin, was zu einem Wärmegefühl und einer Senkung der inneren Temperatur führt. Vor kurzem erfuhr ich, dass sich die Durchblutung auch zu Beginn des Schlafs verlagert, wenn unser Körper sich abzukühlen sucht. Vielleicht wird diese Verlagerung irgendwie durch die Zazen-Haltung ausgelöst – oder vielleicht durch die Neigung zum langsameren Atmen im Laufe des Zazen (was ich nach meiner unwissenschaftlichen Meinung für wahrscheinlicher halte). Das ist zwar keineswegs eine allgemeine Erfahrung, kommt aber ziemlich häufig vor. Diese Erfahrung bedeutet nur eins: Wenn Sie sie ein paarmal gemacht haben, werden Sie vielleicht für Zazen eine etwas kühlere Kleidung auswählen als etwa fürs Sitzen am Schreibtisch.

Bevor man im Taisōji ein neues Gebäude mit Fenstern, die den Wind abhalten, und mit einer Zentralheizung errichtete, gab es beim Winter-Zazen zu Beginn des Zen im Gehen oder des Sūtra-Rezitierens oft ein epidemisches Zähneklappern. Menschen, deren Kreislauf sie während der Zazen-Sitzung warm gehalten hatte, erlebten plötzlich eine geringere Oberflächendurchblutung und begannen, die winterliche Zugluft zu spüren.

Dieses Phänomen ist zum Teil der Grund dafür, dass während des Sesshin eine Ruhephase nach jeder Mahlzeit eingelegt wird. Kurz nachdem ich Priesterschülerin wurde, während ich noch einen japanischen Sprachkurs besuchte, nahm ich an dem Februar-Sesshin in einem Tempel in der Nähe teil. Eines Tages gab es die Mittagsmahlzeit später als sonst, und zwar «Curryreis», weißen Reis mit einer Currysauce. An diesem Tag wurde im Tempel ein Bestattungsgottesdienst abgehalten, so dass die Priester, die normalerweise die Mahlzeit zubereiteten, bei der Bestattung assistierten. Unmittelbar nach dem Essen nahmen wir Zazen wieder auf, wobei wir zur üblichen Zeit begannen, aber ohne jede Ruhephase. Schon bald hatte ich im Magen ein Gefühl, als ob ich einen großen Bleiklumpen verschluckt hätte. Wenn sich die Durchblutung in der Haut konzentriert, hat dies zur Folge, dass die Durchblutung im Verdauungstrakt geringer ist. Das ist eine Erfahrung, die ich mir jedes Mal warnend in Erinnerung rufe, wenn ich mir eine Zazen-Sitzung rund um die Uhr vornehme.

19 Was soll ich tun, wenn es mich während des Zazen juckt?

Diese Frage stellte sich mir eines Tages nach einer Zazen-Sitzung, die von dem Priester, der mich ausbildete, abgehalten wurde. Es war Sommer, und da herrschen in Tokyo Hitze und hohe Luftfeuchtigkeit, so dass es einen auch ohne die in Scharen auftretenden Mücken immer wieder juckt. Der Priester beantwortete meine Frage, indem er mir von seinen eigenen Erfahrungen als Priesterschüler erzählte. An einem Sommerabend habe er plötzlich gespürt, wie ihn eine Mücke stach, und schon juckte es ihn. In einem unbewussten Reflex kratzte er sich. Bei dieser Bewegung schrie ihn der Priester, der die Zazen-Sitzung leitete, an, und er legte seine Hand wieder an den richtigen Platz zurück. Doch später fragte er diesen Priester, warum er ihn angeschrien habe. Man sagt uns doch, erklärte mein Meister, dass wir unseren natürlichen Gefühlen folgen sollen – und was sei natürlicher, als sich an einer juckenden Stelle zu kratzen? Der ältere Priester habe erwidert, er habe nicht wegen der Bewegung während des Zazen geschrien, obwohl dies den Schülern verboten sei, sondern weil ein Kratzen nur das Jucken verstärke und es bald zu einem ständigen Jucken und Kratzen komme. Vor allem aber würden die Bewegungen und die damit verbundenen Geräusche von den anderen Teilnehmern der Zazen-Sitzung wahrgenommen. Das erinnere sie an ihre eigenen Mückenstiche oder andere Ursachen für ein Jucken. Bald würde die Hälfte der Teilnehmer sich eifrig kratzen, statt sich auf den Augenblick zu konzentrieren.

Wie lässt sich so etwas verhindern? Natürlich besteht eine Methode darin, Mücken vom Zazen-Bereich fern zu halten. Für den, den es juckt, kommt diese Maßnahme zu spät. Mit einem Jucken kann man genauso wie mit einem geringen Schmerz umgehen: Man konzentriert sich auf die Details der Empfindung, bis sie verschwindet.

Das Gleiche gilt für andere Bewegungen während des Zazen. Der Wunsch nach Bewegung, und dazu gehört auch ein Kratzen, ist eine Bindung, eine Begierde. Das hat auch mit unseren Ansichten darüber zu tun, was «angenehm» und «unangenehm» ist. Während wir über Begierden und Ansichten nachdenken, können wir die Wirklichkeit des Augenblicks nicht einfach so wahrnehmen, wie sie ist.

20 Was soll ich tun, wenn mir während des Zazen schlecht wird?

Zunächst einmal sollten Sie sich darüber im Klaren sein, dass so etwas vorkommt und dass Sie nicht der erste Mensch sind, der dieses Problem hat. Hauptsache, Sie verlassen den Zazen-Bereich so rasch und leise wie möglich und versuchen dann, mit dem Problem auf eine Weise und an einem Ort fertig zu werden, wodurch Sie es vermeiden können, andere zu stören. Handelt es sich jedoch um einen ernsthaften Notfall, sollten Sie wenigstens einen Menschen stören, der Hilfe holen könnte!

«Rasch» bedeutet nicht unbedacht oder hastig, es sei denn, dies ist absolut unvermeidlich. Wenn möglich, sollten Sie den normalen Ablauf beim Verlassen des Zazen-Bereichs einhalten – sich wie üblich verbeugen und gemächlich wandeln. Die Verbeugungen sich selbst wie den anderen gegenüber sind in diesem Fall vielleicht mehr als üblich angemessen, stehen sie doch für Ihre unmerkliche Entschuldigung gegenüber den anderen wegen der Störung.

Was geschieht, nachdem Sie das Problem gelöst haben – vorausgesetzt, der Vorfall war nicht zu schwerwiegend –, hängt in erster Linie von drei Elementen ab: den Gebräuchen der Gruppe, in der Sie Zazen praktizieren, Ihrer Zuversicht, dass es Ihnen wirklich wieder so gut geht, dass Sie die Zazen-Sitzung beenden können, und der Zeit, die noch bis zum Ende der Sitzung verbleibt. Falls Sie die Zazen-Sitzung wegen eines Hustenreizes verlassen haben, den Sie nicht zu unterdrücken vermochten, können Sie wahrscheinlich zum Zazen-Bereich zurückkehren, wenn Sie sicher sind, dass Sie nicht mehr husten werden. Sie sollten sich allerdings darüber im Klaren sein, dass Zazen eine äußerst stille Tätigkeit ist. Wenn nur noch zehn Minuten bis zum Zen im Gehen oder bis zum Ende der Zazen-Sitzung bleiben, sollten Sie lieber warten, bis alle sich wieder bewegen.

Wenn es andererseits noch vierzig Minuten dauert, werden die meisten Gruppen Ihnen erlauben, still wieder einzutreten, sich wie üblich zu verbeugen und sich so unauffällig wie möglich zu verhalten.

Die Regeln hinsichtlich des Verlassens und Wiedereintretens während einer Zazen-Sitzung werden Neulingen nur selten dargelegt. Wenn Sie Glück haben, werden Sie bemerken, wie der eine oder andere den Zazen-Bereich irgendwann verlässt und später wiederkommt (oder wegbleibt). Das liefert Ihnen gewisse Anhaltspunkte. Wahrscheinlich werden Sie jedoch über mehrere Jahre am Zazen teilnehmen, ohne so etwas zu erleben. Dann haben andere Gelegenheit, an Ihrem Beispiel zu erfahren, ob es in der Gruppe Brauch ist, den Wiedereintritt während des Zazen zu erlauben oder zu verbieten, indem Sie die Reaktion des Leiters auf Ihr Wiedereintreten beobachten.

21 *Was soll ich tun, wenn ich niesen oder husten muss?*

Erkältungen sind in einer Zazen-Gruppe genauso ein Problem wie in einem Konzertsaal. Normalerweise gelten hier wie dort etwa die gleichen Überlegungen.

Erstens sollten Sie mit Ihrer Erkältung möglichst nicht zu einer Zazen-Sitzung gehen. Das gemeinsame mitfühlende Erleben bezieht sich nicht auf Erkältungen.

Zweitens sollten Sie ein Taschentuch, ein Papiertuch oder einfach nur Ihre Hand nehmen, um das Geräusch zu ersticken und Ihre Bazillen nicht zu weit zu verbreiten.

Drittens, falls Ihnen klar wird, dass das Husten (oder das Niesen, was weniger häufig vorkommt) nicht so bald aufhören wird, sollten Sie still ihr Kissen verlassen, wobei Sie es am besten glatt streichen und sich entschuldigend vor Ihren Nachbarn und den Ihnen gegenüber Sitzenden verbeugen, wie am Ende der Zazen-Sitzung, und den Raum verlassen, um einen Ort aufzusuchen, wo Ihr Husten oder Niesen weniger stört.

Eng damit zusammen hängt das Problem der tropfenden Nase. Nichts entzweit wahrscheinlich eine Gruppe aus japanischen und westlichen Teilnehmern schneller und sicherer als ein Mitglied mit einer triefenden Nase. Einfach die Nase tropfen zu lassen, wie es eine amerikanische Gruppe verlangt haben soll, erscheint mir unangemessen hart für den Betroffenen. Beide Alternativen jedoch müssen entweder die japanischen oder die westlichen Teilnehmer kribbelig machen. Menschen aus dem Westen ziehen es vor, die Nase zu schnäuzen, allerdings so leise wie möglich.

Die meisten, die Zazen schon lange praktizieren, werden Ihnen gestehen, dass sie ganze Zazen-Sitzungen lang gegen den Drang angekämpft haben, zu einem schniefenden Teilnehmer zu gehen, ihm ein Taschentuch zu geben und ihn zum Schnäuzen zu bewegen. Die japanischen Teilnehmer andererseits halten öffentliches Naseputzen für eine ausgesprochen abstoßende Handlung. Für sie ist endloses Schniefen, egal, wie laut es ist, dem Schnäuzen entschieden vorzuziehen. Vielleicht könnte man in Gedanken das aktuelle Zahlenverhältnis abschätzen und so reagieren, dass man die weniger präsente Kultur beleidigt.

22 Nach langen Zazen-Sitzungen stelle ich fest, dass ich mürrisch bin, und ein Freund berichtet, dass es ihm genauso ergeht. Ist das normal?

Es ist wahrscheinlich nicht selten. Ich glaube, die Ursache ist in einer schlechten Haltung zu suchen. Wenn Sie lange Zeit in einer unausgewogenen Haltung bewegungslos dasitzen, verspannt sich Ihr Körper, um das Ungleichgewicht zu halten. Ein angespannter Körper führt zu angespannten Emotionen. Daher wird der Haltung ein so großes Gewicht beigemessen – damit Ihr Körper und Ihr Geist unbelastet sein können.

Eine andere mögliche Ursache ist eine Bindung an Zazen als solches. Besonders, wenn Sie Zazen einige Zeit allein praktiziert haben und dann am Gruppen-Zazen teilnehmen, wird sich Ihr Geist vom Anblick und den Geräuschen vieler Menschen, die in einem kleinen Bereich zusammensitzen, ablenken lassen. Statt einen Laut wahrzunehmen und ihn vergehen zu lassen, denkt der habgierige Sitzende grollend: Wer ist dieser Mensch, der da *mein* Zazen stört?

Nachdem ich einmal ein paar Monate lang nur für mich Zazen praktiziert hatte, ergab sich für mich die Möglichkeit, mit einer

Gruppe von Priestern in einem wunderschönen Tempel mitten in den Bergen zu sitzen. Plötzlich stellte ich zu meinem Entsetzen fest, dass ich auf einem Zafu hockte und zu mir sagte: «Ihr Vögel da draußen, haltet doch den Schnabel! Jetzt ist *mein* Zazen dran, also hört mit dem Zwitschern auf.» Als ich das merkte, begann ich endlich, Zazen zu praktizieren.

WAS IST EIN ZEN-PRIESTER?

1 Kann ich in Ihrem Kloster wohnen?

In Europa und in den USA stellt man sich fälschlicherweise gern vor, der Zen-Buddhismus sei eine Mönchsreligion. Das ist er eben nicht. Wenn er es wäre, und ich hätte ein Kloster, könnten Sie mit ziemlicher Sicherheit gern eine Zeit lang darin bleiben. Ich wohne jedoch nur in einem winzigen Appartement in einem Gebäude neben einem Tempel. Selbst wenn Sie sich in dieser beengten Unterkunft aufhalten würden – mein Tagesablauf wie der des amtierenden Priesters und der des Hilfspriesters (der den Tempel übernimmt, wenn der amtierende Priester in den Ruhestand geht) haben nichts mit dem zu tun, woran man bei dem Wort «Kloster» denkt.

Die Basis für die Zen-Priester Japans ist das Amt des Geistlichen für die Tempelmitglieder und andere Laien, denen sie die buddhistischen Lehren vermitteln und die religiösen Dienstleistungen der Sekte anbieten. Für die, die Zazen praktizieren möchten (und das sind in Japan nur wenige), haben die meisten Zen-Tempel Zazen-Sitzungen. Für diejenigen, die das Rezitieren von Sūtras praktizieren und mehr über die Bedeutung der Sūtras erfahren wollen, gibt es in den meisten Tempeln Sitzungen für Sūtra-Lesungen und das Abschreiben von Sūtras. Alle Tempel veranstalten die Bestattungen und Gedenkgottesdienste, die im japanischen Buddhismus eine zentrale Funktion haben.

In Japan ist es nicht Brauch, dass Außenseiter – Geistliche oder Laien – in Tempeln wohnen. Der Wohntrakt eines Tempels bietet Platz für den amtierenden Priester oder die amtierende Priesterin, seine oder ihre Familie und vielleicht noch für den Priester, der amtierender Priester wird, wenn der gegenwärtige in den Ruhestand geht. In den meisten Zen-Tempeln gibt es keine Unterkünfte für andere Personen. Werden in einem Tempel Bestattungsgottesdienste abgehalten, können die Hinterbliebenen die Nacht zwischen dem Abendgottesdienst anlässlich der Überführung und der Bestattung selbst bei dem Verstorbenen verbringen, aber das bedeutet, dass sie in einem Raum schlafen, der normalerweise für Sitzungen verwendet wird und kaum mehr Möglichkeiten bietet, als dort zu schlafen und angeliefertes Essen zu verzehren. Sogar das Bettzeug wird oft gemietet.

Es gibt zwar spezielle Ausbildungstempel für neue Priester, aber sie nehmen nur selten Besucher auf. Es ist schon schwer genug, einen neuen Priester auf einen lebenslangen Dienst für Laien während der kurzen Zeit von ein bis fünf Jahren vorzubereiten, die die Priesterschüler in so einem Tempel verbringen. Der Leiter des Ausbildungstempels und alle anderen Lehrer benötigen ihre Zeit und Aufmerksamkeit für die Priesterschüler, für die sie verantwortlich sind.

Ein paar Zen-Tempel, meist in ländlichen Gebieten, erlauben Besuchern, sich eine Zeit lang darin aufzuhalten. In den meisten Fällen muss man allerdings eine gewisse Beziehung zum amtierenden Priester entwickeln, etwa durch die Teilnahme an wöchentlichen oder monatlichen Zazen-Sitzungen, Sūtra-Lesungen und so weiter, bevor die Bitte um einen vorübergehenden Aufenthalt erfüllt wird. In manchen entvölkerten Gegenden fungieren einige Tempel als Herbergen, um so den Tempel zu unterhalten. Diese Tempel haben jedoch kein Praxisprogramm für ihre Gäste. Sie bieten einfach eine Schlafgelegenheit und vielleicht einige Mahlzeiten an.

Das einzige «Zen-Kloster», das ich kenne, befindet sich nicht in Japan, sondern in den USA und stellt eine Institution dar, die man in Japan nicht kennt.

2 Warum sagen Sie «Geistliche» oder «Priester» statt «Mönche»?

Der Buddhismus hat im Unterschied zum Katholizismus keine Institution wie das Mönchstum und unterscheidet nicht zwischen denen, die ihre eigenen Wege fern von der Gesellschaft verfolgen, und denen, die Laien dienen. Im Buddhismus wird von jedem Geistlichen erwartet, dass er sein ganzes Bemühen dem vollen Erwachen als Individuum widmet, um anderen beim Erwachen besser beistehen zu können, und dass er sich mit großem Interesse und Verständnis bemüht, die religiösen Bedürfnisse von Laien zu befriedigen. Ein buddhistischer Geistlicher kann sich, im Unterschied zu einem katholischen, eine Zeit lang aus der normalen Gesellschaft zurückziehen und andere Zeiten innerhalb dieser normalen Gesellschaft verbringen und deren Bedürfnissen dienen. Buddhistische Geistliche müssen sich nicht für das eine oder andere entscheiden – normalerweise führen sie fast alle beide Existenzen. Nur einen Teil des Lebens eines buddhistischen Geistlichen als «religiös» zu betrachten, hieße, den Weg des Bodhisattva zu verunglimpfen, der den Pfad weist, so dass andere ihn mit ihm gehen können.

Die Institution des Mönchstums wurde in der Frühzeit der christlichen Religion entwickelt. Die Begriffe «Mönch» und «mönchisch» gehen auf das griechische Wort *mónos* zurück, das «allein» bedeutet. In der *Encyclopedia of Religion* heißt es dazu: «Nach dieser Etymologie kann daher der einfache Mönch ein Eremit, ein wandernder Asket oder einfach jemand sein, der nicht verheiratet oder Angehöriger eines Haushalts ist. Normalerweise bezeichnet der Begriff *mönchisch* jedoch Menschen, die in einer Gemeinschaft leben.»

Die ursprünglichen Anhänger des Buddha Shākyamuni, die dem Christentum ein halbes Jahrtausend vorausgingen, bestanden aus vier Gruppen: Männer und Frauen, die ihr Zuhause verlassen hatten, sowie Männer und Frauen, die in einem Haushalt lebten. Die so genannten «Hauslosen» waren religiöse Wanderer, die ihre Nahrung und Kleidung Opfergaben verdankten, den größten Teil des Jahres auf Wanderschaft waren und auf ihrer Wanderung die buddhistischen Lehren unter den Menschen verbreiteten, die in einem Haushalt lebten. Sie entsprachen somit der ursprünglichen Bedeutung von «mönchisch».

Aus den Anfängen der einsamen Eremiten oder Wanderer entwickelten sich im Buddhismus, so wie später im Christentum, feste Gemeinschaften, die oft über ausgedehnte Gebäude und Liegenschaften verfügten. Die Ursprünge der buddhistischen Gemeinschaften sind vielleicht in dem Brauch der Hauslosen zu finden, sich während der dreimonatigen Regenzeit in Indien zu versammeln. Dies bot ihnen nicht nur Schutz vor dem Regen, sondern auch die

Gelegenheit zur Unterweisung neuer Mitglieder und zur Aufrechterhaltung der mündlichen Überlieferung der heiligen Texte des Buddhismus. Als aus den Schutzbehausungen jedoch ganzjährige Gemeinschaftsunterkünfte wurden, änderte sich der Charakter der Institution. Aus den Gemeinschaftszentren wurden Orte für den Unterricht und für Gottesdienste für Laien.

Religionsunterricht und geistlicher Rat für Laien hatten seit den Anfängen des Buddhismus eine Schlüsselrolle für die Menschen gespielt, die ihr Zuhause verlassen hatten. Im Laufe der weiteren Entwicklung wurden auch Gottesdienste wichtig. Aus denjenigen, die damals das «Zuhause» ihrer Familie aufgaben, nur um in ein anderes «Zuhause» ihrer Religionsführerkollegen einzutreten, wurden die Spezialisten, die diese Gottesdienste um der Laienanhänger willen abhielten. Mit anderen Worten – sie wurden Priester.

Der Mahāyāna-Buddhismus, einschließlich der späteren Zen-Traditionen, betonte die Abkehr von den Vorstellungen des Mönchstums. Mönchstum, so die Definition der *Encyclopedia of Religion*, bedeutet, dass das «mönchische Leben, im Gegensatz zum übrigen menschlichen Leben, gänzlich auf ein persönliches religiöses Ziel ausgerichtet ist. … Der mönchische Status unterscheidet sich von anderen religiösen Rollen, Ämtern und Funktionen dadurch, dass er nicht primär auf dem Abhalten irgendeines Gottesdienstes für andere Anhänger der religiösen Überlieferung oder für die Gesellschaft allgemein, sondern auf der eher privaten Kultivierung eines Weges der Wandlung basiert.» Eine solche private Kultivierung, die einen Gottesdienst für Laien ausschließt, steht in direktem Gegensatz zum Mahāyāna-Ideal des Bodhisattva. Ein Bodhisattva ist jemand, der zur Buddhaschaft fähig ist, den Eintritt in den Zustand eines Buddha aber hinausschiebt, um anderen auf dem buddhistischen Weg behilflich zu sein.

Sogar der konservativere Theravāda-Buddhismus legt großen Wert auf den Unterricht und die Gottesdienste für Laien, während er erklärt, dass jedes Individuum den buddhistischen Weg selbst beschreiten müsse.

Der japanische Buddhismus im Allgemeinen und die Zen-Schulen im Besonderen haben lange Zeit die kleinen, lokalen Tempel mit nur einem oder zwei Geistlichen bevorzugt. Diese Tempel haben den Zweck, den Laien der lokalen Gemeinde zu dienen. Heute verdanken sie ihre Existenz nur der ständigen Unterstützung durch diese Laien. Die Geistlichen in lokalen Tempeln sind für ihre Tempelmitglieder wie für die Gemeinschaft insgesamt ansprechbar, wann immer diese ihres Rates oder Dienstes bedürfen.

Viele Menschen sind gegen die Verwendung des Wortes Priester, weil es ihrer Meinung nach einen Menschen bezeichnet, der zwischen den Laien und ihrem Gott oder ihren Göttern steht. Auf jeden Fall hat der Priester im Katholizismus diese Bedeutung. Genau aus diesem Grund verwenden protestantische Religionen meist lieber andere Begriffe, wie Pfarrer oder Pastor. Ich selbst würde das englische Wort *minister* bevorzugen. Es bedeutet von seinem sprachlichen Ursprung her so viel wie Diener, und sein früher Gebrauch verweist darauf, dass er den Bedürfnissen anderer dient. Das Wort Priester hingegen geht auf das griechische Wort *presbýteros*, «der Ältere», zurück. Die verbreitete Verwendung von «Priester» für den Beruf des Geistlichen in fast jeder Religion und die spezifische Geschichte seiner Verwendung in westlichen Darstellungen des japanischen Buddhismus haben den Begriff allerdings fest etabliert.

Die *Encyclopedia of Religion* verweist auf zwei «unverwechselbare Faktoren» der Hauptbedeutung von «Priester»: «Der Priester hält erstens ein Opferritual ab, gewöhnlich an einem bestimmten Ort wie einem Altar. Zweitens tut der Priester dies als Fachmann im Namen einer Gemeinschaft oder Gemeinde. Treffen beide Faktoren zu, haben wir es mit einer Priesterschaft im strengen oder engen Sinn zu tun.» Buddhistische Geistliche aller Zweige und Schulen sind in genau dieser Weise tätig: Sie führen Rituale im zentralen Bereich von Tempeln durch und widmen sowohl den Akt des Rezitierens von Sūtras als auch die Opfergaben der Ehre des Buddha und anderer buddhistischer Menschen.

Wenn die Anhänger des Buddha Shākyamuni ihre Wanderungen ohne den Kontakt zu Laien oder ohne Gebote für Menschen in Haushalten wie für Hauslose absolviert hätten, wären die Lehren des Buddha in einer einzigen Generation verloren gegangen. Wenn spätere buddhistische Geistliche sich in ihre Zentren eingeschlossen und für Laien keinen Unterricht, keine Beratung, keine Gottesdienste abgehalten hätten, dann hätten die Zentren und ihre Geistlichen nicht weiter bestehen können. Ob wir nun Priester oder Geistlicher oder (wie dies einige buddhistische Gruppen im Westen tun) Reverend sagen – der Buddhismus jedenfalls hat überlebt und sich verbreitet und ist eine Weltreligion geworden, gerade weil er nichtmönchische Geistliche hat.

Die Begriffe «Geistlichkeit» und «Geistlicher» schleppen weniger emotionalen Ballast mit sich herum als die anderen Termini, die man verwenden könnte, und darum halte ich es oft für zweckmäßig, sie zu verwenden, um die allgegenwärtigen, unbewussten, aber tief verwurzelten Assoziationen zu umgehen, die andere Begriffe auslösen.

3 *Was bedeutet es, ein Zen-Geistlicher zu werden?*

In Zen-Büchern liest man immer wieder, dass Japaner (vor allem Männer) meist Zen-Priester werden, um Nachfolger eines Elternteils als amtierender Priester des Tempels zu werden, in dem sie geboren wurden. Japaner aus Nicht-Tempelfamilien ebenso wie etliche aus Tempelfamilien wollen aus verschiedenen Gründen Priester werden. In erster Linie jedoch möchten sie die religiösen Bedürfnisse von Laien befriedigen.

Außerhalb Japans oder bei Nichtjapanern in Japan verhält es sich ein wenig anders. Oft denken diese Menschen gar nicht daran, in einem Tempel zu dienen oder religiöse Rituale außer dem Zazen zu praktizieren. In meinem Fall war es das Bedürfnis, mich zur Zazen-Leiterin ausbilden zu lassen, das mich veranlasste, dem Klerus beizutreten. Indem ich Schülerin eines Zen-Priesters wurde, konnte ich an der für neue Priester vorgesehenen Ausbildung teilnehmen. Während dieser Ausbildung begann ich allerdings die Gründe für religiöse Praktiken zu verstehen, die über das reine Zazen hinausgehen. Wenn man sich sowohl als Laie als auch als Priesterschüler nur auf Zazen konzentriert, hat man keine Chance, diese so überaus wichtige Erfahrung zu machen.

Manche Menschen innerhalb wie außerhalb Japans wollen schlicht deshalb Priester werden, weil sie eine leicht erschließbare Einnahmequelle suchen. Im heutigen Japan gibt es jedoch nur wenige Tempel, die einem Priester, der kein anderes Einkommen hat, einen angemessenen Lebensunterhalt bieten können. Darum haben so viele Zen-Priester Jobs außerhalb ihrer Tempel, manchmal in Verbindung mit ihren Sekten (als Mitarbeiter in Haupttempeln, Ausbildungstempeln oder Pilgertempeln; als Lehrer in den von ihrer Sekte gesponserten Schulen und Universitäten; in der Verwaltung der Sekte) oder ohne jeden Bezug zur Religion (als Beamte, Lehrer, Buchhalter und so weiter).

Ich kenne eine Reihe von Menschen aus dem Westen, die anscheinend vor allem aus einem Missverständnis heraus Priester geworden sind. Viele von ihnen empfingen die buddhistischen Gebote zuerst als bei ihren Familien Wohnende (Laien), und dann wollten sie sie empfangen, nachdem sie ihr Zuhause verlassen hatten (als Geistliche). Aber die Gebote sind die gleichen! Die Zen-Schulen unterscheiden nur selten zwischen den Geboten für die beiden Gruppen. Die Zeremonie des Empfangens der Gebote für Laien ist für diejenigen vorgesehen, die dem buddhistischen Weg als Einzelne folgen wollen, ohne die Verantwortung für die religiöse Praxis anderer zu übernehmen. Dabei werden dem Laienpraktiker die Gebote erteilt, die früher vom Priester empfangen wurden. Man erwartet sich davon, dass die formelle Annahme der Gebote dem Praktiker dabei behilflich sein wird, auf eine buddhistische Weise zu leben. Auf die Zeremonie, die – als erste Stufe – abgehalten wird, wenn man Priester werden will, sollen die formelle Ausbildung in einem offiziellen Ausbildungstempel einer Sekte und die einzelnen Abschlüsse folgen, bis zu dem Abschluss, der den Absolventen dazu qualifiziert, als Priester zu fungieren und zum amtierenden Priester eines Tempels berufen zu werden. Wer kein Vollpriester werden will, sollte die Gebote als Laie empfangen.

Ich habe mich oft gefragt, warum jemand die Gebote als jemand empfangen will, der sein Zuhause verlässt, und weder den Wunsch noch die Absicht hat, im Klerus mitzuwirken. Die Zen-Schulen reagieren in diesem Fall mit der Streichung des Namens des Betreffenden aus dem Register des Klerus, und zwar, nachdem eine gewisse Zeit vergangen ist, ohne dass der Betreffende sich bemüht hat, seinem vollen Status als Priester zu entsprechen. Wenn dies geschieht, wirft das ein schlechtes Licht auf das Urteilsvermögen des Priesters, dessen Schüler der Ausgeschlossene gewesen ist.

Die Registrierung in der Sektenzentrale ist der wesentliche Unterschied zwischen dem Empfangen der Gebote durch jemanden, der sein Zuhause verlässt, und dem Empfangen durch jemanden, der in seiner Familie bleibt. Letztere werden nur in dem bestimmten Tempel registriert, in dem sie die Gebote empfangen. Leider halten mehrere Zen-Priester, in Japan wie im Westen, Unterweisungszeremonien für Westler ab, die sie als Zeremonien für Hauslose bezeichnen, ohne die Empfänger als neue Priesterschüler zu registrieren. Diese Praxis löst nicht nur bei den Empfängern, sondern auch bei den anderen Menschen in ihren Zen-Organisationen erhebliche Verwirrung aus.

Die Vorteile der Registrierung bestehen darin, dass sie eine Vorbedingung für die Einschreibung in einem autorisierten Ausbildungstempel ist und dass Veränderungen im Status ebenfalls festgehalten werden, und wenn der endgültige Status als «ordinierter Priester» erreicht ist, wird dieser Umstand auf halb öffentliche Weise fixiert. Auch wenn jemandem von einer Zen-Sekte urkundlich bestätigt wird, dass er oder sie zum amtierenden Priester eines Tempels qualifiziert ist, besagt das zwar überhaupt nichts im Hinblick auf einen Zustand des Erwachens, wie auch immer man diesen definiert, aber immerhin beweist es, dass der oder die Betreffende eine ganze Menge Zeit und Mühe darauf verwandt hat, sich auf diese Position vorzubereiten. Die Beglaubigung bedeutet etwa so viel wie ein Universitätsabschluss: Sie stellt zwar keine Garantie für Wissen und Verhalten dar, spiegelt aber eine beträchtliche Mühe wider. Wenn ein Priester für einen Tempel verantwortlich sein möchte, der formell einer Zen-Sekte angeschlossen ist (das heißt, amtierender Priester eines in dieser Sekte registrierten Tempels werden will), dann muss aus den Registrierungsunterlagen hervorgehen, dass alle Anforderungen für diesen Posten erfüllt sind. Eine nicht beurkundete Ausbildung oder eine Ausbildung in Tempeln, die keine autorisierten Ausbildungstempel sind, wird für die Beglaubigung nicht akzeptiert, so qualifiziert und streng diese Ausbildung auch sein mag. Somit ist der Priesterschüler, insbesondere, wenn er aus dem Westen kommt, gut beraten, sich nach den Anforderungen der Sekte zu erkundigen und danach, ob sie durch seine Ausbildung erfüllt werden.

4 Wie wird man ein geweihter Geistlicher in der Sōtōshū?

Der erste Schritt – und das ist für einen Nichtjapaner oder sogar für einen Japaner, der nicht in einer Tempelfamilie geboren wurde, oft der schwierigste Schritt – besteht darin, einen ordinierten Priester zu finden, der bereit ist, Sie als Schüler anzunehmen. Ein Kind andererseits, das in einer Tempelfamilie geboren wurde, wird normalerweise von dem Elternteil, der Priester ist (selten die Mutter), ausgebildet, während es noch klein ist.

Nachdem der Schüler im Prinzip angenommen worden ist, empfängt er vom Meister in einer Zeremonie, die *shukke tokudo* heißt – «das Verlassen des Zuhauses –, die sechzehn buddhistischen Gebote, wie sie in der Sōtōshū angewendet werden, sowie einen buddhistischen Namen, zusammen mit einem schwarzen Buddha-Umhang (*o-kesa*), einem schwarzen Umhang im chinesischen Stil (*koromo*) und einem schwarzen Miniatur-Buddha-Gewand (*rakusu*), um in den Genuss der Gebote zu kommen».

Mein Shukke Tokudo fand an meinem 48. Geburtstag statt. Wahrscheinlich ist jeder ein wenig nervös, wenn er diesen Schritt vollzieht, besonders jemand, der nicht in einem Tempel aufgewachsen ist, aber ich war entsetzlich nervös – bis zur Zeremonie selbst wusste ich nicht, ob mein Kopf als erster Teil der Zeremonie völlig geschoren würde. Da ich nur einen Kimono und Kimonounterwäsche hatte und nicht einmal ein Arbeitsgewand für Priester, fürchtete ich, meinen Japanischkurs in einer Tokyoter Schule abschließen zu müssen, während ich mit geschorenem Kopf und normaler westlicher Kleidung herumlief. Zu meiner großen Erleichterung erfuhr ich, dass nur eine symbolische Stelle geschoren werden sollte.

Der Schüler erhält bei dieser Gelegenheit gewöhnlich auch die ganze Ausrüstung, die ein Priesterschüler benötigt. Dazu gehören Essschalen, Utensilien und Tücher; zwei Kästen, einer aus geflochtenem Bambus und ein lackierter, für unterwegs, zusammen mit den entsprechenden Tragetüchern; sowie der breite geflochtene Bambushut, Manschetten, Knöcheltücher und die Strohsandalen des reisenden Schülers.

Dann übermittelt der Meister der Verwaltungszentrale der Sōtōshū die erforderlichen Informationen über den neuen Schüler, und zwar bezüglich seiner Schulbildung, seiner bis dahin gemachten beruflichen Erfahrungen sowie von Details des Shukke Tokudo. Vorausgesetzt, alles ist in Ordnung, wird der Schüler in der Zentrale als Sōtōshū-Priester des niedrigsten Rangs, als Jōza, registriert. Jōza bedeutet so viel wie den Sitz besteigen, womit der Beginn des Zazen umschrieben wird. Über den Meister wird der neue Schüler von der Zentrale von seiner Registrierung informiert.

Die nächste Ebene heißt *shuso*. Das bedeutet wörtlich «Kopfsitz», womit der Platz in der Halle der Priester bezeichnet wird, der während eines dreimonatigen Spezialpraktikums für den Hauptschüler reserviert ist. Ein Schüler dient als Shuso oft in einem anderen Tempel als dem des Tokudo-Meisters. Der Tempel kann ein ausgesprochener Sōtōshū-Ausbildungstempel sein, der die beiden Sōtōshū-Haupttempel einschließt, in denen normalerweise jedes Jahr zwei Spezialpraktika abgehalten werden, oder ein Tempel, in dem ein neuer amtierender Priester als Teil der Amtseinführungsverfahren ein Spezialpraktikum abhält. Gelegentlich können auch andere Tempel mit der Zustimmung der Verwaltungszentrale ein solches Praktikum veranstalten. In einem Ausbildungstempel sind die Pflichten des Shuso genau definiert und werden ausgiebig beansprucht. In anderen Tempeln, die normalerweise nur vom amtierenden Priester bewohnt werden, sind die Dinge weniger klar festgelegt.

Im Mittelpunkt der Praxis des Shuso steht die Durchführung einer Zeremonie, die offiziell *risshin* (wörtlich «Ertragen des Körpers») heißt, aber häufiger *hossenshiki*, «Dharma-Gefechtszeremonie», genannt wird, weil es dabei um eine stilisierte Diskussion zwischen dem Shuso und mehreren anwesenden Priestern geht. Dies ist eine öffentliche Zeremonie, an der oft zig Priester und über hundert Laien teilnehmen, besonders, wenn sie im Rahmen der Einführung eines neuen amtierenden Priesters stattfindet. Eine Bestätigung dessen, dass die Amtszeit des Shuso abgeschlossen und die Zeremonie durchgeführt wurde, geht an die Verwaltungszentrale der Sōtōshū. Der Shuso erhält sodann den Rang eines *zagen* (wörtlich «Hauptsitz»).

Die nächste Ebene wird durch eine völlig private Zeremonie erreicht, genannt *dempō* (Dharma-Übertragung), die in einem durch spezielle Vorhänge abgeschirmten Raum veranstaltet wird. An der Dharma-Übertragung nehmen in der Regel nur der ordinierte

Priester, der den Dharma überträgt, und der Schüler teil, der den Dharma empfängt, eventuell noch zwei andere ordinierte Priester. Der Meister, von dem die Dharma-Übertragung empfangen wird, heißt der «wahre Meister» des Schülers. Die Beziehung, die zu diesem Zeitpunkt hergestellt wird, verbindet die beiden Teilnehmer ihr Leben lang. Bei der Verwaltungszentrale muss die Erlaubnis eingeholt werden, bevor die Dharma-Übertragung durchgeführt werden darf, und die Qualifikation von Meister und Schüler wird überprüft, bevor die Erlaubnis erteilt wird. Nachdem die Dharma-Übertragung abgeschlossen ist, gibt der Meister eine entsprechende Erklärung ab und ersucht darum, dass der Schüler die Zeremonie des *zuise* in den beiden Haupttempeln abhalten darf.

Diesen Schritt nennt man auch «die Farbe wechseln». Der von einem Priesterschüler getragene schwarze Buddha-Umhang wird nun gegen den erdfarbenen, gelben, orangefarbenen oder braunen Buddha-Umhang eines Vollpriesters ausgetauscht. Der farbige Umhang wird erstmals bei den Zeremonien des Haupttempels getragen. In diesen Zeremonien fungiert der «gerade examinierte» Priester als amtierender Priester in einem frühmorgendlichen Gottesdienst in jedem Haupttempel (Eiheiji und Sōjiji). Nachdem die Zeremonien abgehalten sind, bekommt der Priester den Rang eines *oshō*.

Der letzte Schritt, der für die «Ordination» erforderlich ist – das heißt für die Beglaubigung der Kompetenz, alle Pflichten eines Sōtōshū-Priesters zu erfüllen und der amtierende Priester eines Tempels zu werden –, besteht darin, die Beglaubigung als *kyōshi* (wörtlich «Religionslehrer») zu verlangen. Diese Beglaubigung kann nur gewährt werden, wenn der sie verlangende Priester nicht nur die Entwicklung vom Jōza zum Oshō, sondern auch die erforderliche Zeit als Schüler in einem offiziellen Sōtōshū-Ausbildungstempel hinter sich hat. Die durchschnittliche Ausbildungszeit beträgt zwei Jahre; bei manchen Priestern kann sie länger, bei anderen kürzer sein. Letzteres kann bei jemandem, der einen BA einer anerkannten Universität (in Japan oder anderswo) hat, eher der Fall sein als bei Personen, die keinen entsprechenden akademischen Grad erworben haben. Ein Priester, der amtierender Priester in einem hochrangigen Tempel oder eines Tages Leiter eines Ausbildungstempels werden möchte, kann mehrere zusätzliche Jahre in einem Ausbildungstempel verbringen. Einem Priester, der unerwartet einen

Tempel infolge des plötzlichen Todes des amtierenden Priesters übernehmen muss, kann die Beglaubigung auch bei einer kürzeren Zeit in einem Ausbildungstempel gewährt werden.

Die Abfolge der ersten Ränge hängt von der Ausbildung durch nur einen oder zwei einzelne Priester sowie von ihren Bewertungen ab. Der Ausbildungstempel hat einen besonderen Wert, neben seiner Rolle als Priesterseminar, da er den Priesterschüler mit den Lehren und Methoden mehrerer Priester konfrontiert und diesen Priestern die Möglichkeit bietet, die Fähigkeiten und den Charakter des Priesterschülers zu erkennen. Das erhöht die Aussichten und erweitert das Wissen des Schülers, während es zugleich eine äußere Prüfung des Schülers ermöglicht.

Die Zeit im Ausbildungstempel kann jederzeit absolviert werden, nachdem der Schüler in die Priesterschaft als Jōza eingetreten ist. In den meisten Fällen wird sie vor dem Ereignis der Dharma-Übertragung abgeschlossen. Doch auf jeden Fall muss sie beendet sein, bevor der Priester ein «Religionslehrer» wird, mit der Bescheinigung der Sōtōshū, alle Gottesdienste der Sekte abhalten und amtierender Priester eines Sōtōshū-Tempels werden zu können.

Westliche Autoren verwenden oft fälschlicherweise das Wort «Ordination» als Übersetzung für die Einführungszeremonie, durch die ein Laie in die Priesterschaft eintritt und mit der Ausbildung beginnt. Doch in der Sōtōshū erfolgt die «Ordination» erst, wenn die Verwaltungszentrale die Beglaubigung als «Religionslehrer» ausstellt. Nach all den traditionellen Zeremonien mit ihrer historischen und emotionalen Bedeutungsschwere besteht die «Ordination» selbst also schlicht in der Entgegennahme eines Papiers.

5 Wie wird man ein geweihter Geistlicher in der Rinzaishū oder der Ōbakushū?

Es gibt in der Rinzaishū und in der Ōbakushū zwar weniger Zeremonien und mehr Ebenen als in der Sōtōshū, aber das allgemeine Muster ist ganz ähnlich. Hier als Beispiel kurz der Ablauf der Myōshinji-Rinzaishū.

Der erste Schritt ist wie bei der Sōtōshū die Zeremonie des Empfangens der buddhistischen Gebote und des Eintritts in die Priesterschaft als Schüler. Der Eingangsrang heißt *shami*, ein Begriff, der von der Sanskrit-Bezeichnung für jemanden abgeleitet ist, der gerade den buddhistischen Weg eingeschlagen hat. Schon im Alter von fünf Jahren kann man ein Shami werden. Die nächsten drei Ränge erlangt man durch Anfrage beim Haupttempel (in diesem Beispiel im Myōshinji), wobei man nachweisen muss, dass man das erforderliche Alter erreicht, eine allgemeine Erziehung und Ausbildung genossen und Erfahrungen mit der Zen-Praxis gemacht hat. Für den fünften Rang, *zendo* genannt, muss ein Inhaber des vierten Rangs einen schriftlichen Test bestehen, eine akzeptable Arbeit über ein buddhistisches Thema schreiben und mindestens eine einjährige formale Ausbildung in der Priesterhalle eines Haupttempels (Ausbildungstempels) absolvieren. Für die Myōshinji-Sekte kann die Ausbildung im Myōshinji selbst oder in jedem von vier anderen Haupttempeln der Rinzai-Sekten stattfinden (Kenchōji, Engakuji, Daitokuji und Tōfukuji). Nachdem der Priester den Rang eines Zendo erlangt hat, hält er eine Zeremonie ab, die der Zuise bei der Sōtōshū vergleichbar ist. Dann ist der Priester gewissermaßen «ordiniert» und kann amtierender Priester eines Myōshinji-Rinzaishū-Tempels werden. Der Ehrentitel *zenji* wird für Rinzaishū-Priester dieses oder eines höheren Rangs verwendet. Über dem Zendo gibt es neun höhere Ränge, wobei den höchsten nur der Kanchō (Hauptpriester der Sekte) innehat.

6 Warum scheren sich Zen-Geistliche den Kopf? Warum machen das nicht alle buddhistischen Geistlichen?

Sich den Kopf zu scheren, nachdem man ein religiöses Leben aufgenommen hat, ist ein uralter und weit verbreiteter Brauch. Im Buddhismus symbolisiert er das Kappen der Bindungen an die Dinge dieser Welt der Täuschung. Das Beenden solcher Bindungen ist eine der Hauptlehren des Buddhismus, und darum überrascht es nicht, dass der Brauch des Kopfscherens weiterhin besteht.

Dass sich Geistliche den Kopf scheren, hat unter anderem zur Folge, dass ihr geistlicher Status leicht zu erkennen ist. Damit weist sich der Besitzer eines enthaarten Hauptes sowohl als jemand aus, der mutmaßlich einen gewissen Respekt verdient, wie es ihn auch daran erinnert, dass er sich diesen Respekt verdienen muss, und zwar nicht nur für sich selbst, sondern für alle Geistlichen. Letzteres mag einen gewissen Anstand im öffentlichen Auftreten der Geistlichen bewirken, und das ist gewiss eine heilsame Folge.

Als Erste löste sich die Jōdo-shin-shū vom Brauch des Kopfscherens. In Übereinstimmung mit den Lehren dieser Sekte hinsichtlich des Zeitalters des Verfalls des Dharma, in dem Geistliche nicht befähigter als Laien seien, dem buddhistischen Weg durch eigene Anstrengung zu folgen, erlaubte die Regierung den Jōdo-shin-shū-Geistlichen schon bald, zu heiraten, Fleisch zu essen und in der Öffentlichkeit mit ungeschorenem Kopf und nichtgeistlicher Kleidung zu erscheinen. Durch das Tragen von Alltagskleidung und ihre ungeschorenen Köpfe unterscheiden sich Jōdo-shin-shū-Priester nicht von ihren Tempelmitgliedern.

Im Anschluss an die Meiji-Restauration von 1868 wurden die den Buddhismus betreffenden staatlichen Vorschriften nach und nach außer Kraft gesetzt. Die neue Regierung war bestrebt, den Einfluss des Buddhismus zu schwächen, der nach fast 1300 Jahren noch immer als fremde Religion betrachtet wurde. Stattdessen wurden die einheimischen religiösen Praktiken Japans zu einer organisierten Religion namens Shinto ausgebaut. Der Shintoismus wurde zur Staatsreligion erhoben, um das Nationalbewusstsein des japanischen Volkes zu stärken. Zu den damaligen Veränderungen gehörte auch das Außerkraftsetzen der Gesetze, die von anderen Geistlichen als den Jōdo-shin-shū-Priestern verlangten, sich den Kopf zu scheren und in der Öffentlichkeit nur die typisch buddhistische Kleidung zu tragen. Der Gesetzgeber ging allerdings nicht so weit, das Scheren des Kopfes zu verbieten.

Heute scheren sich die meisten, aber keineswegs alle buddhistischen Geistlichen den Kopf. Die Zen-Sekten, als konservative, etablierte Religionen, fördern das Kopfscheren beim Klerus. Doch außer bei neuen Priestern in Ausbildungstempeln machen sie es nicht zur Pflicht.

Frauen sind anscheinend weniger als Männer bereit, ihr Haar gelegentlich wachsen zu lassen. Ich habe allerdings zwei weibliche Sōtōshū-Geistliche gekannt, die sich das Haar wachsen ließen. Die eine war eine junge Frau, die noch heute in Tokyo als Forschungsstipendiatin lebt und ihre Rolle als Priesterin selten ausübt. Die andere, eine Frau mittleren Alters, war die amtierende Priesterin eines ländlichen Tempels, an den auch eine Vorschule angeschlossen war, und zugleich die Pflegerin einer älteren, behinderten Priesterin, die ehemals einem Ausbildungstempel für Frauen angehört hatte. Da ihr tägliches Pensum nicht nur darin bestand, Sūtras zu rezitieren, sondern auch einen Schulbus zu fahren und eine große Schule zu verwalten, hielt sie offenbar kurze Haare und westliche Kleidung (konservativ geschnitten) für praktischer als einen geschorenen Kopf und geistliche Kleidung.

7 Was bedeutet die von Zen-Priestern getragene Kleidung?

Die Geschichte des Buddhismus, der von Indien auf Japan übertragen wurde, spiegelt sich in der Kleidung japanischer buddhistischer Priester wider. Das äußerste Kleidungsstück ist der Buddha-Umhang (Kesa), ein rechteckiges Tuch, das über die linke Schulter geworfen wird und die rechte Schulter unbedeckt lässt, genau wie das Tuch, das vom Buddha Shākyamuni getragen wurde und noch immer von buddhistischen Geistlichen in Indien und Südostasien verwendet wird. Manchmal allerdings wird statt des großen Buddha-Umhangs nur ein kleiner Latz an einem Band um den Hals getragen (Rakusu). Unter dem Buddha-Umhang befindet sich ein Übergewand im chinesischen Stil, mit langen, sehr tiefen Ärmeln (Koromo). Schließlich trägt man unter dem Übergewand einen japanischen Kimono. (Für mich und, wie ich annehme, für die meisten westlichen buddhistischen Geistlichen zeigt sich der zunehmende Trend zur Verwestlichung in westlicher Unterwäsche unter dem japanischen Kimono.)

In den Zen-Sekten signalisiert ein schwarzer Buddha-Umhang, dass der Träger ein Priesterschüler ist. Der schwarze Buddha-Umhang wird über einem schwarzen oder marineblauen Übergewand sowie über einem weißen Kimono oder einem Kimono in einer reinen, gedeckten Farbe wie Grau getragen. Weiß gilt als etwas Besonderes, so dass der weiße Kimono meist bei ganz speziellen Zeremonien und bei Gottesdiensten für die Tempelmitglieder getragen wird.

Die Bekleidungskombination, der man am häufigsten begegnet,

ist ein Kimono in Weiß oder in einer gedeckten Farbe, ein schwarzes Übergewand und ein Buddha-Umhang, der gelb, orange oder braun ist. Als der Buddha Shākyamuni sein Zuhause verließ und ein Wanderasket wurde, soll er Fetzen von weißem Leichentuch als Kleidung getragen haben, die er mit Erde färbte. Darum verwenden wir noch immer Buddha-Umhänge in den Tönen, die durch Schlammfarben erzeugt worden sein könnten. Dies sind die Umhänge qualifizierter Priester.

Doch bei besonderen Zeremonien und bei den für Tempelmitglieder abgehaltenen Bestattungs- und Gedenkgottesdiensten trägt der amtierende Priester oft ein farbiges Übergewand und einen Buddha-Umhang von einer anderen Farbe, der vielleicht aus Brokat ist oder Stickereien aufweist. Durch das Tragen der formellsten, kostbarsten Kleider ehrt der amtierende Priester das verstorbene Tempelmitglied. In diesen Fällen kann er auch einen Hut tragen, mit langen, rechteckigen Applikationen über dem Hinterkopf und den Schultern.

Das Übergewand mit seinen Ärmeln, die ebenso tief wie weit sind, wird oft fälschlicherweise für einen Kapuzenmantel gehalten. Ich war doch recht verwirrt, als eine Freundin etwas über mein «Gewand mit einer Kapuze» wissen wollte. Einige Zeit später sah sie, wie ich Kordeln in die Ärmel meines Übergewands einführte, um sie an den Schultern zu raffen, und dann die unteren Abschnitte der Ärmel am Körper mit einer Kordel um die Taille befestigte. Sie hatte die gerafften Ärmel für eine Kapuze gehalten. Da die Ärmel so groß sind, müssen sie gesichert werden, wenn man Gegenstände auf den Altar stellt oder davon entfernt, sowie für jede Aufgabe, bei der die frei herumschwenkenden Ärmel eine Gefahr darstellen könnten.

Das traditionelle Kostüm eines Priesterschülers, der um seiner Ausbildung willen und um Erfahrungen zu sammeln herumreist, besteht aus einem Kimono und einem schwarzen Übergewand, die beide um die Hüfte geschürzt sind, damit die Unterschenkel frei bleiben, sowie einem schwarzen Miniatur-Buddha-Umhang, einem geflochtenen Strohhut, weißen Manschetten, die die Handrücken bedecken, weißen Gamaschen um die Knöchel und Strohsandalen. Zwei Kästen können über den Schultern getragen werden, und zwar so, dass sich einer auf der Brust und der andere auf dem Rücken befindet. Sie enthalten die wichtigen Gegenstände und Utensilien des Priesterschülers. Der Buddha-Umhang, Sūtra-Bücher und andere derartige Dinge sind im vorderen Lackkasten, der in einem Stoffsack steckt, in dem die Essschüsseln und -utensilien sind. Rasierzeug, Seife und ein weißer Kimono befinden sich in dem geflochtenen Strohkasten auf dem Rücken. Das gleiche Kostüm wird bei der religiösen Praxis namens *takuhatsu* verwendet, bei der ein Priester oder (häufiger) eine Gruppe von Priestern in einem Wohngebiet Sūtras rezitiert und die Bewohner bittet, Essen (oder heutzutage Geld) zu spenden. Beim Takuhatsu werden allerdings die Kästen über der Schulter weggelassen, und die Hauptessschüssel wird in den Händen gehalten, um die Gaben zu empfangen. Zur Zeit der Reisernte kann ein langer Stoffschlauch um die Schultern gelegt werden, dessen beide Enden zugebunden sind – darin werden dann die Reisgaben gesammelt.

Beim Verlassen des Tempels sowie für Ereignisse wie Begegnungen mit anderen Priestern oder mit Laien im Tempel kann ein weißer oder farbiger Kimono mit einem modifizierten Übergewand getragen werden, dessen Ärmel genauso groß wie die des Kimonos sind und in der unteren Hälfte weniger Falten haben. Zu diesem modifizierten Übergewand gehört ein Miniatur-Buddha-Umhang und nicht der große Buddha-Umhang.

Bei der Arbeit und bei Botengängen, innerhalb wie außerhalb des Tempelgeländes, ist gewöhnlich die traditionelle japanische Arbeitskleidung angebracht, die Samu-e oder Samu-gi heißt. Die Hose ist weit geschnitten und um die Taille und an den Knöcheln mit Kordeln oder heutzutage mit Gummizügen gerafft. Das Oberteil ist wie ein Kimono geschnitten, aber mit Trägern statt mit separaten Kordeln befestigt. Das gewöhnliche Oberteil reicht nur bis zu den Hüften, eine etwas formellere Version fällt bis unter die Knie. Geistliche Arbeitskleidung ist stets ungemustert und gewöhnlich in einer gedeckten Farbe gehalten – Schwarz für Schüler (oder für sehr bescheidene, traditionelle Vollpriester) sowie Dunkelblau, Braun und Grau sind typische Farben. Seit einiger Zeit allerdings sind Samu-e schick geworden. Vermutlich haben die Hersteller traditioneller japanischer kunsthandwerklicher Objekte diese Mode inspiriert – sie finden die Samu-e oft praktisch und bequem. Aus modischen Gründen gilt gemustertes Tuch, zuweilen auch in leuchtenden Farben, als besonders schick.

8 *Wie verläuft ein normaler Tag im Leben eines Priesters?*

Als ich die einzige Hilfspriesterin im Taisōji war, unterschieden sich meine täglichen Aufgaben nicht allzu sehr von denen eines amtierenden Priesters in einem kleinen, ländlichen Tempel. Während ein amtierender Priester in einem großen, städtischen Tempel mit sehr vielen Angelegenheiten beschäftigt ist, die mit dem Tempel zu tun haben, konzentrieren sich derartige Dinge für Priester mit weniger Tempelmitgliedern auf den frühen Morgen, den Abend und die Wochenenden.

Jeder Morgen begann um 5.25 Uhr, das ganze Jahr – nur an den zwei oder drei jährlichen Sesshin fing der Tag um 4.30 Uhr an. Um 5.45 Uhr hatte ich den Kimono und das schwarze Übergewand angezogen, wobei die Kleidung unter dem Kimono je nach der Jahreszeit unterschiedlich war. Seinerzeit hatte der Taisōji in der Haupthalle weder Heizung noch Klimaanlage, und darum waren wärmende lange Unterhosen ein wichtiger Bestandteil meiner Winterbekleidung, ebenso ein dickes Unterhemd mit Wollbündchen, das ich zwischen dem Kimono und dem Übergewand trug. Bevor es 6 Uhr war, hatte ich mich um die Ecke zum Tempel begeben, die Haupthalle betreten und alle Holzläden geöffnet. Japanische Fensterläden haben keine Scharniere wie im Westen, sondern werden mit der Hand in ein Fach an der Außenwand geschoben. Meine Morgengymnastik bestand darin, dass ich einen massiven Fensterladen, der größer war als ich, auf seiner Führung so weit wie möglich in sein Fach schob und das Ganze bei jedem der verbleibenden fünf Läden wiederholte. Es gibt nur zwei Wände mit jeweils sechs Läden, und darum war ich froh, wenn ich die Fenster erreichte, die nur jeweils zwei Läden hatten, die nicht annähernd so groß waren wie die an den Glastüren.

Während ich aufmachte, betrat der amtierende Priester die Haupthalle, wenn er nicht am Vormittag außerhalb von Tokyo sein musste. Pünktlich um 6 Uhr begannen wir mit dem morgendlichen Sūtra-Gesang. In den beiden Sōtōshū-Haupttempeln ebenso wie in Ausbildungstempeln dauert das morgendliche Sūtra-Rezitieren oft neunzig Minuten oder länger. Zum Glück für mich und meine arthritischen Knie benötigt man im Taisōji Sūtras nur etwa eine Viertelstunde. An den vier Morgen jeder Woche, an denen wir Zazen betrieben, wurde das Sūtra-Rezitieren bis ans Ende des Zazen verschoben, so dass die am Zazen teilnehmenden Laien auch am Sūtra-Rezitieren mitwirken konnten.

Nach dem Öffnen und dem Sūtra-Rezitieren oder einfach nachdem ich die Halle geöffnet hatte, ging ich wieder nach Hause, um zu frühstücken. An Zazen-Tagen hieß das, dass ich etwas rasch zubereiten und essen musste, damit ich bis um 7 Uhr wieder in der Zazen-Halle im Tempel war, um die Teilnehmer an der Zazen-Sitzung um 7.30 Uhr empfangen zu können. Um 8.10 Uhr schlossen wir Zazen ab und begaben uns in die Haupthalle für die Morgen-Sūtras, die wir um 8.30 Uhr beendeten. In den meisten japanischen Büros beginnt die Arbeit um 9 Uhr, und die Läden öffnen erst um 10 Uhr, und somit ermöglichte es dieser Zeitplan den Laienteilnehmern, rechtzeitig zur Arbeit zu kommen.

Wenn das morgendliche Sūtra-Rezitieren beendet war, musste ich meinen täglichen Tempelpflichten erst wieder am Spätnachmittag nachgehen. Um 17 Uhr im Winter oder um 18 Uhr im Sommer ging ich wieder in die Haupthalle, um die Essens- und Teeopfergaben des Tages von den Altären zu nehmen, alle Fenster- und Türläden wieder zuzuschieben und die Halle zu schließen.

Die meisten Gedenkgottesdienste wurden (und werden) an Wochenenden abgehalten. Die allmähliche Einführung der Fünftagewoche in Japan spiegelte sich auch darin wider, dass nicht mehr fast alle Gedenkgottesdienste an Sonntagen, sondern zunehmend zu gleichen Teilen an Samstagen und Sonntagen abgehalten wurden. Anfangs machte ich den Haupttempel am Sonntagmorgen sauber, unmittelbar nach dem Frühstück, damit ich rechtzeitig bis zum ersten Gottesdienst um 9.30 Uhr oder 10 Uhr fertig war. Im Laufe der Jahre änderte sich das – während das Großreinemachen am Samstagmorgen erfolgte, nahm ich mir die Haupthalle am Sonntagmorgen nur noch rasch mit dem Staubsauger vor. Wenn ich aus Kimono und Übergewand in die Arbeitskleidung schlüpfte und mich dann erneut umzog, kam ich mir wie ein Model vor, das sich im Eiltempo umkleiden muss. An ein oder zwei Tagen gab es anscheinend immer genug zu tun, um den amtierenden Priester und mich bis 14 oder 15 Uhr auf Trab zu halten. Die Mittagspause dauerte keine halbe Stunde, also lernte ich, die Suppennudeln fast mit japanischem Tempo zu schlürfen.

In der Zeit vom Ende eines Gedenkgottesdienstes bis zum Beginn des nächsten war ich am meisten beschäftigt. Vor dem Beginn eines Gottesdienstes mussten Opfergaben wie Blumen, Obst oder Süßigkeiten ordentlich auf dem Altar arrangiert werden. Das Blumenarrangement war einfach, da die Floristen wunderschöne Sträuße lieferten, die nur noch in Vasen getan werden mussten. An manchen Tagen gab es so viele Blumen, dass die von einem frühen Gottesdienst in einen Eimer wandern mussten, damit die Vasen für einen späteren Gottesdienst wieder verwendet werden konnten. Das Obstarrangement war eine Sache für sich. Bevor ich das Tempelleben im Taisōji aufnahm, war mir nicht klar gewesen, dass auch das Arrangieren von Obst eine Kunst ist. Gelegentlich brachte jemand einen Korb mit sorgfältig angeordneten Früchten. Die meiste Zeit jedoch musste ich verschiedene Früchte in unterschiedlicher Zahl auf zwei Tabletts mit Ständern arrangieren, die keinen Rand hatten, damit die Früchte darauf liegen blieben. Asiatische Birnen, die ziemlich hart sind, mussten zum Beispiel unter Schneepfirsichen platziert werden. Grapefruits, die groß sind, sollten normalerweise ganz unten in der Pyramide liegen – aber was tun, wenn es auch Äpfel gab, die genauso groß wie die Grapefruits und viel schwerer waren? Trauben und Bananen kommen stets ganz nach oben, wobei es gelegentlich zu überlegen gilt, welche zuerst dran sein sollen, damit nichts zerdrückt wird. War der Altar geschmückt und waren Kerzen und Räucherstäbchen bereitgelegt, mussten die O-tōba, die Gedenktafeln, auf Ständer vor den Altar gestellt werden. (Eine Beschreibung der Gedenktafeln enthält der Abschnitt «Welche buddhistischen Hauptfeiertage werden von Tempeln angezeigt?») Gab es im Tempel nur einen Priester, was am häufigsten der Fall ist, musste dieser Priester die Angehörigen begrüßen, die zu den Gedenkgottesdiensten eintrafen, rasch weitere Tafeln beschreiben, wenn jemand es versäumt hatte, sie im Voraus anzufordern, telefonische Anfragen wegen der Zeiten künftiger Gedenkgottesdienste beantworten und im Allgemeinen 16 andere Aufgaben gleichzeitig erledigen.

Die Gäste, die die Halle bei jedem Gottesdienst betraten, zu beobachten und gelegentlich anzuweisen, war für mich sehr aufschlussreich und ließ mich nicht selten über die gesellschaftlichen Gewohnheiten der Japaner staunen. Nachdem der ranghöchste Verwandte (mit seiner Gemahlin) eingetreten war und sich in die Mitte der ersten Reihe gesetzt hatte, wobei es sich ergab, dass sich diese Reihe so nahe wie möglich an den Schiebetüren befand, setzten sich etwa drei Leute in die zweite Reihe, und alle anderen versuchten, die hintere Reihe einzunehmen. Natürlich gab es dann eigentlich sowieso nicht mehr genug Platz vor den Schiebetüren, um eine dritte Reihe zu bilden, und darum öffneten sie die Schiebetüren und setzten sich in den Stauraum hinter den Türläden. Wenn ich nicht bereits alle mit Nachdruck auf einer Seite des Raums platziert hatte, und besonders, wenn genug Leute da waren, die beide Seiten voll besetzten, lief das Ganze mehr oder weniger gleichzeitig auf der linken und der rechten Seite ab, belebt durch zügige Seitenwechsel in den Pausen. Im Winter, wenn es angewärmte Teppiche gab, auf die sich die Gäste setzen konnten, stand von vornherein fest, dass sich alle Männer mittleren Alters auf die Teppiche setzten, wobei sie manchmal sogar ihren Frauen erlaubten, sich neben sie zu setzen, und dass alle Frauen über siebzig sich hinten im Bereich ohne Teppiche direkt auf Tatami-Matten setzen mussten, wo der Wind während des Gottesdienstes über ihre Füße und Knie strich. Zu anderen Jahreszeiten schafften sie es, sich direkt in den Weg zu setzen, den der amtierende Priester nehmen musste, um die Haupthalle zu betreten und zu verlassen. Handtaschen, Mäntel und Einkaufstüten stapelten sich natürlich in dem Gang, den die Besucher ebenso wie der amtierende Priester benutzen mussten. Falls ich dieses Manöver rechtzeitig entdeckte, brachte ich den ganzen Haufen aus dem Gang in einen Bereich neben dem Weg zum Ein- und Ausgang, in der Hoffnung, diesen als sitzfreie Zone auszuweisen. Der Vorgang dauerte mindestens zehn Minuten, wenn es mehr als etwa zehn Besucher gab, so dass die Gottesdienste im Laufe des Tages zunehmend hinter dem Zeitplan herhinkten.

Die Wochenendgottesdienste waren im Allgemeinen rechtzeitig fertig, bevor das Telefon zu läuten begann. Meine Telefonrate machte allerdings nur einen kleinen Bruchteil von der des amtierenden Priesters aus, da ich im Allgemeinen nur Telefongespräche mit den Westlern führte, die mit dem Taisōji-Tempel verbunden waren. Wenn ich Glück hatte, schaffte ich die Anrufe, bevor es Zeit wurde, den Tempel zu schließen.

An Wochentagen, an denen es keine Gedenkgottesdienste oder Bestattungen gab, konnte ich zu Hause arbeiten, indem ich von japanischen Übersetzern erarbeitete englische Übersetzungen redigierte. Meist handelte es sich um Themen aus den Bereichen Elektrik oder Elektronik. Der amtierende Priester eines kleinen Tempels verbringt diese Zeit mit der Tempelpflege (wozu auch Unterhalt und Pflege des Geländes gehören, was besonders im Herbst, wenn die Blätter fallen, eine endlose Plackerei ist). Dann müssen Vorbereitungen für die Gedenkgottesdienste am Wochenende getroffen werden. Wenn es eine Bestattung gibt, muss der reguläre Altar durch einen Vorhang abgetrennt oder umgebaut werden, so dass ein spezieller Bestattungsaltar eingerichtet werden kann. Andere Priester müssen hinzugezogen werden, die bei den Gottesdiensten mithelfen (siehe «Wie verläuft eine Zen-Bestattung?»), ein passender Gebotsname ist zu finden, und die Worte, die den Verstorbenen an das «andere Ufer», das des Todes (von «diesem Ufer», dem des Lebens) ziehen, sind zu schreiben.

Andere Tempelaktivitäten werden an Wochentagen absolviert (etwa die Termine der Sūtra-Lesungsgruppe, der Frauengruppe, der Seniorengruppe). Erteilt der Priester Unterricht in den traditionellen Künsten, werden die Unterrichtsstunden möglichst auf Wochentage gelegt. Und wenn der Priester einen Job außerhalb des Tempels hat, muss er diesem natürlich an den Wochentagen nachgehen.

Das Leben im Tempel ist geschäftig und nicht mit Zazen und dem Verfassen von Haikus ausgefüllt, wie westliche Besucher anzunehmen scheinen, sondern mit endlosen Routinearbeiten, die getan werden müssen, mit Menschen, mit denen man sprechen muss, und schließlich mit Gottesdiensten, die abgehalten werden müssen, einschließlich dem Zazen.

9 Wie verläuft ein normaler Tag im Leben eines Priesterschülers?

Der Tagesablauf in einem Ausbildungstempel ist fast genauso variabel wie in einem normalen Tempel. Er hängt unter anderem von den Aktivitäten ab, die an einem bestimmten Tag erforderlich sind, von der Abteilung, der ein Schüler zugewiesen ist, und von den speziellen Merkmalen des jeweiligen Ausbildungstempels.

Mein eigener Tagesablauf im Toyama-Ausbildungstempel für

Frauen änderte sich oft und wurde in jedem Fall durch Glocken und Trommeln und nicht durch Uhren geregelt. Daher nahm ich die Uhrzeit nur selten wahr und kann Ihnen nicht sagen, was einen normalen Tag ausmachen könnte. Ich verbrachte viel Zeit in einem anderen Tempel, der sich der Zen-Praxis verschrieb und keine Laienmitglieder hatte, die Gedenkgottesdienste erfordert hätten, aber man versuchte dort, den von Dōgen beschriebenen Ablauf einzuhalten. Typischer ist sicher der Zeitplan, der von einem Ausbildungstempel für Frauen veröffentlicht wurde:

4.00 Uhr	Erwachen
4.15– 5.00 Uhr	Zazen
5.00– 6.15 Uhr	Morgendliches Sūtra-Rezitieren
6.15– 7.45 Uhr	Saubermachen
7.45– 8.15 Uhr	Morgenmahlzeit
8.15– 9.30 Uhr	Individuelle Studierzeit
9.30–12.00 Uhr	Unterricht (Buddha-Umhänge nähen, Kimonos nähen, Lesung über einen Zen-Text, Blumen arrangieren, Rezitationsübung oder Kalligraphie)
12.00–12.30 Uhr	Mittagsmahlzeit (Hauptmahlzeit)
12.30–13.30 Uhr	Freizeit
13.30–15.00 Uhr	Arbeitszeit
15.00–15.30 Uhr	Tee
15.30–16.30 Uhr	Freizeit
16.00–16.30 Uhr	Abendliches Sūtra-Rezitieren
16.30–17.30 Uhr	Individuelle Studierzeit
17.30–18.00 Uhr	Abendmahlzeit
18.00–20.15 Uhr	Saubermachen, Bad
20.15–21.00 Uhr	Zazen
21.00 Uhr	Lichter aus

Das klappt allerdings nur selten so reibungslos. Es gibt beispielsweise Tage, an denen Laien wegen einer Zazen-Sitzung, eines speziellen Gottesdienstes oder einer Lesung in den Tempel kommen; an diesen Tagen werden die «Freizeit» und die individuellen Studierzeiten zugunsten von Vorbereitungen, der Teilnahme an der jeweiligen Veranstaltung und des anschließenden Saubermachens aufgehoben. Lehrer haben ihre eigenen Tempel und ihre speziellen Tagesabläufe, so dass ein Unterricht verschoben oder verlängert werden kann, je nach der Verfügbarkeit der Lehrer. Die Unterrichtsstunden sind übrigens in Ausbildungstempeln für Männer und Frauen die gleichen. Sie befassen sich mit den Fähigkeiten, die ein Priester benötigt, unabhängig vom Geschlecht.

10 Gibt es auch Zen-Priesterinnen?

Ja, es gibt tatsächlich weibliche Geistliche in fast allen japanischen Sekten, also auch in den Zen-Sekten. Aus der amtlichen japanischen Statistik der religiösen Organisationen von 1995 geht hervor, dass der buddhistische Klerus zu annähernd 37 Prozent aus Frauen bestand. Die aktuelle Zahl ist sogar noch etwas höher, weil eine Sekte, die eine sehr große Anzahl von Geistlichen hat, unter denen Frauen die überwiegende Mehrheit stellen, nicht mehr Buch darüber führt, wie viele Geistliche Männer und wie viele Frauen sind.

Der Anteil der Frauen am Klerus der Zen-Sekten ist freilich ziemlich niedrig. Aus der genannten Statistik geht hervor, dass von den insgesamt 23205 Zen-Geistlichen nur 1484 Frauen sind, also gerade einmal etwa 6 Prozent. In meiner Sekte – Sōtōshū – liegt er sogar nur bei rund 5 Prozent.

Der Status der Frauen im Klerus unterlag in Japan erheblichen Schwankungen, ebenso wie der allgemeine Status der Frauen in der Gesellschaft. Offenbar befand sich das Ansehen der Frauen im buddhistischen Klerus Japans 1941 auf seinem Tiefpunkt. Doch die Abwesenheit männlicher Geistlicher im Zweiten Weltkrieg erzwang eine Lockerung der Restriktionen, die in den 1930er-Jahren eingeführt worden waren, und nach dem Krieg setzte sich dieser Trend fort.

Nur wenige Japaner sind sich heute darüber im Klaren, dass die ersten drei buddhistischen Priester, die auf japanischem Boden geboren wurden, allesamt Frauen waren, Töchter von Familien, die aus China oder Korea gekommen waren und sowohl den Buddhismus als auch die kontinentale Kultur in ihrer ganzen Bandbreite mitgebracht hatten. Einer der entscheidenden Aspekte dieser Kultur war die Schriftsprache, die zuvor in Japan nicht existiert hatte. Bevor sich das Lesen und Schreiben verbreitete, konnten nur die Einwandererfamilien die buddhistischen Schriften lesen.

Die drei Frauen, die von einer angeführt wurden, die den buddhistischen Namen Zenshinni erhielt, empfingen die ersten Gebote im Jahre 584 von einem koreanischen Priester, der nach Japan ausgewandert war. Nach anfänglichen Unannehmlichkeiten, die mit Auseinandersetzungen über die Akzeptanz des Buddhismus in Japan zusammenhingen, durften die drei Frauen, die noch Teenager waren, zur Ausbildung auf die koreanische Halbinsel gehen. Dort empfingen sie die vollen Gebote und wurden *bhikkhunis*, Priesterinnen. Nach ihrer Rückkehr nach Japan übertrugen die drei die Gebote auf die ersten in Japan geborenen *bhikkhus* (Priester) sowie auf eine andere Gruppe von dort geborenen Bhikkhunis.

Aus frühen japanischen Chroniken geht hervor, dass der Kaiserhof im Jahre 741 die Errichtung von zwei Tempeln in jeder japanischen Provinz anordnete, und zwar je einen für Priester und für Priesterinnen. Bei den Tempeln für Priesterinnen war vorgeschrieben, dass Frauen die Hauptpriester sein mussten.

Dōgen, der Gründer der japanischen Sōtō-Schule, äußerte hohes Lob für eine Priesterin in seinen aufgezeichneten Sprüchen und in seiner Korrespondenz sowie insbesondere in einem Kapitel seiner Schrift *Shōbōgenzō* («Das Schatzkammer-Auge des Wahren Dharma»). Das Kapitel mit dem Titel «Raihai-tokuzui» («Sich in Verehrung verbeugen und das wahre Wesen erkennen») war ursprünglich eine Vorlesung im Kōshōji, dem ersten Sōtōshū-Tempel in Kyoto, die er Anfang März 1240 gehalten hatte. Sogar in der gekürzten Fassung, die den meisten Ausgaben des *Shōbōgenzō* zugrunde liegt, wird zwei chinesischen Zen-Meisterinnen, Mo-shan, einer Zeitgenossin von Rinzai, und Miao-hsin, große Bedeutung eingeräumt. Die vollständige Fassung dieses Kapitels enthält erheblich mehr Lob für das buddhistische Verständnis verschiedener Priesterinnen. In den Aufzeichnungen der Aussprüche von Dōgen sind mindestens drei Frauen erwähnt, denen er seine Lehren vermittelte, wobei man eine von ihnen als seine Schülerin identifiziert hat. Der genaue Status und die späteren Leistungen dieser Frauen sind allerdings nicht bekannt.

Für die Rinzai-Schule gilt Mugai Nyodai als erste Frau in Japan, die als Zen-Priesterin voll qualifiziert war. Vor ihrem Tod im Jahre

1298 gründete sie eine Reihe von Tempeln, die man die Fünf-Berge-Frauentempel genannt hat, entsprechend den Fünf-Berge-Zen-Tempeln für Männer. Schon zu ihren Lebzeiten waren daraus fünfzehn Tempel im Gebiet von Kyoto geworden. Eine Generation später war ihre Zahl in Kyoto noch erheblich gewachsen, dazu kamen fünf Tempel in Kamakura.

Ungeachtet späterer Beschränkungen, denen Frauen in allen buddhistischen Sekten Japans unterworfen waren, haben sich männliche und weibliche Geistliche stets nur graduell und nicht wesensgemäß voneinander unterschieden. Frauen waren stets in der Lage, bei den im Auftrag von Laien abgehaltenen buddhistischen Riten als Priesterinnen zu amtieren. Ja, heute gibt es definitiv Zen-Priesterinnen – und es hat sie immer schon gegeben.

11 Warum dürfen Priester heiraten, Priesterinnen aber nicht?

Das Heiratsverbot für Priesterinnen ist eine Erfindung von Leuten, die sich keine Mühe machen, ihre Behauptung anhand der geltenden Vorschriften zu belegen. Typisch ist, wie die Sōtōshū die mit verheirateten Priestern verbundenen Probleme löst: Mit keinem Wort sagt irgendeine Vorschrift etwas über die Verehelichung von Priestern aus, seien sie nun männlich, weiblich oder Hermaphroditen.

Das ganze Thema der Priesterehe hat in Japan eine lange Geschichte.

Als der Buddhismus von Korea und China nach Japan gelangte, wurde von buddhistischen Geistlichen verlangt, den Zölibat einzuhalten. Oft wird unrichtigerweise behauptet, am Status von Ehe und Geistlichkeit habe sich bis 1872 nichts geändert, als die neue Regierung unter dem Meiji-Kaiser ein Gesetz erließ, dem zufolge «von nun an buddhistische Geistliche frei darüber entscheiden sollen, ob sie Fleisch essen, heiraten, sich das Haar lang wachsen lassen, und so weiter. Außerdem wird es nicht mehr strafbar sein, wenn sie gewöhnliche Kleidung tragen, solange sie nicht mit religiösen Tätigkeiten befasst sind.» Wenn man in diesem Punkt nachhakt, erinnert sich ein japanischer Informant vielleicht daran, dass die Regierung die Ehe (sowie Fleisch und längere Haare) den Geistlichen der Jōdo-Shinshū- und der Shugendō-Schule schon seit mehreren Jahrhunderten erlaubt hatte. Von zentraler Bedeutung ist dieses Thema nicht in den buddhistischen Schriften und ihren Interpretationen, sondern vielmehr in den staatlichen Vorschriften Japans. Die staatliche Kontrolle der Religion übernahm Japan von China zur selben Zeit wie den Buddhismus.

Vom frühen 17. Jahrhundert bis zur Meiji-Restauration von 1868 versuchten die Tokugawa-Shogune, die Religion und Klerus betreffenden Vorschriften des 7. Jahrhunderts wiederherzustellen – wie nicht anders zu erwarten mit unterschiedlichen Ergebnissen. Schon lange vor dieser Zeit war das Schema der Ehe von Geistlichen und der Vererbung von Tempeln in Japan etabliert. Anzeichen für die Familiennachfolge in der Priesterschaft gibt es bereits in der Heian-Zeit (794–1185). Das Recht der Kinder (sprich «Söhne») eines Geistlichen, dessen Besitztümer zu erben, wurde während dieser Zeit formell anerkannt. 914 beklagte sich der Kaiserhof darüber, dass zwei Drittel der Menschen behaupteten, Geistliche zu sein, und die meisten hatten Familien und vererbbaren (und nicht zu besteuernden) Besitz. Hinweise auf verheiratete Geistliche finden sich in den folgenden Epochen, und zwar bis zu der Gesetzesänderung von 1872.

Die eher formell anerkannten Ausnahmen vom Zölibatgebot waren die von Shōnin Shinran gegründete Jōdo-Shin-Schule und die Shugendō-Sekten, die Buddhismus und Shintō mit der frühen japanischen Naturreligion vereinten, die sich auf die Askese in den Bergen konzentrierte. Shinran vertrat die Theorie, dass zu seiner Zeit, also im 13. Jahrhundert, das buddhistische «Zeitalter des Verfalls des Dharma» erreicht worden sei. Da es die wahren buddhistischen Lehren nicht mehr gebe, habe man keine andere Wahl, als sich auf das Gelübde des Buddha Amida zu verlassen, alle Wesen zum Erwachen zu bringen. Wenn dies der Fall sei, sagte Shinran, gebe es keinen Grund, in solchen Angelegenheiten wie Ernährung, äußere Erscheinung und Ehe zwischen Geistlichen und Laien zu unterscheiden.

Inzwischen sind sich Zen-Gelehrte und andere Buddhisten in Japan weitgehend darin einig, dass das Gesetz von 1872 in erster Linie darauf abzielte, den Frauen und Kindern, die damals mit Sicherheit sehr zahlreich waren, ein gewisses Maß an Legalität und damit an Sicherheit zu bieten.

Meist ziehen heutige japanische Tempelmitglieder einen verheirateten Priester vor, und zwar großenteils aus den gleichen Gründen, die von protestantischen Christen vorgebracht werden: Stabilität, die Bereitschaft zusätzlicher Personen, sich um den Tempel zu kümmern, und das Verständnis des Priesters für die Probleme verheirateter Tempelmitglieder.

12 Wie werden Priester an Tempel berufen?

Wer sich vorstellt, dass Dharma-Konkurrenzen ausgetragen werden, um zu ermitteln, wer das Recht hat, Priester an einem Tempel zu werden, wird wahrscheinlich enttäuscht sein, denn im wirklichen Leben geht es äußerst prosaisch zu. In den meisten Fällen ist der Priester, der der neue amtierende Priester eines Tempels wird, der älteste (und wahrscheinlich einzige) Schüler des ehemaligen amtierenden Priesters. Da die amtierenden Priester der meisten Zen-Tempel meist verheiratete Männer sind, wird oft gesagt, dass die Position des amtierenden Priesters vererbt werde. Dies ist zwar nicht buchstäblich der Fall, verweist aber auf eine sehr häufige Form der Nachfolge, nämlich die des Sohnes auf den Vater. Heutzutage erleben wir zuweilen, dass die Tochter dem Vater nachfolgt oder die Tochter der Mutter oder der Sohn der Mutter. Ein amtierender Priester, dessen Kinder nicht bereit sind, in die Priesterschaft einzutreten, wird oft bemüht sein, eine Tochter mit einem Priester zu verheiraten, der noch nicht als Nachfolger für einen anderen Tempel vorgesehen ist. Wenn all diese familiären Nachfolgeregelungen versagen, wird ein neuer amtierender Priester außerhalb gesucht, normalerweise aufgrund von Hinweisen befreundeter Priester.

In jedem Fall bedarf der neue amtierende Priester der formellen Zustimmung des Tempelvorstands, der an die Sektenzentrale eine Anfrage bezüglich der fraglichen Berufung stellt. Der Hauptpriester der Sekte stellt dann ein Berufungszertifikat aus. Danach kann eine Amtseinsetzungszeremonie abgehalten werden.

Ein amtierender Priester, der sich dem Ruhestand nähert, kann beschließen, einen «rechtmäßigen Nachfolger» zu berufen. Die japanische Bezeichnung für diese Position lautet *fukujūshoku*. *Jūshoku* bedeutet amtierender Priester, die Vorsilbe *fuku* bezeichnet eine Ebene darunter. Man könnte den Begriff mit außerordentlicher Priester übersetzen. Eine Freundin von mir ließ sich zweisprachige Visitenkarten drucken, als sie von ihrem Vater zur Fukujūshoku berufen wurde. Auf der englischen Seite stand als Berufsbezeichnung «vice priest», also Vizepriesterin! Ich meinte, ein anderer Begriff sei vielleicht besser geeignet, und wir einigten uns schließlich auf «associate priest», außerordentliche Priesterin oder Priesterassistentin. Ein anderer japanischer Begriff für Assistent bezeichnet eine ständige Beziehung als untergeordnet und nicht als die eines Nachfolgers, und darum erschien es mir besser, Assistentin ebenso wie Vize- zu vermeiden. (Zum Beispiel bin ich Hilfspriesterin; einer der Schüler des amtierenden Priesters ist inzwischen der außerordentliche Priester, zwei seiner anderen Schüler sind Hilfspriester.) Wenn der amtierende Priester in den Ruhestand tritt, stirbt oder arbeitsunfähig wird, kann der außerordentliche Priester sofort die Pflichten als amtierender Priester übernehmen.

13 Warum ist es üblich, dass Söhne von Priestern den Tempel erben?

Es war bereits ein alter Brauch, dass ein Sohn Nachfolger seines Vaters als amtierender Priester eines Tempels wurde, als die Meiji-Restauration die Ehe für Zen-Priester legalisierte. Viele Religionen haben die Erfahrung gemacht, dass sich die Nicht-Ehe viel leichter durchsetzen lässt als der Zölibat. Daher bringen «zölibatäre» Priesterschaften oft Söhne hervor, die die Nachfolge dieser Priester antreten. Die Ausbildungstraditionen im japanischen Buddhismus haben auch fast von Anfang an dazu geführt, dass Kinder praktisch für die Priesterschaft adoptiert wurden. Ursprünglich wurden Kinder (wie im Katholizismus) in den Tempel gebracht, um schon von klein auf zu Priestern erzogen zu werden. Dieser Brauch existiert noch immer, wenn auch in geringerem Maß. Eine der führenden Zen-Priesterinnen Japans weist oft darauf hin, dass sie mit fünf Jahren einer Tante anvertraut wurde, die sie in einem Tempel aufzog.

Für den Buddhismus ist es charakteristisch, dass die Priester auf dem Tempelgelände leben. In Japan befindet sich die Wohnung des amtierenden Priesters normalerweise im selben Gebäude wie die

Haupthalle, oder sie ist mit ihr durch einen eigenen Durchgang verbunden. Das einzige Zuhause, das die meisten Priester während ihrer Kindheit und in ihrem Erwachsenenalter kennen, ist der Tempel – egal, ob sie in diesen Tempel durch Geburt oder durch eine frühe Adoption aufgenommen werden. Daher ist es natürlich, dass ein in den Ruhestand tretender Priester in dem Tempel zu bleiben wünscht, der stets sein «Zuhause» gewesen ist. Das gilt auch für eine alternde, vielleicht schon verwitwete Frau eines Priesters. Wenn allerdings ein Priester außerhalb der Familie der neue amtierende Priester wird, kann von diesem Priester nicht erwartet werden, dass er sich um einen oder mehrere alternde Nichtverwandte kümmert. Das ist dann auch ein ganz wichtiger Grund dafür, dass man sich wünscht, sein Nachfolger solle ein eigenes Kind sein.

Heute, da die meisten japanischen Priester verheiratet sind, ziehen es die Tempelmitglieder wahrscheinlich vor, dass der Tempel in den Händen einer einzigen Familie bleibt. Die Kinder des amtierenden Priesters wachsen mitten im Leben des Tempels auf, umgeben von den Kindern der Tempelmitglieder. Die Bande, die in der Kindheit im Tempel geknüpft wurden, können so während des Erwachsenenlebens weiterbestehen.

Vor der Meiji-Restauration waren die Tempel mehr oder weniger streng eingeteilt in Tempel, die Männer, und in solche, die Frauen als amtierende Priester hatten. Heute jedoch sind derartige Differenzierungen offiziell aufgegeben worden (und verschwinden allmählich in der Praxis). Es ist nicht mehr unüblich, dass eine Tochter Nachfolgerin ihres Vaters oder ein Sohn Nachfolger seiner Mutter wird. So oder so besteht der natürliche Wunsch nach einem ständigen Zuhause für die Familie.

14 Warum haben manche Priester Nebenjobs außerhalb ihres Tempels?

Japans Übergang von einer ländlichen Agrarwirtschaft zur urbanen Industriegesellschaft hat unter anderem zur Folge gehabt, dass viele buddhistische Tempel nicht mehr genügend Mitglieder haben, die den Unterhalt des Tempels, geschweige denn den eines Priesters und seiner Familie gewährleisten. Die Differenz zwischen Einkommen und Ausgaben bei der Geistlichkeit wird so wie anderswo auch ausgeglichen: durch zusätzliche bezahlte Arbeit.

Genau wie viele westliche Kirchen und – wie ich glaube – alle westlichen Zen-Zentren individuelle, gesetzlich voneinander getrennte Einheiten sind, so sind auch buddhistische Tempel in Japan fast alle «religiöse Einzelunternehmen». Die verschiedenen buddhistischen Schulen – Sōtōshū, Rinzaishū und Ōbakushū – werden «religiöse Dachunternehmen» genannt. Geldmittel fließen von den religiösen Einzelunternehmen (d.h. den lokalen Tempeln) zum religiösen Dachunternehmen, an das sie sich angeschlossen haben. Das Dachunternehmen bietet den lokalen Tempeln Dienstleistungen wie die Führung von Tempel- und Priesterregistern, die Unterstützung der formalen Ausbildung neuer Priester und die Veröffentlichung von Materialien, die in Beziehung zu der Schule stehen. Die Zuständigkeit für die Angelegenheiten jedes Tempels (jedes religiösen Unternehmens) liegt jedoch beim Vorstand dieses Tempels, dessen Vorsitz normalerweise der amtierende Priester innehat. Dies bedeutet in der Praxis, dass der Priester für den Unterhalt des Tempels und seine Aktivitäten zuständig ist.

Manche Priester können das Einkommen an ihrem eigenen Tempel durch Einkünfte aus anderen Tempeln ergänzen, die entweder beliebte Sehenswürdigkeiten oder Ausbildungstempel (oder beides) sind. Eine andere Möglichkeit stellt die Unterweisung in traditionellen japanischen Künsten dar, etwa der Teezeremonie, der Kunst des Blumenarrangements, der Kalligraphie – oder in englischer Konversation. An manche Tempel sind Schulen angeschlossen, meist auf dem Vorschul- und Kindergartenniveau. Doch selbst diese Tätigkeiten vermögen oft nicht das Defizit auszugleichen. Statt zu versuchen, übermäßig große Summen aus den Tempelmitgliedern herauszuholen, bemühen sich die meisten Priester um eine Arbeit außerhalb, die ihnen an den Wochenenden und an den Abenden Zeit für die Tempelpflichten lässt. Das ist gewiss ein schwieriges Leben, aber sicher eine bessere Lösung, als den Tempel zu schließen und verfallen zu lassen. Ich bin ziemlich sicher, dass amtierende Priester in letzter Zeit ihre Töchter nur zögernd als Nachfolger akzeptieren, weil ein Schwiegersohn seinen Beruf weiterhin ausüben und damit die Familie und den Tempel unterstützen kann. Natürlich ist die Arbeit, der die Frau des amtierenden Priesters außerhalb nachgeht, häufig eine notwendige Einkommensquelle für eine Tempelfamilie.

Aus der Statistik einer Zen-Sekte von 1995 geht hervor, dass nur 17 Prozent der erfassten Tempel eine Mitgliedschaft hatten, die größer war als die 200 Familien, die als Minimum für den Unterhalt eines Tempels gelten. Das Gesamteinkommen des Tempels betrug im Vorjahr weniger als 1 Million Yen (etwa 8700 €) bei 29 Prozent der an der Umfrage teilnehmenden Tempel und weniger als 3 Millionen Yen (etwa 26000 €) bei weiteren 25 Prozent. Immerhin muss dieses Einkommen die Reparaturkosten und solche notwendigen Zahlungen wie die für die Instandsetzung einer von Sturzregen ausgewaschenen Stützmauer eines Friedhofs abdecken – zusätzlich zu den regulären Ausgaben und dem Lebensunterhalt des Priesters und seiner Familie. Nur 1,5 Prozent der beteiligten Tempel berichteten, dass das Tempeleinkommen alle Ausgaben abdeckte, während die Einkünfte von 24 Prozent der Tempel weniger als die Hälfte ihrer Unkosten tilgten. Kein Wunder also, dass die amtierenden Priester und ihre Frauen oft Jobs außerhalb annehmen, die mit dem Tempel nichts zu tun haben.

15 Kann ich Zen-Priester werden, ohne nach Japan zu gehen?

Im Allgemeinen ist dies derzeit zu verneinen. In den USA gibt es verschiedene Bestrebungen, einheitliche Ausbildungsanforderungen und Registrierungen für Zen-Priester einzuführen, aber sie haben sich noch nicht durchgesetzt. Die Sōtōshū hat zwei spezielle Priesterränge für diejenigen eingerichtet, die ihre Ausbildung und die Gottesdienste außerhalb Japans absolvieren. Einige Betroffene in dieser Kategorie haben eine unterschiedlich lange formelle Ausbildung in Japan hinter sich, ohne alle Voraussetzungen für eine normale Zertifikation («Ordination») zu erfüllen. Andere sind nie in Japan ausgebildet worden.

Die Pflichten und die Umstände von Priestern in westlichen Zen-Zentren haben mit denen von Priestern in japanischen Tempeln wenig gemeinsam. Aus diesem Grund würde sich ein separates Ausbildungs- und Zertifikationssystem wahrscheinlich als vorteilhaft erweisen. Mittlerweile haben viele – wahrscheinlich die meisten

– westlichen Zen-Führer entweder keine formale Ausbildung und Registrierung oder eine Ausbildung und Registrierung, die nur von ihrer eigenen Gruppe und von mit ihr in enger Verbindung stehenden Gruppen anerkannt werden.

Den Ausbildungstempeln für die Zen-Sekten in Japan fehlt es an Erfahrung, an Mitteln und an der Einsicht in die Notwendigkeit, separate Ausbildungsverfahren für Priesterschüler aus anderen Ländern einzuführen, zumal es ihnen schon genug Mühe bereitet, die Programme für diejenigen zu bewältigen, die in japanischen Tempeln dienen werden. Ungeachtet erheblicher sprachlicher und kultureller Probleme nimmt eine ganze Reihe nichtjapanischer Priesterschüler an den regulären Ausbildungsprogrammen japanischer Zen-Sekten teil, und viele halten bis zum Abschluss durch. Die meisten kehren zwar in ihre Heimatländer zurück, um Zen-Zentren statt Tempel im japanischen Stil zu leiten, aber einige bleiben (wie ich) in Japan und fungieren als «japanische» Priester. Offensichtlich ist es somit möglich, sich in Japan ausbilden zu lassen und sich zu qualifizieren. Dies ist ein weiterer Grund dafür, dass sich Japan so wenig für Ausbildungsmöglichkeiten im Ausland interessiert.

16 Warum gibt es solche Unterschiede zwischen Priestern und Laien?

Grundsätzlich unterscheidet der Buddhismus nicht zwischen Geistlichkeit und Laien. Der ursprüngliche buddhistische Sangha, die Gemeinde derer, die den Lehren des Buddha Shākyamuni folgten, umfasste die vier Kategorien der Frauen und Männer, die ihr Zuhause verließen («Hauslose»), und der Frauen und Männer, die zu Hause blieben. Dies führte zum Klerus und den Laien von heute. Der buddhistische Klerus hat eine unterstützende Funktion – er lehrt, führt ein vorbildliches buddhistisches Leben und bewahrt das Wissen um die heiligen Texte und Riten. Eine Sūtra-Rezitation durch einen Laien bekundet nicht weniger Respekt vor den Toten oder den Buddhas als die gleiche Rezitation durch einen Priester.

Klagen über eine Unterscheidung zwischen Priestern und Laien werden gewöhnlich nur dann laut, wenn Westler sich auf Formen der buddhistischen Praxis einlassen, die man normalerweise in Asien nur für Priester und Priesterschüler für erforderlich hält. In manchen Zweigen des Buddhismus werden diejenigen, die sich eine Zeit lang auf eine konzentrierte buddhistische Praxis einlassen wollen, gewissermaßen zu Geistlichen auf Zeit gemacht.

Diese Geistlichen auf Zeit werden dann auf die gleiche Weise behandelt wie alle anderen Geistlichen vom gleichen (niedrigen) Rang. Der japanische Buddhismus hat diesen Brauch jedoch nicht übernommen.

Wenn ein Zen-Tempel in Japan eine große Zahl Priester benötigt, für einen Anlass wie die alljährlich im Sommer abgehaltenen allgemeinen Gedenkgottesdienste oder die Einführung eines neuen amtierenden Priesters, übernehmen die Priester anderer Tempel dieser Sekte die erforderlichen Rollen. In vielen Teilen Japans wird ein normaler Bestattungsgottesdienst von mindestens fünf, oft von mehr Priestern abgehalten; alle Priester der gleichen Sekte kooperieren überall miteinander, um bei diesen Gottesdiensten zu assistieren.

Wenn ein US-amerikanisches Zen-Zentrum einmal mehr als einen oder zwei Priester benötigt, werden normalerweise Laien mit den verbleibenden Positionen betraut. Das ist überhaupt nicht falsch – in Japan ist es einfach nicht nötig und daher nicht üblich.

Die Geistlichen wie die Laien in Japan gehen fast einmütig davon aus, dass es Rollen für Priester und andere Rollen für Laien gibt und dass diese Rollen am besten voneinander getrennt bleiben. In der Geschichte des japanischen Buddhismus gab es größtenteils staatliche Vorschriften für die Lizenzierung jener Geistlicher, die für fähig erachtet wurden, Laien in buddhistischen Lehren zu unterweisen, ebenso wie für diejenigen, die man für fähig erachtete, Tempel als amtierende Priester zu unterhalten. Sogar die neuen Religionen, die die aktive Beteiligung der Laien betonen, behalten im Allgemeinen die Führungsrollen denjenigen vor, die eine gewisse Ausbildung in der Sekte abgeschlossen haben.

Ich weiß, dass einige christliche Kirchen in den USA und Europa heutzutage ihre Kanzeln bei bestimmten Gelegenheiten Laien überlassen. Doch selbst in diesen Fällen ist klar, dass die betreffenden Laien nicht als Geistliche gelten, und man erwartet von ihnen auch nicht die Ausbildung und das spezielle Wissen eines Geistlichen.

Auf westlicher Seite lautet die Frage: «Warum dürfen Laien nicht dies und das tun?» (zum Beispiel eine Lesung während einer Zazen-Sitzung abhalten). Auf japanischer Seite lautet sie: «Warum würde ein Laie das tun wollen, und warum würden die Geistlichen und die anderen anwesenden Laien wollen, dass ein Laie dies tut?»

WIE SPIELEN SICH ZEN-GOTTESDIENSTE AB?

1 Welche Aktivitäten außer Zazen gibt es in Zen-Tempeln?

Die häufigste Aktivität in allen buddhistischen Tempeln Japans ist der Gedenkgottesdienst. Außerdem finden noch Bestattungen und spezielle Tempelgottesdienste statt. Was die Aktivitäten betrifft, bei denen Laien mehr als nur eine passive Zuschauerrolle spielen, so gibt es in den meisten Zen-Tempeln Sūtra-Rezitationssitzungen, Sūtra-Kopiersitzungen und buddhistische Musikpraxis. Der Tempel kann auch Jugendaktivitäten und -clubs, Clubs für ältere Mitbürger, Clubs für junge Erwachsene und Erwachsene mittleren Alters, Clubs für Sport und Spiele (etwa japanisches Schach) und Gemeindegruppen sponsern. Vor 1868 waren buddhistische Tempel die Zentren des Gemeindelebens, sie kümmerten sich um die Grundschulbildung, führten Geburts- und Sterberegister (und Steuerlisten) und beteiligten sich an der Wohlfahrt. Auch heute noch spielen sie eine aktive Rolle in ihren Gemeinden, besonders in ländlichen Gebieten.

Gedenkgottesdienste und Bestattungen haben so wichtige Funktionen im Buddhismus, dass sie hier eigens behandelt werden. Im Folgenden werden einige der anderen Aktivitäten kurz dargestellt.

SŪTRA-REZITATIONSSITZUNGEN Buddhistische Sūtras verwenden oft eine spezielle Aussprache, die im gewöhnlichen Japanisch nicht vorkommt, ja sogar chinesische Schriftzeichen, die im Japanischen generell nicht benutzt werden. Das Studium der Sūtras muss daher nicht nur die Bedeutung der Worte, sondern auch deren Aussprache umfassen.

Eine typische Sūtra-Rezitationssitzung beginnt mit einem Weihrauchopfer durch den Priester und dem einstimmigen Gesang von einem oder zwei Sūtras, gefolgt vom Singen einer allgemeinen Widmung dieser Rezitation für alle Lebewesen. Zur Rezitation werden Sūtras ausgewählt, die Laien zum Gebrauch bei Hausandachten empfohlen werden, und alle anderen Sūtras, die für den betreffenden Tempel vielleicht besonders geeignet sind. Wenn das Hauptbildnis des Tempels zum Beispiel eine Figur des Kannon-Bodhisattva ist, kann das Schwergewicht auf Sūtras liegen, die mit Kannon zu tun haben.

Im Anschluss an den Gesang aller Anwesenden hält der Priester, der die Sitzung leitet, eine kurze Vorlesung über die Bedeutung eines der Sūtras des Tages und kommentiert vielleicht einige der ungewöhnlichen Schriftzeichen und Aussprachen, die in diesem Sūtra verwendet werden.

Die Sitzung endet gewöhnlich bei Tee und Gesprächen.

SŪTRA-KOPIERSITZUNGEN Sitzungen, bei denen Kopien eines Sūtra angefertigt werden, folgen einem Schema, das dem der Sūtra-Rezitationssitzungen ähnelt. Die Sitzung beginnt mit einem Weihrauchopfer durch den Priester, dem einstimmigen Rezitieren des zu kopierenden Sūtra (gewöhnlich dem *Maka Hannyaharamita Shingyō*, dem *Herz-Sūtra*) und dem Gesang der allgemeinen Widmung dieser Rezitation. Alle Mitglieder bereiten sodann ihre Tusche zu, indem sie einen Tuschestift auf einem Stein mit ein paar Tropfen Wasser verreiben. Eine gedruckte Kopie des Sūtra, das in wohlgeformten Schriftzeichen geschrieben ist, wird auf den Tisch vor jeden Teilnehmer gelegt und mit einem Blatt Japanseidepapier bedeckt. Schweigend erfolgt sodann das Abpausen. Jede Abschrift wird auf die gleiche Weise gewidmet wie eine Sūtra-Rezitation, nämlich zu Ehren eines Buddha oder eines Menschen. Alle Abschriften werden am Ende eingesammelt und auf dem Altar präsentiert.

Wenn die Abschriften fertig gestellt sind, kann es eine Lesung durch den Priester geben. Die Sitzung endet normalerweise bei Tee und Gesprächen.

BUDDHISTISCHE MUSIKPRAXIS In den meisten buddhistischen Sekten gibt es eine Form des Gesangs zur Begleitung von Gongs und Glocken, *go-eika* genannt. Während der Gottesdienste für alle Tempelmitglieder (beispielsweise an Obon, dem Tag des Gedenkens an den Gründer, zu den Frühjahrs- und Herbstäquinoktien) ebenso wie während individueller Familiengedenkgottesdienste leisten die Sänger ihren Beitrag zu dem jeweiligen Anlass.

Die Übungssitzungen, die gewöhnlich ein- oder zweimal im Monat abgehalten werden, bieten nicht nur neuen Mitgliedern die Möglichkeit, die Lieder zu erlernen, und älteren Mitgliedern die Gelegenheit, ihr Gedächtnis wieder aufzufrischen, sondern sind auch gesellschaftliche Ereignisse. Typischerweise beginnt die Übungssitzung damit, dass jeder sich auf die Tatami-Matte setzt, vor seinen Knien auf einem rechteckigen Tuch Musikbuch, Gong, Klöppel und Glocke ordentlich arrangiert. Die Mitglieder singen zusammen Texte wie die Vier Bodhisattva-Gelübde und das *Herz-Sūtra*, dann beginnt die Probe. Go-eika ist, wie die meiste japanische Musik, in einer speziellen Notation geschrieben, die die Tonhöhe jeder Note relativ zu den anderen Noten darstellt, aber keine absolute Tonhöhe festlegt. Der Leiter muss wissen, wie er jedes Lied in einer Tonhöhe zu beginnen hat, bei der alle Mitglieder das ganze Lied noch bequem mitsingen können. Lieder, die für einige Mitglieder oder die ganze Gruppe neu sind, werden vom Leiter Vers für Vers einstudiert. Der Leiter singt den Vers, dann wiederholt ihn die Gruppe. Wenn sich die Gruppe den ersten Vers anscheinend eingeprägt hat, wird das ganze Verfahren beim zweiten Vers wiederholt und dann bei den ersten beiden Versen zusammen. Sobald das Singen beherrscht wird, befasst sich die Gruppe mit dem Schema von Gong- und Glockenschlägen während des Lieds. Ich habe einmal eine seit langem aufeinander eingespielte Gruppe von über fünfzig Mitgliedern ihre Gongs und Glocken in vollkommener Einstimmigkeit während ihrer Lieder schlagen hören – eine beachtliche Leistung, wenn man bedenkt, dass es sonst keine Begleitung gibt und der Rhythmus nicht immer ausgeprägt oder besonders regelmäßig ist.

Die Übung schließt mit einem weiteren kurzen Gesang und dem Wiedereinpacken der Bücher und Instrumente (natürlich in einer streng vorgeschriebenen Abfolge). Dann ist es Zeit für Tee und einen Imbiss (den die Teilnehmer mitgebracht haben) und für Gespräche. Die meisten Mitglieder solcher Gruppen sind Frauen um die sechzig oder älter, darunter viele Witwen, die vielleicht allein leben oder tagsüber die meiste Zeit allein zu Hause sind. Derartige Tempelsitzungen bieten die Möglichkeit, die Gesellschaft gleichgesinnter Menschen zu genießen und Teil einer abgegrenzten Gemeinde zu sein.

2 Was bedeuten die Trommeln, Gongs und Glocken während der Gottesdienste?

Die Instrumente, die während buddhistischer Gottesdienste ertönen, dienen in erster Linie dazu, das Singen von Sūtras zu vereinheitlichen und die Handlungen der teilnehmenden Priester zu koordinieren. Wenn Trauer-Sūtras vom einzelnen ständigen Priester gesungen werden, stellt das Vereinheitlichen und Koordinieren kein Problem dar. Doch wenn dieselben Sūtras von zehn oder zwanzig geweihten Priestern sowie hundert Schülern gesungen werden, ist eine straffe Koordination absolut notwendig.

Die Holztrommel war früher wie ein Fisch geformt, darum heißt sie auch «Holz-Fisch», *mokugyō*. Sūtras, die auf Chinesisch oder in (stark modifizierten) indischen Sprachen rezitiert werden, können entweder eine oder zwei Silben pro Schlag haben, im Unterschied zu Texten, die auf Japanisch rezitiert werden und bei denen stets eine einzelne Silbe auf einen stummen Schlag kommt. Der Schlag der Holztrommel sorgt für einen stetigen Rhythmus und für ein gleichmäßiges Tempo, indem er jedes Zeichen in chinesischen und jedes Wort in indischen Rezitationen markiert. Wenn eine große Anzahl von Menschen ihre Stimmen zum Schlag der Trommel vereinen, wobei jeder in einer Tonhöhe singt, die für ihn angenehm ist, wirkt dies wie Chorgesang.

Eine feste Glocke und Handglöckchen werden beim Einzug der Hauptgruppe von Priestern und Schülern angeschlagen, wobei ein oder zwei weitere Handglöckchen einfallen, wenn der den Gottesdienst leitende Priester sich nähert und den zentralen Bereich der Halle betritt. Der Zeitpunkt, zu dem sich alle zusammen verneigen, wird durch ein Handglöckchen oder den kleineren der beiden beim Singen verwendeten Gongs markiert.

Auch für Signale dienen die beiden Gongs. So schlägt zum Beispiel ein Priester den großen Gong, wenn der den Gottesdienst leitende Priester sich vor dem Altar verneigt und sich dann anschickt, zur zentralen Kniematte oder Plattform zurückzukehren. Wenn sich die anderen Priester während des Gesangs setzen sollen, wird der kleine Gong kurz nach dem großen Gong zweimal angeschlagen, und sogleich setzen sich alle außer dem amtierenden Priester hin. Im Allgemeinen ertönt der große Gong, um die Bewegungen des amtierenden Priesters zu markieren, etwa wenn er vorgeht, um Weihrauch zu opfern, zur zentralen Position zurückkehrt und sich verneigt. Der kleine Gong ist generell ein Signal für die Bewegungen der anderen Priester. Bei Rezitationen, die vielleicht fortgesetzt werden, indem entweder ein einzelnes Sūtra mehrmals wiederholt wird oder man von einem Abschnitt eines langen Sūtra zum nächsten Abschnitt dieses Sūtra übergeht, informiert das zweimalige Ertönen des kleinen Gongs gegen Ende hin alle, dass das Singen aufhören wird, wenn das Ende der Wiederholung oder des Abschnitts erreicht ist. Fällt dieses zweimalige Ertönen hingegen aus, signalisiert dies, dass das Singen fortgesetzt wird.

Sūtra-Bücher enthalten zwar Symbole für den Gebrauch der Gongs, doch eigentlich sollte das Ertönen der Gongs auf die Handlungen des amtierenden Priesters abgestimmt sein. Ein Anschlagen des großen Gongs beispielsweise sollte genau mit dem Sichverneigen des amtierenden Priesters zusammenfallen; der Priester, der den Gong schlägt, muss sorgsam auf den Beginn des Sichverneigens achten und den Gong entsprechend schlagen. Ein einzelner Gongschlag kann das Zeichen für separate Handlungen von einem halben Dutzend Priester, die spezielle Funktionen haben, ebenso wie für die einheitlichen Handlungen aller übrigen Priester geben.

Wenn ich die Morgen-Sūtras allein oder auch mit dem ständigen Priester von Taisōji rezitiere, ist zwar eine derart kunstvolle Koordination nicht erforderlich, aber ich schlage dennoch die Holztrommel und die Gongs, wie es üblich ist, wobei ich die Einsatzsymbole im Sūtra-Buch verwende, wenn niemand anders da ist, um als amtierender Priester zu fungieren. Für mich ist es dann so, als würden mir die Klänge bedeuten, zum Altar zu gehen und Weihrauch zu opfern oder mich einige Male zum Boden hin zu verneigen, wenn es denn möglich wäre, diese Handlungen auszuführen, während ich damit fortfahre, die Holztrommel und die Gongs zu schlagen.

3 Welche Sūtras werden in Zen-Tempeln gesungen?

Streng genommen ist ein Sūtra eine Aufzeichnung der Worte des Buddha Shākyamuni, die seine Schüler auswendig lernten und die schließlich niedergeschrieben wurden, nachdem sie über mehrere Generationen hinweg mündlich überliefert worden waren. Wörtlich bedeutet das Sanskrit-Wort *sūtra* so viel wie Schnur oder Faden. Vor dem Buddhismus entstandene brahmanische Sūtras begannen mit bedeutsamen Worten oder Formulierungen, die aneinander gereiht wurden wie Blumen in einer Girlande, damit sie sich leicht wiederholen und auswendig lernen ließen. Zwar existierte eine geschriebene Sprache in Indien schon vor der Zeit Buddhas, doch religiöse Lehren galten als zu wichtig und zu heilig, als dass sie niedergeschrieben werden durften. Die Lehren wurden durch mündliche Wiederholung erhalten und zumindest zeitweise im Chor vorgetragen, so dass abweichende Fassungen nicht so leicht entstanden und weitergegeben wurden.

Der Buddhismus setzte diese Tradition fort. Kurz nach dem Tod des Buddha Shākyamuni wurde ein großes Konzil von seinen Schülern einberufen, die den Wortlaut der Sūtras festlegen und als die Worte bewahren wollten, die von Buddha oder von einem seiner Schüler gesprochen und vom Buddha als Widerspiegelung seiner eigenen Lehren akzeptiert worden waren. Die eigentlich allein lebenden buddhistischen Geistlichen kamen unter anderem auch deshalb regelmäßig zusammen, weil sie sichergehen wollten, dass die mündlichen Lehren korrekt erhalten und an die nächsten Generationen weitergegeben wurden.

Seitdem ist der Begriff Sūtra im Laufe der Jahrhunderte für jeden buddhistischen Text verwendet worden, der allgemein als genaue Darstellung des Wesens des Buddhismus anerkannt wurde.

Auf der Basis dieser umfassenden Definition von Sūtra führen die Vorschriften der Sōtōshū folgende allgemeine buddhistische Texte auf, die in den Sōtōshū-Tempeln verwendet werden sollen: Weisheitstexte (Hannya), Lotostexte (Hokke), Blumengirlandentexte (Kegon), Nirvāna-Texte (Nehan), «andere Mahāyāna-Texte», «verschiedene Dhāranīs» (indische Texte, die ins Chinesische eher übertragen als übersetzt wurden) und «verschiedene Gāthās» (meist kurze Verse). Außerdem werden bestimmte Texte von Sōtōshū-

Priestern gelesen, besonders solche von Dōgen Zenji und Keizan Zenji als den Gründern der Sōtōshū, ebenso wie mehrere Texte von chinesischen Priestern der Ts'ao-tung-Linie, aus der die Sōtōshū hervorging. Rinzaishū und Ōbakushū verwenden großenteils die gleichen Texte, tauschen sie aber gegen japanische und chinesische Texte von Priestern der Rinzai-Linie aus, und die Ōbakushū fügt noch das Sūtra des Buddha Amida hinzu.

Die in der allgemeinen Sammlung buddhistischer Texte aufgeführten Sūtras werden zumindest teilweise von fast allen buddhistischen Sekten Japans verwendet.

4 *Wie verläuft eine Zen-Bestattung?*

Die Zen-Schulen haben das Muster festgelegt, nach dem heute die meisten Bestattungen von Laien verlaufen. Es gibt zwar viele Unterschiede hinsichtlich der Abfolge der Elemente, der Zahl der beteiligten Priester und spezieller lokaler Elemente, doch das Grundmuster ist das gleiche. Die im Folgenden beschriebene Bestattung ist eine Sōtōshū-Bestattung, wie sie in Tokyo vorgenommen wird.

Innerhalb weniger Stunden nach dem Tod unterrichten die Verwandten des Verstorbenen den ständigen Priester des Tempels, in dem der Verstorbene Mitglied war. Der ständige Priester verabredet ein Treffen mit den Verwandten und eine Sūtra-Lesung. Diese Lesung wird dem Verstorbenen gewidmet und direkt vor ihm abgehalten. Familienangehörige und nahe Freunde opfern Weihrauch während der Lesung, um ihren Respekt zu bekunden.

Die Bestattungsriten gliedern sich in fünf Hauptabschnitte; drei davon können entweder im Haus des Verstorbenen, im Tempel oder in einer für Bestattungen vorgesehenen öffentlichen Halle durchgeführt werden. Früher fanden die meisten Bestattungsfeierlichkeiten im Haus statt, während der Tempel nur dann benutzt wurde, wenn eine große Zahl von Trauergästen erwartet wurde. Da heute jedoch viele Menschen in Wohnungen leben, sind Hausbestattungen sowohl im Hinblick auf die äußere Organisation als auch auf die Gefühle anderer Bewohner des Gebäudes problematisch. Das hat zur Errichtung spezieller Bestattungshallen geführt, entweder auf dem Gelände eines Tempels oder als separate Gebäude, die für die Bestattungen vieler verschiedener Tempel und Sekten verwendet werden. Da das Einbalsamieren in Japan nicht üblich ist (die Körperöffnungen werden eingewickelt, und mit Hilfe von Trockeneis wird eine niedrige Temperatur aufrechterhalten), beginnen die Bestattungsriten nicht später als zwei Tage nach Eintritt des Todes.

Der erste der Hauptriten ist die Zeremonie des Abends der Überfahrt. Wie der Name schon sagt, wird sie am Abend abgehalten, so dass es Geschäftskollegen, Menschen, die mit dem Verstorbenen auf andere Weise verbunden waren, und Nachbarn leichter fällt, daran teilzunehmen. Die «Überfahrt» bezieht sich auf die Reise, die der Verstorbene vom Ufer der Lebenden zum Ufer der Toten zurückgelegt hat, wobei diese Ufer als die beiden Seiten eines Flusses angesehen werden. Ein bis drei Priester singen eine Anrufung des Bodhisattva des Mitgefühls, dann stimmen sie ein ziemlich langes Sūtra an, das die letzten Lehren des Buddha Shākymuni bewahrt, die dieser auf seinem Totenbett erteilte. Weil das Sūtra der Letzten Lehren auf Japanisch, allerdings ein ziemlich formelhaftes und altmodisches Japanisch, rezitiert wird, haben die Zuhörer die Gelegenheit, sich bedeutende buddhistische Ideen auf einfache Weise erläutern zu lassen. Während des Gesangs sitzt der Priester direkt vor dem Sarg, der gewöhnlich vor einem speziellen Altar steht, und die unmittelbaren Familienangehörigen sitzen auf den beiden Seiten neben dem Priester. Andere Teilnehmer betreten den Bestattungsraum nacheinander, um aus Respekt vor dem Verstorbenen Weihrauch zu opfern, und verlassen ihn dann wieder. Der Gesang dauert etwa eine Dreiviertelstunde und kann verlängert werden, falls viele Trauergäste da sind, so dass alle Anwesenden Zeit haben, während des Gesangs Weihrauch zu opfern. Es ist üblich, dass sich mehrere Trauergäste nach diesem Abend der Überfahrt zu den Familienmitgliedern gesellen, um ihr Beileid auszusprechen. Dann kann man eine leichte Mahlzeit, zum Beispiel Sushi, gemeinsam einnehmen.

Wird die Bestattung in einem Tempel abgehalten, bleiben die unmittelbaren Familienangehörigen normalerweise über Nacht im Tempel, um dem Verstorbenen nahe zu sein. Im Haus sind sie es natürlich sowieso.

Die Bestattung selbst wird am nächsten Tag abgehalten und beginnt gewöhnlich irgendwann zwischen 9 und 13 Uhr. Die Wahl des Zeitpunkts hat rein praktische Gründe: Die Verbrennung ist fast allgemein üblich, und in Tokyo erfolgt sie normalerweise unmittelbar im Anschluss an die Bestattungszeremonie. Deren Ablauf muss daher den Zeitplan der Verbrennungsstätte berücksichtigen. Die Verbrennungsstätten sind an jeweils fünf von sechs Tagen in Betrieb. Der chinesische Zyklus von sechs Glückstagen, die einen Tag als günstig oder ungünstig für bestimmte Aktivitäten ausweisen, wurde in Japan eingeführt und ist dort noch immer allgemein in Gebrauch. Hochzeiten werden am häufigsten an Tagen des «Großen Friedens» angesetzt, eine günstige Zeit für jeden Neubeginn. Bestattungen werden fast nie an «Einen Freund mitnehmen»-Tagen abgehalten, könnte doch der Verstorbene Freunde oder Familienangehörige in den Tod «mitnehmen». An diesen Tagen sind die Verbrennungsstätten geschlossen, und buddhistische Priester können Gruppenaktivitäten anberaumen mit der Gewähr, dass niemand fehlen wird, weil er eine Bestattung abhalten muss.

Was gemeinhin als Bestattung bezeichnet wird, besteht eigentlich aus zwei separaten (und zeitlich trennbaren) Riten: der eigentlichen Bestattung und der «Verabschiedungs-Zeremonie». Bei Persönlichkeiten des öffentlichen Lebens kann die Verabschiedungs-Zeremonie eine Woche nach der Bestattung oder später abgehalten werden, so dass Zeit für die Organisation einer großen Versammlung bleibt. Normalerweise allerdings beginnt die Verabschiedungs-Zeremonie in dem Augenblick, da die eigentliche Bestattung abgeschlossen ist.

Die eigentliche Bestattung ist die Zeremonie, bei der die buddhistischen Gebote einem Laien übergeben werden. Dieser Brauch entstand ursprünglich in Japan. Im Mittelalter waren reiche Schirmherren großer Tempel beeindruckt von den Riten, die nach dem Tod eines Geistlichen abgehalten wurden. Da sie einer derartigen Verehrung selbst teilhaftig zu werden wünschten, führten sie zunächst einen Brauch ein, nach dem sie dem buddhistischen Klerus spät im Leben beitraten oder wenn sie durch einen Unfall oder eine Krankheit zu sterben drohten. Der Brauch wurde nach und nach auf Menschen aus allen Gesellschaftsschichten ausgeweitet, und das Empfangen der Gebote wurde verschoben: Sie wurden nicht mehr zu Lebzeiten des Betreffenden, sondern erst nach seinem Tod übergeben. In Übereinstimmung mit den Geboten zu leben wird als ideale Lebensweise akzeptiert; wer außerstande war, diesem Weg zu Lebzeiten zu folgen, gilt gleichwohl als jemand, der dies gewünscht hat. Die posthume Übergabe der Gebote erfüllt somit den mutmaßlichen ständigen Wunsch des Verstorbenen.

Der amtierende Priester rasiert symbolisch den Kopf des Verstorbenen, wobei er den Vers der Läuterung rezitiert, der die Kopfrasur begleitet. Dann wird der Vers des Akzeptierens der Verantwortung vom amtierenden Priester gelesen und vom Hilfspriester oder von den Hilfspriestern wiederholt. Wasser wird vom amtierenden Priester gesprengt, um die symbolische Läuterung des Gebers wie des Empfängers der Gebote abzuschließen. Dann werden die Gebote übertragen. Zuerst die Dreifache Zufluchtnahme (Mein Leben ist im Buddha begründet; mein Leben ist in den buddhistischen Lehren begründet; mein Leben ist in der Gemeinschaft der Buddhisten begründet). Dann die Drei Reinen Gebote (Enthalte dich dessen, was das Böse fördert; tu, was das Gute fördert; handle zum Nutzen anderer). Schließlich die Zehn Ernsten Verbote (nicht zu töten; nicht zu stehlen; sich nicht in unrechtmäßiges sexuelles Treiben zu verstricken; nicht zu lügen; nicht zum Gebrauch von Rauschmitteln zu ermutigen; nicht schlecht von anderen zu sprechen; sich nicht selbst zu loben und nicht zu stolz zu sein, andere zu loben; nicht eines anderen Dharma oder Eigentum zu begehren; sich nicht zum Zorn hinreißen zu lassen; und nicht die «Drei Kostbarkeiten» zu verunglimpfen – den Buddha, den Dharma und den Sangha).

Nachdem die Gebote vom amtierenden Priester an den Verstorbenen übertragen worden sind, übergibt der amtierende Priester ein Schaubild, das die Linie der Übertragung der Gebote vom Buddha Shākyamuni zum amtierenden Priester, dann zum Verstorbenen (dem nun ein neuer «Gebotsname» verliehen worden ist) zeigt, wobei sich der Kreis am Ende wieder beim Buddha Shākyamuni schließt, zum Zeichen der wechselseitigen Verbundenheit aller Ursachen und Wirkungen. Der Gebotsname wird fortan bei Sūtra-Widmungen, auf der Gedenktafel und auf dem Grabstein verwendet. Das Traditionsschaubild wird später zusammen mit den Gebeinen des Verstorbenen oben in die Urne gelegt.

Anschließend werden mehrere Sūtras rezitiert und dem Verstorbenen zu Ehren gewidmet. Damit ist die Bestattung als solche beendet.

Die Abschiedszeremonie beginnt mit einer Predigt des amtierenden Priesters, die den Verstorbenen preist und ein Gedicht im chinesischen Stil enthält, das den Verstorbenen in den Frieden des «anderen Ufers» jener geleiten soll, die nicht mehr in dieser unvollkommenen Welt sind. Repräsentative Trauergäste können nun Worte der Erinnerung, Wertschätzung und des Abschieds äußern, und oft werden Kondolenztelegramme an die Familie verlesen. Anschließend rezitieren die Priester noch einmal Sūtras, die dem Verstorbenen gewidmet sind. Während dieses Teils der Zeremonie (und eigentlich meist auch während der Bestattung) betreten die Teilnehmer nacheinander den Zeremoniensaal und opfern Weihrauch, um dem Verstorbenen ihren Respekt zu erweisen.

Sobald die Bestattungs- und Abschiedszeremonie abgeschlossen ist, wird der Sarg vom Bestattungsaltar heruntergenommen und geöffnet, so dass jeder Teilnehmer eine Blüte in den Sarg legen und sich von dem Verstorbenen verabschieden kann. Nachdem alle dies getan haben, beteiligt sich jeder enge Familienangehörige daran, den Sargdeckel mit Nägeln zu verschließen, eine Aufgabe, die von denjenigen abgeschlossen wird, die für die körperlichen Arrangements zuständig sind. Der Sarg wird dann auf einen Leichenwagen gestellt, dessen Gehäuse wie ein kunstvoll lackierter Sarg gestaltet und verziert ist, und zur Verbrennungsstätte befördert. Normalerweise begleiten nur die Familienangehörigen und ein Priester den Verstorbenen durch die verbleibenden Riten.

Bei der Verbrennungsstätte versammeln sich die Familienangehörigen und der Priester, um dabei zu sein, wenn der Sarg in die Verbrennungsanlage gestellt wird, dann opfert jeder Anwesende erneut Weihrauch. Während der Dauer der Verbrennung (etwa eine Stunde) warten alle in einem separaten Raum. Mittlerweile sind die engsten Familienangehörigen meist müde und denken an all die Dinge, die noch in Verbindung mit dem Todesfall zu tun sind. Ich habe oft den Eindruck gehabt, dass die Anwesenheit eines Ausländers eine willkommene Ablenkung darstellt. Bei einer Verbrennung verließen die fünf engen Familienangehörigen ihre Plätze an einem Tisch und gingen im Raum umher, wobei sie die anderen Anwesenden begrüßten und ihnen Bier oder Tee einschenkten. Als der Erste sich wieder hinsetzte, fragte er mich, wie lange ich schon in Japan sei. Ich erwiderte, das seien nun fast zwanzig Jahre. Wir tauschten noch ein oder zwei Sätze aus, dann kehrte der Zweite an den Tisch zurück. Nummer zwei fragte: «Wie lange sind Sie schon in Japan?» Ich wiederholte meine Antwort. Als Nummer drei und vier zurückkehrten, wiederholten wir dieses Ritual, und als Nummer fünf schließlich an den Tisch trat und Anstalten machte, die obligatorische Frage zu stellen, riefen alle anderen im Chor: «Sie ist seit zwanzig Jahren hier.» Es war das erste Mal an diesem Tag, dass sie lächelten, und wahrscheinlich auch das erste Mal seit drei oder mehr Tagen.

Wenn die Bestattung beendet ist, treten alle an die Verbrennungsanlage heran, um mitzuerleben, wie die Überreste daraus entfernt werden. Die Knochen, die die Verbrennung überstehen, werden auf ein Tablett neben der bereitstehenden Urne gelegt. Je zwei Familienangehörige heben mit langen Holzstäbchen einen Knochen hoch und legen ihn in die Urne. Dies beginnt bei den Fußknochen und setzt sich nach oben fort. Währenddessen rezitiert der Priester gewöhnlich ein Sūtra zum Lobpreis der Reliquien des Buddha. Ein Krematoriumsangestellter legt den Schädel- und Kieferknochen beiseite, bevor die anderen Knochen bewegt werden. Wenn alle Anwesenden mitgeholfen haben, Knochen in die Urne zu geben, schiebt der Angestellte mit Hilfe kleiner Utensilien alle verbliebenen Knochen auf einmal in die Urne. Dieses flotte Aufräumen scheint mir immer so gar nicht zu den ritualisierten Handlungen zu passen, die ihm vorausgehen. Obenauf kommen der Kieferknochen und der Schädel zu liegen und darauf das Traditionsschaubild, das zeigt, dass der Verstorbene die Gebote von einem Priester in ununterbrochener Linie zurück bis zum Buddha Shākyamuni empfangen hat, und damit den Verstorbenen direkt mit dem Buddha verbindet.

Die Feier ist nun fast beendet. Alle kehren in den Tempel zurück, wobei sie die Urne mit den Knochen tragen, die ordentlich in einem Holzkasten mit weißer Umhüllung und einem Brokatüberwurf verwahrt ist. Es werden noch zwei kurze Gottesdienste abgehalten, bei denen normalerweise jeweils nur ein Sūtra rezitiert wird. Der eine bringt zum Ausdruck, dass der Verstorbene jetzt den Zustand des Friedens, des Nirvāna, erreicht hat. Der andere ist der Gedenkgottesdienst des siebten Tages. Wahrscheinlich werden nicht alle Anwesenden einem weiteren Gottesdienst genau am siebten Tag nach dem Tod beiwohnen können, so dass dieser Gedenkgottesdienst oft zweimal abgehalten wird, nämlich einmal im Anschluss an die Verbrennung und noch einmal am richtigen siebten Tag.

Gewöhnlich gibt es für alle im Tempel ein Mahl, mit dem der oder die Haupttrauernde bekundet, dass er oder sie alle schätzt, die an dem langen Tag der Feierlichkeiten teilgenommen haben. Dieser Tag geht damit zu Ende, dass der oder die Haupttrauernde die Urne und die Tafel mit dem Gebotsnamen nach Hause bringt, wo sie auf dem Familienaltar stehen, bis sieben Wochen vergangen sind (wonach die Urne ins Familiengrab kommt).

5 *Wie ist ein buddhistisches Grab beschaffen?*

Besucher sind in Japan oft überrascht, wie klein hier Grabstätten auf Friedhöfen sind. Überall scheinen dicht gedrängt Grabsteine zu stehen. Noch erstaunter sind sie, wenn sie erfahren, dass jede Grabstätte nicht nur die Überreste einer Person, sondern die einer ganzen Familie enthält. Dies macht sich besonders auf Großstadtfriedhöfen bemerkbar. Das liegt daran, dass die Verbrennung hier eher Brauch ist als die Bestattung des ganzen Körpers. Die Verbrennung ist fast in ganz Japan üblich.

Abbildung 12 zeigt eine typische Grabstätte. Diese nimmt zwar eine ziemlich große Fläche ein, aber oft ist die gesamte Grabstätte kaum größer als der Grabstein selbst. Auf dem aufrecht stehenden

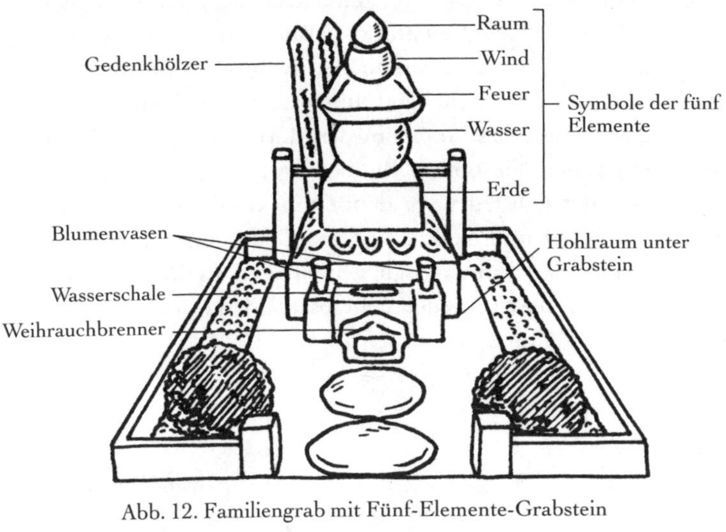

Abb. 12. Familiengrab mit Fünf-Elemente-Grabstein

Stein im Hintergrund ist vorn der Familienname eingemeißelt, während auf der Rückseite die Gebotsnamen, Sterbedaten, Namen und das Alter einzelner Familienangehöriger aufgeführt sind. Unter dem Grabstein befindet sich ein Hohlraum in der Erde, in dessen hinterem Teil auf halber Höhe oft ein Absatz ist. In Tokyo wird die Urne, die die verbrannten Knochen enthält, auf diesen Absatz zusammen mit den Urnen anderer kürzlich verstorbener Familienangehörigen gestellt. Grundsätzlich allerdings sprechen japanische Buddhisten davon, dass ihre «Knochen die Erde werden». Wenn der Gedenkzyklus abgeschlossen ist (oder wenn der Absatz mit Urnen gefüllt ist), werden die Überreste aus der Urne in die Erde unter dem Grabstein überführt, damit sie mit der Erde selbst vereint werden. Die Überreste sind zwar unmittelbar nach der Verbrennung, wenn sie in die Urne gegeben werden, einzelne Knochen und Knochenfragmente, aber im Laufe der Zeit zerfallen sie zu Staub, und dieser Staub verbindet sich mit der Erde. In manchen Gegenden werden die verbrannten Überreste sofort direkt auf den Boden des Hohlraums gegeben, statt viele Jahre lang in einer Urne aufbewahrt zu werden.

Der Weihrauchbrenner und die Blumenvasen sind bewegliche Gebilde, und die Steinplatte unter ihnen lässt sich öffnen und beiseite schieben. Damit wird der Hohlraum darunter für die Bestattung eines jüngst verstorbenen Familienangehörigen zugänglich.

Zum Zeitpunkt der Bestattung, bei der ein Gedenkgottesdienst abgehalten wird, sowie anlässlich der Frühjahrs- und Herbstäquinoktien und der sommerlichen Obon-Zeremonie besuchen die Familienangehörigen das Grab, um den dort Bestatteten ihren Respekt zu erweisen. Sie opfern Blumen und verbrennen Weihrauch. Dann verbeugt sich jeder vor dem Grab, nimmt eine Kelle Wasser aus einem Eimer und gießt es auf den Grabstein, so dass es sich in der zwischen die Blumenvasen gemeißelten flachen Wasserschale sammeln kann, und verbeugt sich abschließend noch einmal zum Gedenken an die Verstorbenen.

6 Was ist ein Zen-Gedenkgottesdienst?

Als «Gedenkgottesdienst» bezeichnet man im Allgemeinen die Reihe der formellen Gedenken an die Verstorbenen, die ein spezielles Merkmal des japanischen Buddhismus ist. Sūtra-Rezitationszeremonien zur Bekundung von Respekt und Wertschätzung für den Toten beginnen am Tag der Bestattung und werden in vielen Fällen bis zu 36 oder gar 49 Jahre lang ständig abgehalten.

Jedes Jahr gibt es drei allgemeine Gedenkanlässe neben einer Reihe von Gottesdiensten für einzelne Menschen. Die drei allgemeinen Anlässe – das Frühjahrs- und Herbst-Ohigan zu den Frühjahrs- und Herbstäquinoktien und das Obon im Spätsommer – werden als Bestandteil der buddhistischen Feiertage im Rahmen der Frage «Welche buddhistischen Hauptfeiertage werden von Tempeln angezeigt?» dargestellt. Hier möchte ich die Gottesdienste für einzelne Menschen beschreiben, an denen nicht nur Familienangehörige teilnehmen, sondern auch Freunde und Kollegen des Menschen, dem das Gedenken gilt. Diese Gottesdienste sind ein Anlass für alle, auf die sich das Leben des Verstorbenen ausgewirkt hat, sich an die Einflüsse auf ihr eigenes Leben zu erinnern und sie zu würdigen.

Die Reihe beginnt mit dem Tag der Bestattung. Der erste Gedenkgottesdienst erfolgt bis zur siebten Woche nach dem Tod. In Tokyo und Umgebung sowie in vielen anderen Gegenden wird die Urne mit den Knochen des Verstorbenen am Ende des Gedenkgottesdienstes der siebten Woche ins Familiengrab gestellt. Der nächste Gedenkgottesdienst findet hundert Tage nach dem Tod, ein weiterer ein Jahr danach statt. Die verbleibenden Gedenkgottesdienste heißen Gedenkgottesdienst des 3., 7., 13., 17., 23., 27., 33., 37. und 50. Todestages. Manchmal sagt man, die Reihe solle so lange dauern, bis niemand in der Familie mehr wisse, wie der Gebotsname des Verstorbenen ausgesprochen wird. In der Praxis sind Gebotsnamen nur selten so schwer zu merken. Die Redensart verweist indes auf das allgemeine Prinzip, dass Gedenkgottesdienste die Wertschätzung jener zum Ausdruck bringen, die den Verstorbenen kannten, und daher nur so lange abgehalten werden, wie Familienangehörige am Leben sind, die sich an den Menschen erinnern können, dessen da gedacht wird.

Die Abfolge der Gedenkgottesdienste wurde mir gegenüber zunächst als «erster Todestag, dritter Todestag und so weiter» beschrieben. Daher war ich überrascht, als ich von Tempelmitgliedern, deren Sohn sehr jung gestorben war, erfuhr, es sei wohl kaum möglich, dass wir bereits den siebten Gedenkgottesdienst erreicht hätten. Auch mir kam es höchst unwahrscheinlich vor, dass bereits sieben Jahre vergangen waren, und später fand ich heraus, dass dies auch nicht der Fall war. Allerdings löste sich mir dieses Rätsel erst nach dem Tod meiner Mutter. Ich war ein wenig erschrocken, als der amtierende Priester vom Taisōji zusätzlich zu den Morgen-Sūtras unserer Zazen-Gruppe nur zwei Jahre nach ihrem Tod einen Gedenkgottesdienst abhielt, worum ich ihn für den ersten Todestag ersucht hatte. Im darauf folgenden Jahr bat ich ihn, einen Gottesdienst im Laufe des Tages abzuhalten, damit auch zwei mit mir befreundete Priester daran teilnehmen konnten. Auch er schien ein wenig überrascht, war aber gern dazu bereit. Als sechs Jahre nach dem Tod meiner Mutter vergangen waren, erklärte mir der amtierende Priester im Januar: «Im März wird der siebte Gedenkgottesdienst für deine Mutter sein.» Ich dachte, mein Gedächtnis spiele mir einen Streich, und als ich zu Hause war, überprüfte ich ihr Todesjahr. Tatsächlich – es waren erst sechs Jahre! Dann fiel mir ein, einen Blick auf die Tafel mit den Gedenkjahren zu werfen, die aushing, um die Tempelmitglieder an die entsprechenden Zeiten zu erinnern. Und siehe da, das Todesjahr, das dem siebten Gedenkgottesdienst im laufenden Jahr entsprach, lag nur sechs Jahre zurück. Die Zählung der «Anlässe» oder «Jahresgedenkgottesdienste» beginnt, wie ich herausfand, mit «eins» für den Tag der Bestattung. (Bis vor etwa fünfzig Jahren hieß es in Japan noch, man sei bei der Geburt ein Jahr alt.) Der dritte Gedenkgottesdienst findet somit zwei Jahre nach dem Tod statt, und so weiter.

Dies, möchte ich anmerken, sollte allen eine Lehre sein, die unkritisch die englischen Begriffe akzeptieren, die von japanischen buddhistischen Priestern oder auch von US-amerikanischen oder anderen Englisch sprechenden buddhistischen Priestern benutzt werden, die sie von japanischen Priestern übernommen haben. Irgendjemand schlägt irgendwann einen Begriff wie «Todestag» vor, und schon wird er von allen anderen verwendet, ohne dass sie sich Gedanken über seine Bedeutung machen.

Die Gottesdienste selbst sind identisch, ganz gleich, um welchen Anlass es sich handelt. Im Taisōji, und dies ist ein typisches Beispiel, opfert der den Gottesdienst abhaltende Priester Weihrauch und verkündet den Anlass des Gottesdienstes, dann nimmt er die zentrale Position wieder ein und kniet dort auf dem Kissen nieder, um Sūtras zu rezitieren. Der amtierende Priester und die Hilfspriester rezitieren ein Sūtra und leiten dann zu einem anderen über. Zu diesem Zeitpunkt opfert der amtierende Priester erneut Weihrauchpulver, und nachdem er zum zentralen Kissen zurückgekehrt ist, fordert er die Teilnehmer des Gottesdienstes auf, nacheinander vorzutreten und Weihrauch zu opfern. Inzwischen geht das zweite Sūtra weiter, und erforderlichenfalls wird ein drittes begonnen. Wenn alle Weihrauch geopfert haben und das zweite (oder dritte) Sūtra beendet ist, wird die Widmung der Sūtra-Lesung zum Gedenken an den Verstorbenen (dessen Gebotsname dabei verwendet wird) vom amtierenden Priester und den Hilfspriestern verlesen. Der amtierende Priester kehrt für ein letztes Weihrauchopfer zum Altar zurück, verkündet, dass der Gedenkgottesdienst abgehalten worden ist, und dankt den Teilnehmern. Nachdem die Priester den Saal verlassen haben, gehen auch die Laien, und gewöhnlich begeben sie sich zum Grab, wo sie Blumen und Weihrauch opfern und Wasser über den Grabstein gießen. Oft kehren alle zum Tempel zu einer gemeinsamen Mahlzeit zurück, bevor sie auseinander gehen.

Wenn man es so einfach beschreibt, hört sich das Ganze sehr langweilig an. In der Praxis spielt es sich oft viel dramatischer ab, besonders für die Priester. Tempel mit mehreren hundert Mitgliederfamilien, die alle möchten, dass ihre Familiengedenkgottesdienste an einem Sonntag abgehalten werden (allerdings akzeptiert man seit einigen Jahren auch den Samstag), müssen schließlich an einem Tag fünf oder mehr Gottesdienste abhalten, zwischen denen nur verschwindend kurze Pausen liegen. Während dieser Pausen müssen die Priester den Namen im Ständer auf dem Altar austauschen, alle Opfergaben für den vorangegangenen Gottesdienst (Früchte, Süßigkeiten und andere Dinge) entfernen, auf dem Altar sämtliche Opfergaben für den nächsten Gottesdienst arrangieren, die hölzernen, den Tempel symbolisierenden Gedenkstäbe für den nächsten Verstorbenen aufstellen, für den ein Gedenkgottesdienst abgehalten wird, und die Teilnehmer des nächsten Gottesdienstes dazu bewegen, den Saal zu betreten und sich zu setzen. Und zwar am besten in einem Sitzbereich, nicht im Gang, durch den der amtierende Priester den Saal betreten und verlassen muss – und keinesfalls auf dem Sims des Tokonoma-Alkovens, wie dies einmal eine Familie zu meinem nicht geringen Entsetzen tat. Da die Sitzverteilung von allen als Ausdruck der Rangordnung in der Gruppe angesehen wird und niemand außer dem oder der Haupttrauernden und seiner oder ihrer Ehehälfte zunächst bereit ist, sich nicht als Letzter zu setzen, kann das Zuweisen von Plätzen für alle ziemlich aufwändig sein. Wenn so viele Gäste da sind, dass es problematisch erscheint, allen einen Platz zuzuweisen, können die Priester mindestens einen von ihnen dazu abordnen, eine andere Opfergabe in den Saal zu bringen und sie dem Hilfspriester erst dann zu übergeben, wenn alle schließlich Platz genommen haben. Die Opfergabe muss dann auf einen Ständer mit Füßen gelegt werden, der auf den Altar gestellt wird. Mittlerweile ist es 11.55 Uhr geworden, ohne dass der Gottesdienst, der schon um 11.30 Uhr beginnen sollte, angefangen hat. Also werden sich alle verbleibenden Gottesdienste um mindestens 25 Minuten verspäten (im Laufe des Tages meist noch mehr, wie bei Arztterminen).

Während späterer Gottesdienste oder bei solchen, an denen viele Menschen teilnehmen und die daher mit langwierigen Weihrauchopfern einhergehen, schlafen mir gewöhnlich die Füße ein. Dann bereitet es mir Probleme, am Ende des Gottesdienstes aufzustehen. Schon bald allerdings lernte ich, meine Haltung anzupassen und mich im Voraus aufs Aufstehen einzustellen, wenn ich beobachtete, was mit den hölzernen Gedenkstäben geschah. Diese symbolischen «Tempel» zu Ehren des Verstorbenen werden von dem Gestell im Tempel abgenommen und zum Grab getragen, wo sie in ein ähnliches Gestell hinter dem Grabstein gesteckt werden. Die gut einen Meter hohen Stäbe sind am unteren Ende zugespitzt und ruhen in einer flachen Rille im Tempelgestell. Sie werden von parallelen horizontalen Stangen zusammengehalten. Ihr enger Abstand, der mit einem Pflock gesichert wird, verhindert eine seitliche Bewegung der Stäbe. Ein männlicher Gast tritt an das Gestell heran und holt einen Stab an einem Ende heraus, so dass dieses Ende nicht mehr vom Pflock gesichert ist. Immer entfernt sodann ein anderer Mann einen Stab vom anderen Ende. Unweigerlich fallen die seitlich nicht mehr gesicherten restlichen Stäbe durcheinander und rutschen gelegentlich sogar aus der Rille heraus. Für mich ist das eine lärmende und unästhetische Angelegenheit. Also habe ich gelernt, meine eingeschlafenen Füße zu massieren, damit ich aufspringen und zum Gestell laufen kann, sobald der amtierende Priester gegangen ist (oder, wenn ich amtiere, sobald ich den Gottesdienst beendet habe). Dann kann ich meine unfreiwilligen «Helfer» unter Kontrolle halten, indem ich ihnen Stäbe reiche, während ich damit fortfahre, die restlichen Stäbe zu halten und auszuteilen. Wenn ich das geschafft habe, muss ich nur noch die Gästegruppe dazu bewegen, den Saal zu verlassen, damit ich den Altar für die nächste Gruppe vorbereiten kann.

7 *Welche «Gebete» werden in buddhistischen Gottesdiensten verwendet?*

Eigentlich kann man nichts von dem, was Priester oder Laien während eines buddhistischen Gottesdienstes äußern, als Gebet bezeichnen. Die Sūtras, die rezitiert werden, sind die Lehren des Buddha Shākyamuni und seiner Schüler sowie die späterer Priestergenerationen. Bei unseren morgendlichen Sūtra-Rezitationen im Taisōji beispielsweise beginnt das erste Sūtra folgendermaßen (laut dem von der Sōtōshū-Verwaltungszentrale auf Englisch herausgegebenen Buch *Soto Shu Sutras*):

> Der Bodhisattva Avalokiteshvara, tiefe Prajñāpāramitā verkörpernd,
> Erkannte deutlich die Leere aller fünf Zustände
> Und verscheuchte damit Unglück und Schmerz.

Ein Text des Sōtōshū-Gründers Dōgen, der während des Bestattungsgottesdienstes rezitiert wird, beginnt so:

> Die gründliche Klärung der Bedeutung von Geburt und Tod –
> Dies ist die allerwichtigste Aufgabe für Buddhisten.

Und er endet mit den Worten:

> Verstehe, dass du in diesem Leben nur ein Leben hast, nicht zwei oder drei. Wie bedauerlich ist es, wenn du, fruchtlos an falschen Anschauungen festhaltend, vergebens Unrecht tust und glaubst, nichts Böses zu tun, während du es doch in Wirklichkeit tust. Du kannst nicht der karmischen Bestrafung deiner Übeltaten entgehen, selbst wenn du irrigerweise annimmst, dass du, nur weil du ihre Existenz nicht erkennst, ihr nicht unterworfen seist.

Die allgemeine Widmung für Sūtra-Lesungen, wie sie oft von Priestern und von Laien verwendet wird, wird in dem erwähnten Buch so übersetzt:

> Möge das Gute daran eindringen
> In jedes Ding an allen Orten
> So dass wir und jedes empfindende Wesen
> Gemeinsam den Weg des Buddha erkennen können.
>
> Die zehn Richtungen, die drei Welten, alle Buddhas;
> Alle Ehrwürdigen, Bodhisattvas, Mahasattvas;
> Die große Prajñāpāramitā.

Meine eigene, ziemlich wörtliche Übersetzung der Widmung, wie sie in Sōtōshū-Gedenkgottesdiensten verwendet wird und für ein stummes Verstehen, aber nicht für die Rezitation gedacht ist, lautet:

> Die Welt ist völlig rein und voller Licht,
> Das leuchtet, das Universum umfassend.
> Wenn wir unsere Welt betrachten,
> Scheint sie der Stoff von Träumen zu sein.
> Wir hoffen, wenn wir uns vor dem Buddha, dem buddhistischen Gesetz und der Gemeinschaft der Anhänger des Buddhismus verbeugen,
> Dass wir dieses Leuchten erkennen mögen.
> Demutsvoll kommen wir in diesem Tempel zusammen, in diesem Monat und an diesem Tag,
> Zu Ehren [hier steht der Gebotsname des Verstorbenen] anlässlich des [hier steht das Ereignis, für das der Gedenkgottesdienst abgehalten wird – zum Beispiel der siebte Tag nach dem Tod].

Voller Achtung opfern wir Weihrauch, Blumen und Kerzenlicht
Und das Rezitieren des [Name des Sūtra] für diesen Anlass,
Fördern wir den erwachten Geist und vergrößern den Ort des Lohns.

Tief uns verneigend, geloben wir, handelnd im Fluss von Leben und Tod,
Während das unschätzbare Juwel (das die Wirklichkeit erkennt) allein im blauen Meer leuchtet
Und sich überall am Ufer des Erwachens und Nichterwachens ausbreitet,
So, wie das leuchtende Rad (das die Wirklichkeit erkennt) sich gelassen allein am blauen Himmel dreht,
Dass wir die weite Welt aller Menschen führen werden,
Den Wegen des Erwachens zu folgen.

Das ist genau das, was man so oft als «Ahnenverehrung» oder auch als «Beten für die Ruhe der Seele» bezeichnet.

Nein, buddhistische Gottesdienste haben eindeutig nichts mit Gebeten und nichts mit Ahnenverehrung zu tun.

8 Was bedeuten die Perlenschnüre, die Buddhisten verwenden?

In den Zen-Sekten werden vom amtierenden Priester Perlenschnüre, *o-juzu* genannt, während der Gedenkgottesdienste, der Bestattungen und der speziellen Gottesdienste gehalten. Die Perlen werden gerieben, um sowohl die Freiheit des Verstorbenen von den zahllosen Begierden und Bindungen des menschlichen Lebens zu symbolisieren als auch um die gute Tat des Rezitierens von Sūtras vom Priester auf den Menschen, dem der Gedenkgottesdienst gilt, symbolisch zu übertragen. Laien halten mit beiden Daumen ähnliche, meist kürzere Perlenschnüre, die um die Finger beider Hände gewunden sind, während sie Weihrauch opfern und sich vor einem Buddha oder Bodhisattva oder vor einem Verstorbenen verneigen. In diesem Fall wird damit in erster Linie das Verrichten guter Taten aus Respekt vor dem Buddha, dem Bodhisattva oder dem Verstorbenen symbolisiert.

Eine vollständige Perlenschnur, wie sie von einem amtierenden Priester gehalten wird, enthält 108 Perlen plus eine weitere, die die beiden Enden der Schnur sichert, und oft noch 5 Perlen, die die ganze Schnur in sechs Gruppen von je 18 Perlen unterteilen. Bei den Perlen handelt es sich meist um Samen des Bodhi-Baums, es werden aber auch Holz-, Keramik-, Glas- und Kristallperlen verwendet. Der Priester trägt die Perlenschnur um das linke Handgelenk oder hält sie in der linken Hand, wenn er sie nicht gerade aktiv gebraucht. Meine Perlenschnur, die ich als amtierende Priesterin benutze, weist exakt 108 reguläre Perlen plus 1 Endperle und 5 Unterteilungsperlen auf. Ein Metallring, dessen Durchmesser viel größer als der der Perlen ist, gleitet frei über die Schnur, wenn sich die Perlen mit meiner Hand bewegen oder wenn ich zwei Abschnitte der Schnur zusammen reibe, was ein leichtes Klicken erzeugt.

Laien verwenden nur selten die volle Länge von 108 Perlen. Stattdessen tragen sie Teilschnüre, etwa mit 27 (einem Viertel), 36 (einem Drittel) oder 54 (einer Hälfte) Perlen. Bei jungen Japanern scheint es in zu sein, buddhistische Perlen zu tragen, im Allgemeinen in der Viertellänge und auf Gummiband aufgefädelt. Ein junger Priester, den ich kenne, trägt ständig zwei solcher Perlenschnüre, so dass er eine einem Bekannten überlassen kann, der ihn vielleicht darum bittet. Ich vermute, dass die Perlen, die man von einem Priester erhält, als die «echten» gelten, im Gegensatz zu irgendeiner Perlenschnur vergleichbarer Länge.

Die einzelnen buddhistischen Schulen verwenden unterschiedliche Arten von Perlen. In der Schule des Reinen Landes dienen die Perlen zum Abzählen von Wiederholungen der Formel «Namu Amida Butsu» – «Ich verehre Buddha Amida». Im Unterschied zum katholischen Rosenkranz sind mit buddhistischen Perlen keine speziellen Texte verbunden, und sie werden auch selten so verwendet, dass sie mit irgendeinem Text assoziiert werden.

9 In Japan amtieren Zen-Priester und andere buddhistische Geistliche traditionell bei Bestattungen, aber Trauungen werden gewöhnlich von Shintō-Priestern vorgenommen. Gibt es so etwas wie eine Zen-Trauung?

Ja, eine solche Zeremonie wird von der Sōtōshū vorgeschrieben, und ich nehme an, dass es ähnliche Zeremonien bei Rinzaishū und Ōbakushū gibt. Da ich Gast bei zwei Sōtōshū-Trauungen sowie Hilfspriesterin bei zwei weiteren Trauungen gewesen bin, habe ich wahrscheinlich mehr Erfahrung auf diesem Gebiet als die meisten Sōtōshū-Priester.

Bei einer der Trauungen, bei denen ich assistierte, handelte es sich um eine US-amerikanische Braut und einen japanischen Bräutigam. Der Braut und ihren Eltern zuliebe, die nicht zur Trauung nach Tokyo kommen konnten, übersetzte ich die Abfolge der Zeremonien beim Trauungsgottesdienst. Sie lautete:

1. Einzug von Braut und Bräutigam
2. Einzug des amtierenden Priesters
3. Einführende Worte des amtierenden Priesters
4. Verlesung der zeremoniellen Erklärung
5. Besprengen der Köpfe von Braut und Bräutigam mit Wasser zur Übertragung von Weisheit
6. Überreichen von buddhistischen Perlen und der Trauringe an Braut und Bräutigam
7. Rezitieren der Dreifachen Zufluchtsformel (mein Leben ist begründet im Buddha, mein Leben ist begründet in der buddhistischen Lehre, mein Leben ist begründet in der Gemeinschaft der Buddhisten)
8. Ehegelübde von Braut und Bräutigam
9. Ansprache des amtierenden Priesters
10. Rezitieren der vier Gelübde eines Bodhisattva (wir geloben, all die unzählbaren Wesen zum Ufer des Erwachens zu bringen; wir geloben, die unerschöpflichen Täuschungen auszulöschen; wir geloben, die unermesslichen Lehren zu meistern; wir geloben, dem endlosen Weg des Buddha zu folgen)
11. Abschließende Worte

Die Worte des amtierenden Priesters wie die Gelübde von Braut und Bräutigam konzentrieren sich darauf, dass sie einander lieben und füreinander sorgen und dass ein jeder die Bedürfnisse des anderen, die der Kinder, die (hoffentlich) geboren werden, und die der Eltern beider Ehegatten beachtet.

Religiöse Trauungszeremonien waren bis zum 20. Jahrhundert selten. Davor zeichneten sich Hochzeiten durch verschiedene Aktivitäten von seiten der Ehegatten und ihrer Familien aus und durch die Eintragung der Eheschließung ins örtliche Melderegister. Die Einbeziehung eines Gottesdienstes wurde den Japanern von christlichen Missionaren aufgenötigt, aus deren Sicht die Japaner eine übermäßige Scheidungsrate hatten.

10 Warum gibt es im Zen die Ahnenverehrung?

Eigentlich gibt es sie gar nicht. Eine Familienzusammenkunft zum Gedenken an einen verstorbenen Verwandten, wahrscheinlich eher am Geburtstag als am Todestag, oder das Besorgen von Blumen zur Erinnerung an jemanden für einen regulären Gottesdienst gilt auch im Westen nicht als «Ahnenverehrung». Warum wird der gleiche Vorgang, wenn er ein wenig mehr organisiert wird, als «Ahnenverehrung» bezeichnet, wenn er sich in Japan abspielt?

Wie schon in dem Abschnitt «Was ist ein Zen-Gedenkgottesdienst?» erwähnt, wird der Gottesdienst zum Gedenken an den Verstorbenen abgehalten. Sowohl Familienangehörige (und zwar nicht nur die unmittelbaren Nachkommen, sondern alle möglichen Verwandten) als auch Freunde und Kollegen benutzen den Anlass dazu, an die Rolle zu erinnern, die der Verstorbene in ihrem Leben gespielt hat. Sie bringen ihre Dankbarkeit für das Verbundensein zu Lebzeiten des Toten zum Ausdruck. Die beim Gottesdienst rezitierte formelle Widmung der Sūtras besagt einfach, dass Leben und Tod die beiden Ufer eines einzigen Flusses sind, wobei der Tod das Ufer des Nirvāna ist, das wir alle rechtzeitig zu erreichen hoffen.

Ein tief verwurzelter Glaube im Hinblick auf die Ahnen, lange vor der Einführung des Buddhismus in Japan vorhanden und in gewisser Hinsicht noch heute, besteht darin, dass die Toten böse Geister werden könnten, die alles erdenkliche öffentliche wie private

Unglück verursachen. Während der Frühzeit des Glaubens an solche Geister konnten sich nur Adelige oder örtliche Führer nach dem Tod rächen. Doch mit der Einführung des Buddhismus und seinem Prinzip der Gleichheit zogen in das Reich möglicher böser Geister ganz normale Menschen ein. An wem würde sich ein normaler Mensch rächen? An Familienangehörigen, insbesondere an den direkten Nachkommen. Die gleichen Handlungen, mit denen man seine Wertschätzung verstorbener Familienangehöriger bekundet, dienen daher auch dem Schutz vor jeder Einmischung seitens dieser toten Angehörigen in die Angelegenheiten der Lebenden.

11 Warum hört man in Zen-Tempeln keine Musik?

In manchen Tempeln gibt es während eines Gottesdienstes eine spezielle buddhistische Chormusik, und ein paar Tempel verwenden für bestimmte Gottesdienste musikalischen Gesang. Im Allgemeinen fungiert die Sūtra-Rezitation als eine Form von Musik anstelle dieser anderen Formen oder zusätzlich zu ihnen. Die Sūtra-Rezitation sollte eher ein Singen auf einem einzelnen Ton als ein Sprechen sein. Jeder Teilnehmer verwendet einen Ton, den er bequem erreicht.

Buddhistische Chormusik heißt Go-eika, wörtlich: «heilige Lieder». Sie wird meist von Laien aufgeführt, die zur Begleitung von kleinen Gongs und Handglocken eine einstimmige Melodie singen. Jeder Sänger hat ein Handglöckchen und einen kleinen Metallgong, der mit einem hölzernen Hammer geschlagen wird. Die Instrumente müssen wie das Singen selbst absolut einstimmig sein. Die Go-eika-Gruppe kann am Anfang und am Ende eines Gottesdienstes singen, und sie tut es gewöhnlich dann, wenn Laien Weihrauch opfern. Die Go-eika-Gruppen setzen sich fast ausschließlich aus Frauen zusammen, vorwiegend mittleren Alters oder älter, die häufig auch «die Go-eika-Großmütter» genannt werden. Die Lieder sind in einer Notation geschrieben, die nur die relative Tonhöhe angibt – es existiert kein Symbol etwa für ein mittleres C, stattdessen gibt es Symbole für do, re, mi usw. in drei Oktaven (Grundtonoktave, eine darüber und eine darunter). Die Länge der Tonhöhensymbollinie zeigt die Dauer an, und Dreiecke und Kreise markieren die Zeitpunkte, zu denen Gong und Glöckchen ertönen sollen.

Das musikalische Singen der Sūtras, Shōmyō («leuchtende Stimme») genannt, übernehmen die Priester. Jede Schule hat ihre spezielle Shōmyō-Variante, genau wie ihre Go-eika. Es wird zwar eine andere Notation verwendet, aber auch diese basiert auf den relativen Tonhöhen statt auf absoluten Noten, und auch hier wird völlig einstimmig ohne Harmonie gesungen.

Beide Formen der Vokalmusik betonen Kooperation und Flexibilität. Der Leiter muss die Anfangstonhöhe so anstimmen, dass alle Mitglieder das ganze Lied mitsingen können. Alle Mitglieder müssen bei ihrem Gesang eine vollkommene Einstimmigkeit erzielen. In der buddhistischen Musik kommt, wie fast überall im japanischen Buddhismus, das jahrhundertealte Wechselspiel mit japanischen Sitten und Gefühlen zum Ausdruck.

12 *Wie bekommt man einen buddhistischen Namen, und wann verwendet man ihn?*

Üblicherweise bekommt man einen buddhistischen Namen, wenn man die buddhistischen Gebote empfängt. Das kann beim Eintritt in die Priesterschaft geschehen, als formelles Gelöbnis, den Geboten eines Laien zu folgen, oder – in den meisten Fällen – als Teil der Bestattungszeremonie. Wie bereits im Abschnitt «Wie verläuft eine Zen-Bestattung?» festgestellt wurde, ist die Bestattung selbst eine Gebotszeremonie. Man geht davon aus, dass der Verstorbene die Gebote zu Lebzeiten empfangen und achten wollte, aber durch irgendwelche Umstände daran gehindert wurde. Der Name, der ihm als Teil der Bestattung verliehen wird, ist der «Gebotsname», japanisch Kaimyō. Die Lebenden erhalten so genannte Dharma-Namen, japanisch Hōmyō. Nicht lange nach meinem Eintritt in die Priesterschaft als Priesterschülerin teilte der Priester, der mich ausbildete, mir meinen neuen Status in einer Zazen-Gruppe mit, die er leitete. Eine Frau in der Gruppe fragte prompt: «Ach, ist Jiho ihr Kaimyō?» Es herrschte ein ziemlich schockiertes Schweigen, bevor er erwiderte, dass ein Kaimyō zwar ein Gebotsname sei, aber dieser Begriff werde normalerweise nicht für einen lebenden Menschen verwendet.

Bei welcher Gelegenheit auch immer man die Gebote empfängt

– der Name, den man zu diesem Zeitpunkt erhält, setzt sich gewöhnlich aus drei Elementen zusammen, und diese bestehen aus jeweils zwei chinesischen Schriftzeichen. Das erste Element heißt *gō* und hat die Funktion eines Familiennamens. Mein *gō* beispielsweise lautet Zuian. Das zweite Element ist der Dharma- oder Gebotsname selbst, der als Vorname fungiert. Die meisten Japaner ändern nach dem Eintritt in die Priesterschaft ihren Vornamen legal in ihren Dharma-Namen um, doch mancher schiebt diese Prozedur viele Jahre lang hinaus, und einige nehmen sie nie vor. Mein Dharma-Name, Jiho, steht in meiner japanischen Meldebescheinigung als Ausländerin, und ich verwende ihn im täglichen Leben. Das dritte Element ist ein Rang. Ein Laie, der die Gebote empfängt, kann einen Namen bekommen, wobei der Rang weggelassen wird. In einem nach dem Tod verliehenen Gebotsnamen lautet ein üblicher Rang Shinji («Herr-Anhänger») oder Shinnyo («Dame-Anhängerin»). Priester erhalten im Laufe ihrer Ausbildung verschiedene Ränge.

Die Kombination der beiden ersten Elemente wird von einem Priester bei einigen formellen Anlässen verwendet, etwa, wenn er die Gebote einem Laienanhänger übergibt. Der Dharma-Name wird, wie gesagt, oft der legale Vorname eines Priesters. Die Vornamen der Söhne eines Priesters, insbesondere die des ältesten Sohns, werden oft in Dharma-Namen umgewandelt, indem man einfach die Aussprache verändert, während die chinesischen Schriftzeichen gleich bleiben. Bei den Toten wird der vollständige Gebotsname immer auf der Gedenktafel und den Gedenkstäben, auf dem Grabstein und in Widmungen von Sūtra-Rezitationen verwendet. Zu Lebzeiten benutzen Laien jedoch ihre Dharma-Namen nur selten. Der Dharma-Name eines Priesters oder Laien wird übrigens nach dem Tod der Gebotsname.

In den letzten Jahren haben die Medien immer wieder von der Praxis einiger Priester berichtet, höchst ausgeklügelte Gebotsnamen nicht nur Menschen zu verleihen, die sich besonders dem Buddhismus gewidmet haben, wie es der übliche Brauch ist, sondern auch solchen, deren Erben dem Tempel zum Zeitpunkt der Bestattung eine großzügige Schenkung zukommen ließen. Dies ist zugegebenermaßen eine Möglichkeit, um zum Beispiel die Kosten für ein neues Tempeldach zu decken. Die Familien möchten einen Gebotsnamen haben, der besonders gut klingt, denn nach der Bestattung ist dies fortan der Name, der auf der Gedenktafel im Familienaltar aufscheint, in den Familiengrabstein gemeißelt, auf die im Anschluss an Gedenkgottesdienste am Grab errichteten Gedenkstäbe geschrieben und vom Priester während der Gedenkgottesdienste ausgesprochen wird. Damit ist er nicht nur eine Privatangelegenheit, sondern ein Hinweis auf den Familienstatus. Viele Priester, die ich kenne, haben es sich inzwischen zur Gewohnheit gemacht, der Familie, die eine Bestattung arrangiert, zu erklären, dass sie keinerlei Schenkungen annehmen werden, die mit dem Niveau des Gebotsnamens zusammenhängt, den sie zuweisen, damit die Familien gar nicht erst versuchen, sich spezielle Namen geben zu lassen. Anders, als man es sich gemeinhin vorstellt, ist nach den buddhistischen Lehren jeder Gebotsempfänger ein geschätztes Mitglied der Gemeinde der Anhänger – solche Elemente wie die Länge des Namens und der verwendete Rang sind nur Mittel der Priester und der Tempel, ihre Wertschätzung für die lebenslangen Bemühungen des Verstorbenen, die Tempelaktivitäten und den Buddhismus zu fördern, zum Ausdruck zu bringen.

13 Warum sollen Menschen aus westlichen Kulturen auf Japanisch singen?

Nach meiner Erfahrung stimmen westliche Laien nur selten einen Sprechgesang auf Japanisch an, selbst wenn dessen Inhalt nicht in einer westlichen Sprache vorliegt. Sogar japanische Laien haben nur wenige Gelegenheiten, auf Japanisch zu singen. Der Grund dafür erklärt meines Erachtens die Situation.

Der japanische Buddhismus verwendet zwei Grundarten des Sprechgesangs. Die erste, am häufigsten zu hörende Art besteht aus einem Sprechgesang zum Schlag einer Holztrommel (Mokugyō). Davon wiederum gibt es zwei Unterarten. Bei der ersten wird ein chinesisches Schriftzeichen, das in ein oder zwei Silben ausgesprochen werden kann, bei jedem Trommelschlag rezitiert. Die eigentliche Sprache ist in diesem Fall das Chinesische, wenn auch mit einer Aussprache, die im Laufe der Geschichte und durch die Anpassung an japanische Sprechgewohnheiten modifiziert worden ist. Zu dieser Art von Sprechgesang zählen zum Beispiel das *Herz-Sūtra* und das *Lotos-Sūtra* (*Myōhō-renge-kyō*), die beide weithin in täglichen Zen-Gottesdiensten verwendet werden. (Das *Lotos-Sūtra* ist so lang, dass im Allgemeinen nur ein Kapitel oder gar nur der Versteil eines Kapitels rezitiert wird – am häufigsten werden das 16. [«Nyorai Juryōhon»] und das 25. Kapitel [«Kanzeon Bosatsu Fumonbon»] ausgewählt.) Bei der zweiten Unterart wird ein indisches Wort zu jedem Trommelschlag rezitiert. Ein einzelnes indisches Wort kann durch ein oder zwei chinesische Schriftzeichen dargestellt werden. Dies sind die Dhāranīs, die unten ausführlicher beschrieben werden. Das beliebteste Beispiel ist vielleicht das Dhāranī des Großen Mitfühlenden (Daihishin Dhāranī).

Die zweite Grundart wird für den eigentlichen japanischen Sprechgesang verwendet. Bei dieser Form wird der Trommelschlag nicht betont. Jede Silbe des japanischen Textes hat die gleiche Länge und Betonung. Ein Beispiel ist Dōgens *Fukan Zazengi* («Allgemeine Darlegung der Prinzipien des Zazen»).

Keines dieser Muster eignet sich für den Sprechgesang auf Englisch oder in einer anderen europäischen Sprache. Man könnte hier aus ästhetischen Gründen einwenden, dass bei einem Wechsel in eine andere Sprache auch die Methode des Sprechgesangs gewechselt werden sollte, damit er zur «neuen» Sprache passt. Zumindest eine westliche Zen-Gruppe, Shasta Abbey und ihre Ableger, verwendet den Cantus planus für ihren Sprechgesang auf Englisch – diese Übereinstimmung von Sprache und Methode ist viel leichter zu erlernen und angenehmer zu hören als das Zwitterprodukt, das entsteht, wenn man versucht, auf Englisch jede Silbe mit gleicher Länge und Betonung zu intonieren.

An dieser Stelle gilt es zu bedenken, dass der Buddhismus zwar im 6. Jahrhundert nach Japan gelangte, aber bis heute verwenden Japaner das Indische und Chinesische für die Sūtra-Rezitation. Spricht nicht diese fast eineinhalb Jahrtausende währende Bewahrung früherer Sūtra-Sprachen dafür, dass man sich noch ein wenig mehr Zeit lässt, bevor man beschließt, alles in westlichen Sprachen zu rezitieren?

Besonders interessant sind die Dhāranīs. Als der Buddhismus in China Eingang fand, wurden seine heiligen Texte rasch ins Chinesische übersetzt. Damals war die taoistische Terminologie allgemein gebräuchlich (genauso wie die christliche Terminologie in heutigen Übersetzungen in westliche Sprachen allgemein benutzt wird), ging man doch davon aus, dass ein vertrauter Wortschatz es dem chinesischen Volk erleichtern würde, die neue Religion zu verstehen. Wie nicht anders zu erwarten, wurden die buddhistischen Lehren erheblich entstellt, und der Buddhismus wurde allgemein nur als ausländischer Ableger der heimischen chinesischen Lehren verstanden.

Rund drei Jahrhunderte später begann sich das zu ändern, als Tao-an, ein chinesischer buddhistischer Geistlicher, der vorwiegend bei buddhistischen Geistlichen aus Indien und Zentralasien studierte, sich erstmals der Mühe unterzog, die in China bekannten Sūtras zu katalogisieren und neue Übersetzungen zu erarbeiten, die frei vom taoistischen Wortschatz waren. Bei der Übersetzung aus dem Indischen ins Chinesische bediente sich Tao-an des Konzepts der «fünf Verluste und drei Schwierigkeiten». Der erste Verlust resultierte aus der Umkehrung der Wortfolge, die der chinesischen Grammatik entspricht. Der zweite Verlust entstand durch die chinesische Vorliebe für einen verzierten, eleganten Stil gegenüber dem schlichten, schmucklosen Stil des Indischen. Zum dritten Verlust kam es, als chinesische Übersetzer die Wiederholungen von ein oder mehr Sätzen eliminierten, die von indischen Schreibern benutzt wurden, um einen bestimmten Punkt zu betonen oder das Auswendiglernen von mündlich überlieferter Literatur zu erleichtern. Der vierte Verlust war in chinesischen Übersetzungen die Tilgung von Erklärungen inmitten eines indischen Satzes. Durch die Einführung von Passagen, die oft über tausend Schriftzeichen umfassten, verlor man zwar gewiss den ursprünglichen Sinn des unterbrochenen Satzes aus den Augen, aber durch die totale Eliminierung der Erklärungen ging die komplexe Bedeutung des indischen Originaltextes verloren. Ähnlich verhielt es sich bei dem fünften Verlust, der durch die Beseitigung der Wiederholung einer Erklärung, die bereits vollständig wiedergegeben worden war, in einer anschließenden Passage entstand.

Die «drei Schwierigkeiten» von Tao-an bestanden erstens darin, dass das elegante, stark flektierte Sanskrit in einfaches, verständliches Chinesisch übersetzt werden musste; zweitens darin, dass Sanskrit-Sätze, die subtile Nuancen des indischen Denkens aus der Zeit des Buddha Shākyamuni wiedergaben, den chinesischen Lesern in Taoans Zeit verdeutlicht werden mussten; und drittens darin, dass den Übersetzern oft ein profundes Wissen über den Buddhismus fehlte, das für eine genaue Übersetzung notwendig gewesen wäre.

Weitere drei Jahrhunderte später schlug Hsüan-tsang «fünf Arten von unübersetzbaren Wörtern» vor, die einfach aus dem Indischen transkribiert (phonetisch mit chinesischen Schriftzeichen wiedergegeben) statt ins Chinesische übersetzt werden sollten. Die erste Art, wie sie für Dhāranīs typisch ist, stellen Wörter dar, die eine vielschichtige Bedeutung haben und sich einer einzigen, einfachen Übersetzung entziehen. Die Sprache von Dhāranīs entwickelte sich durch mündliche Wiederholung zu Mustern, die den Sprechgesang und das Auswendiglernen erleichterten. Das Ergebnis war eine Sondersprache, die eine Kraft über die wörtliche Bedeutung einzelner Wörter hinaus zu besitzen schien.

Die restlichen vier Arten von unübersetzbaren Wörtern waren Wörter mit vielfältiger Bedeutung, Wörter, die Dinge bezeichnen, für die es im Chinesischen keine Entsprechung gibt (Pflanzen, Tiere, Mineralien und für die Chinesen unbekannte Orte), Wörter, die im Laufe der vorhergehenden sechs Jahrhunderte traditionell transkribiert worden waren, sowie Wörter, die ihre speziellen Bedeutungen verlieren würden, wenn sie ins Chinesische übersetzt würden (zum Beispiel Prajñā, dessen Bedeutung über den Begriff «Weisheit» hinausgeht).

Bevor wir nun auf der sofortigen Übersetzung aller buddhistischen Texte in europäische Sprachen bestehen und bevor wir vor allem verlangen, dass solche Übersetzungen für den Sprechgesang und nicht bloß als Hilfe beim Studium verwendet werden, täten wir meines Erachtens gut daran, uns auf die Erkenntnisse und Erfahrungen der chinesischen Übersetzer zu besinnen. Schließlich wurden selbst in neuerer Zeit, als christliche Texte aus westlichen Sprachen ins Chinesische übersetzt wurden, die alten Vorsichtsmaßnahmen von Tao-an und Hsüan-tsang noch immer beachtet.

14 Welche buddhistischen Hauptfeiertage werden von Tempeln begangen?

Drei der vier Hauptfeiertage, die von buddhistischen Tempeln begangen werden, sind in Japan auch Nationalfeiertage. Dabei handelt es sich um Neujahr, die Frühjahrs- und Herbstäquinoktien sowie das Obon-Fest im Sommer. Das dreitägige Obon-Fest ist zwar kein Nationalfeiertag, aber die übliche Zeit, in der man in Firmen Urlaub macht und die Schulen frei haben.

Die ersten drei Tage jedes neuen Jahres sind Anlass für eine ganze Reihe traditioneller Ereignisse. An den letzten Tagen jedes Jahres werden Schulden zurückgezahlt, und im ganzen Land wird Hausputz gemacht (unter anderem auch in Büros, Fabriken und Tempeln), so dass das neue Jahr ganz von vorn anfangen kann. Irgendwann in der ersten Januarwoche statten die meisten Menschen einem Shintō-Schrein oder einem buddhistischen Tempel zumindest einen raschen Besuch ab, und viele gehen in beide. Die Tempel führen zu dieser Zeit zwar vielleicht keine öffentlichen Zeremonien durch, aber sie werden von Mitgliedern besucht, wenn sich die Familie auf den Friedhof zum Neujahrsgedenken an verstorbene Angehörige begibt, Blumen und Weihrauch opfert und Wasser über den Grabstein gießt.

Die Äquinoktien heißen im Buddhismus *ohigan*, «jenes Ufer». In diesen Zeiten gedenkt man jener, die von «diesem» Ufer des menschlichen Lebens zu «jenem anderen Ufer» desselben Flusses der universalen Existenz übergewechselt sind. Wieder wird das Familiengrab besucht, wobei man gewöhnlich spezielle Gedenkstäbe neben den üblichen Gaben (Blumen, Weihrauch und Wasser) mitbringt. Die Gedenkstäbe sind lange, dünne Holzstreifen, die oben zu einem stilisierten Stupa geformt sind, der ursprünglichen Form buddhistischer Tempel. Sie werden hinter dem Grabstein als symbolischer Tempel zu Ehren des Verstorbenen aufgestellt. Ein Stab wird normalerweise zum kollektiven Gedenken an alle toten Familienangehörigen geopfert. Hat ein Familienangehöriger seit dem letzten Ohigan den Fluss der Existenz überquert, wird wahrscheinlich ein separater Gedenkstab speziell für diesen Menschen geopfert. Die Gedenkstäbe werden vom amtierenden Priester und den Hilfspriestern des Tempels angefertigt und geweiht. Oft wird, speziell anlässlich eines «ersten Ohigan», vor dem Besuch am Grab im Tempel ein Gedenkgottesdienst abgehalten. Jedes Äquinoktium dauert zwar als astronomisches Ereignis wie als Nationalfeiertag nur einen Tag, doch vor und nach diesem Ereignis bilden je drei zusätzliche Tage eine ganze Feierwoche in den Tempeln.

Obon ist der Hauptgedenktag des Jahres ebenso wie ein Erntefest und eine Zeit für Familientreffen (oder heutzutage auch für Auslandsreisen). Je nachdem, ob man sich nach dem Mond- oder Sonnenkalender richtet, wird Obon entweder im Juli oder im August begangen. In Großstädten findet das Fest überwiegend im Juli statt, während es auf dem Land im August abgehalten wird. Doch ganz so einfach ist es auch wieder nicht, denn zwei benachbarte Tempel können ihre Feiern im Abstand von einem Monat oder mehr abhalten. Obon ist einer der seltenen Anlässe, an denen sich alle Tempelmitglieder zu einem kollektiven Gottesdienst versammeln. Dieser Gottesdienst greift auf ein Ereignis zurück, das in den Sūtras beschrieben wird. Mokuren, einer der engen Schüler des Buddha Shākyamuni, besaß die Gabe, verschiedene Bereiche des Seins sehen zu können, nicht nur den menschlichen Bereich. Nach dem Tod seiner Mutter machte sich Mokuren Sorgen wegen ihrer neuen Existenz. Er durchsuchte die Sphären des Seins nach ihr und entdeckte zu seinem Schrecken, dass sie ins Reich der hungrigen Geister geraten war. Wegen ihrer Gier zu Lebzeiten als Mensch war sie ein Wesen mit einer engen Kehle geworden, durch die nicht einmal ein Reiskorn gelangte. Alle Wesen in diesem Reich wurden ständig von Durst und Hunger gequält. Als Mokuren dies sah, begab er sich unverzüglich zum Buddha Shākyamuni und fragte ihn, was er tun könne, um dieses Leiden zu lindern. Die Antwort des Buddha lautete, er solle allen Schülern Nahrungsopfer darbringen und sie bitten, Sprechgesänge anzustimmen, die der Befreiung aller Wesen aus diesem schrecklichen Reich gewidmet seien. Als Mokuren dies tat, sah er, dass seine Mutter und die anderen aus dem Reich der hungrigen Geister befreit worden waren und in eines der glücklicheren Reiche gelangten. (Nach der alten indischen Kosmologie, wie sie vom Buddhismus übernommen wurde, existieren alle Lebewesen in den Reichen des Verlangens, die auch die Reiche umfassen, welche von himmlischen Wesen, Menschen, überaus mächtigen Wesen, die das Kämpfen lieben, Tieren, hungrigen Geistern und Wesen der

Höllen bewohnt werden.) Somit gehören zum Obon-Gottesdienst Nahrungsopfer und Sprechgesänge, machtvolle Beschwörungsformeln, die in ihrer indischen Originalsprache erhalten sind und nicht übersetzt, wenn auch auf dem Weg über das Chinesische und Japanische in der Aussprache modifiziert wurden. Die während dieses Gottesdienstes geweihten Gedenkstäbe werden später von jeder Familie zum Friedhof mitgenommen und am Grab zusammen mit Blumen, Weihrauch und Wasser geopfert.

Zusätzlich zu diesen Feiertagen haben die meisten Tempel spezielle Feiern zum Geburtstag des Buddha Shākyamuni, der in Japan entweder am 8. April oder am 8. Mai, je nach dem entsprechenden Kalender, gefeiert wird. Diese Feiern werden Blütenfest genannt. Eine spezielle Statue des kindlichen Buddha wird in eine Schale mit süßem Tee aus Hortensien gestellt, umgeben von verschiedenen hellen Blüten. Priester wie Laien verneigen sich vor dem Buddha und gießen ehrerbietig den süßen Tee über die Figur. Oft kooperieren alle Tempel in einem Viertel miteinander und halten eine einzige Feier zu diesem Anlass ab. Im Mittelpunkt stehen die Kinder, die zuweilen als kleine Bodhisattvas kostümiert werden. Es ist ein buntes und fröhliches Fest.

In manchen Gegenden organisieren Tempel Sonderausstellungen ihrer besonders wertvollen Bilder von Buddhas Tod, und zwar in der Woche vor dem 15. Februar, dem traditionellen Datum in Japan für den Eingang ins Nirvāna.

Andere spezielle Feiertage in einem Tempel können die Todestage der Gründer der Schule und des jeweiligen Tempels sein; weitere Festtage sind der Buddha-Figur, die das Hauptbild des Tempels ist, und einer symbolischen Lesung des gesamten Prajñāpāramitā-Sūtra geweiht. Letztere ist faszinierend für Auge und Ohr. Die 600 Bände des Sūtra werden auf mehrere Priester aufgeteilt, die dann jeden Band nach rechts, links und in der Mitte aufblättern und mit den aufgefächerten Seiten einen Wasserfalleffekt erzeugen, während sie die Nummer des Bandes und einen Satz aus dem Sūtra rezitieren. Oft wird dies von rasantem Trommeln begleitet. Weil für diese Feier eine Reihe von Priestern benötigt wird, stimmen die Tempel in einem Distrikt ihre Feiern ab, so dass Priester aus allen Tempeln an allen Feiern teilnehmen können, genau wie bei der Obon-Feier.

15 Warum haben diese Statuen Mützen und Lätzchen?

Bei «diesen Statuen» handelt es sich mit ziemlicher Sicherheit um Bilder des Jizō-Bodhisattva, eines Bodhisattva, der Reisende, Kinder und die Toten beschützen soll. Oft tragen sie rote Mützen und Lätzchen, die überwiegend von Müttern zum Dank für die Genesung eines Kindes von einer Krankheit oder Verletzung oder zum Gedenken an ein verstorbenes Kind gespendet werden. Diese Praxis ist in den letzten Jahren so beliebt geworden, dass zuweilen auch Statuen anderer Buddhas und Bodhisattvas Mützen bekommen. Das mit Kleinkindern verbundene Lätzchen allerdings taucht wohl kaum an anderen als an Jizō-Statuen auf.

Der Jizō-Bodhisattva ist in Japan viel häufiger als in anderen buddhistischen Ländern zu sehen. Die Figur eines Wanderpriesters, mit geschorenem Kopf und Wanderstab und oft ein heilendes Schmuckstück tragend, ist ein vertrauter Anblick an Straßenrändern ebenso wie auf dem Gelände von Tempeln. Fünf Gehminuten von meinem Zuhause entfernt befinden sich zwei Tempel, die wegen ihrer Jizō-Statuen bekannt sind. Der eine, ein Shingonshū-Tempel der esoterischen Buddhismus-Tradition, hat im Freien eine Statue eines sitzenden Jizō – eine seltene Pose. Diese gewaltige Bronzefigur wurde von der Regierung 1714 errichtet, um Reisende auf dem Nakasendō zu schützen, einer Hauptstraße zwischen den damaligen Herrscherzentren, nämlich Edo (Tokyo), dem Sitz des Shogunats, und Kyoto, dem Sitz des Kaiserhofs. Insgesamt wurden sechs solcher die Reisenden schützenden Jizō von der Regierung an den sechs aus Edo hinausführenden Hauptstraßen aufgestellt.

Der andere Tempel ist ein überaus beliebter Sōtōshū-Tempel, der offiziell Kōganji heißt, aber besser bekannt ist als Togenuki Jizōdera, der Tempel des Dornen ziehenden Jizō. Das Hauptbild in diesem Tempel ist ein Jizō-Bodhisattva, der alle Dornen aus Körper und Geist eines Bittstellers entfernen soll. Heutzutage sind die meisten Bittsteller ältere Bürger, die nicht um die Heilkraft des Jizō bitten, sondern sich an ihn wenden, damit er ihnen eine senile Demenz erspart.

Im Gegensatz hierzu wird der Jizō-Bodhisattva allerdings in erster Linie mit Krankheit und Tod von Kindern assoziiert. Es gibt auch eine spezielle Verbindung zwischen Jizō und Fehl- oder Totgeburten oder Säuglingen, die noch im Kindbett sterben. Dies ist häufig der Grund dafür, dass Mützchen und Lätzchen genäht und geopfert werden. Was ein alter Brauch zu sein scheint, aber tatsächlich erst seit ein paar Jahrzehnten existiert, ist die Praxis, einem Tempel eine Jizō-Statue aus Reue wegen einer Abtreibung zu opfern. Selbst heute sind in Japan moderne Methoden der Empfängnisverhütung nur begrenzt zugänglich, so dass die Abtreibung häufig ein trauriger letzter Ausweg bleibt. Daran bereichert sich nicht nur eine auf Abtreibungen spezialisierte medizinische Industrie – auch viele skrupellose Priester nutzen die damit einhergehenden Schuldgefühle aus. Opfergaben für ihre Tempel, behaupten sie, würden die Eltern läutern und dem Geist des Fetus Frieden verschaffen. Natürlich kennt der Buddhismus keine derartige Lehre.

16 Was sind das für Papiere, die an Tempel geklebt und an Bäume daneben gehängt werden?

Die meisten westlichen Besucher sind schockiert, wenn sie sehen, dass die Tore, Dachvorsprünge, Säulen und ganz allgemein alle Außenflächen eines ehrwürdigen Tempels mit Papierfetzen bepflastert sind. Diese Papiere heißen *senja fuda* oder Votivpapiere. Auf jedem Papier steht ein kurzer Text, der Verehrung bekundet und den Namen des Opfernden oder, häufiger, der opfernden Gruppe nennt. Man kann sich darüber streiten, ob die Befestigung eines solchen Papiers an einem Tempel ein Zeichen von Respekt oder eine japanische Version von «Kilroy was here» ist. Das Anbringen eines Papiers an der Unterseite eines drei, vier Meter über dem Boden oder Fußboden befindlichen Daches bleibt mir immer ein Rätsel. Ich vermute, der amtierende Priester des Tempels leistet bei diesem Unterfangen zumindest passive Hilfestellung.

Votivpapiere befinden sich am häufigsten an Tempeln, die an einer etablierten Pilgerroute liegen. Gewöhnlich markiert eine Gruppe von Pilgern ihren Zwischenstopp an jedem Tempel mit einem Votivpapier für die Gruppe als Ganze. Tempel mit einer langen Geschichte ebenso wie solche, die als Glück bringende Orte bekannt sind, an denen man seine Hoffnungen für die Zukunft zum Ausdruck bringt (also um irgendeinen Vorteil betet), weisen meist ebenfalls große Sammlungen von Votivpapieren auf, die von ihrer Beliebtheit künden.

Pilgerfahrten und Tempelbesuche werden auf vielerlei Weise und aus vielen Gründen absolviert, in der Gruppe oder von Einzelnen. Die Methoden reichen vom Abwandern der gesamten Route in spezieller Pilgerkleidung, vom Schlafen im Freien, es sei denn, man wird zur Übernachtung in einen Tempel eingeladen (und bricht frühmorgens wieder auf), vom Betteln um Nahrung und vom Opfern ausgiebiger Sūtra-Rezitationen in jedem Tempel bis hin zu organisierten Busreisen, auf denen man an Badeorten mit heißen Quellen übernachtet und die berühmten Merkmale jedes Tempels bewundert. Es gibt religiöse Gründe wie den Todestag eines geliebten Elternteils, Ehepartners oder Kindes oder weltliche Anlässe wie einen vergnüglichen Ausflug mit einer sympathischen Gruppe, während man sich ein bisschen japanische Kultur zu Gemüte führt. Jedenfalls gilt eine Pilgerreise, aus welchem Antrieb heraus sie auch immer unternommen wird, als respektable Aktivität.

Die dünnen Streifen von gefaltetem Papier, die an Büsche und Bäume bei einem Shintō-Schrein oder einem buddhistischen Tempel gebunden werden, sind schriftliche Orakel, auf Japanisch *o-mikuji* genannt. Diese Orakel stammen aus dem Taoismus und verwenden häufig Zitate aus dem *I Ging* («Buch der Wandlungen»). Wer ein Orakel befragen will, schüttelt ein Stäbchen aus einem Kästchen mit einem Loch an der Oberseite, das gerade groß genug ist, dass ein Stäbchen herauskommt. Die Nummer auf diesem Stäbchen entspricht der Nummer in einer großen Orakelsammlung. Der Schrein- oder Tempelaufseher sucht die richtige Nummer heraus und gibt dem, der das Orakel befragt, ein langes, dünnes Papier. Dabei handelt es sich weniger um Wahrsagersprüche wie «Du wirst einen großen, schwarzhaarigen Mann kennen lernen» als um Listen von Glücks- und Unglückstagen, geographischen Richtungen, Altersangaben, Farben und so weiter. Ich habe oft gehört, dass ein Unglücksorakel ungelesen gefaltet und an einen Baum gebunden werden soll, damit sich der Buddha oder Kami (Shintō-Schutzgeist) darum kümmert. Ich frage mich bloß, wie jemand wissen kann, dass ein Orakel Unglück verkündet, wenn man es nicht gelesen hat. Vielleicht muss man einen Freund mitbringen, der die Ergebnisse zuerst auswertet? Anderen Theorien zufolge wird ein Orakel an einen

Baum gebunden, damit der Wind das Pech, das es voraussagt, verweht oder das verheißene Glück verbreitet. In der Praxis liest der Orakelempfänger anscheinend immer das Orakel, vielleicht sogar laut vor seinen Begleitern, dann faltet er das Papier ordentlich und bindet es an den nächsten freien Fleck an einem Busch oder Baum. In den letzten Jahren haben der Meiji-Schrein und andere große Schreine die Reichweite ihrer O-Mikuji vergrößert, indem sie zusätzlich englische Fassungen für jene ausgeben, die die chinesischen Schriftzeichen der Standardsorte nicht lesen können.

17 Was sagt Zen über die Schöpfung aus?

Der Buddhismus hat zwar eine traditionelle Kosmologie, aber sie sollte nicht wörtlich genommen werden, und sie enthält keinerlei Hinweise auf Anfang und Ende, von einer sinnvollen Schöpfung ganz zu schweigen.

Die Grundprinzipien des Buddhismus, die Kriterien, nach denen sich eine Lehre als buddhistisch bezeichnen lässt, lauten:

Alles, was phänomenal ist, ist nicht von Dauer
Alles, was phänomenal ist, ist leidend (oder unbefriedigend)
Alles, was phänomenal ist, ist ohne ein Wesen
Nur das Nirvāna ist ewig ruhig

Vergänglichkeit und Wesenlosigkeit lassen meines Erachtens weder eine Schöpfung noch einen Schöpfer zu. Statt von Schöpfung spricht der Buddhismus von abhängiger Entstehung, eine Vorstellung, nach der alle Phänomene sowohl die Wirkungen als auch die Ursachen anderer Phänomene sind. Als Phänomene in diesem Sinn sind Zeit, Raum, Materie und Energie ebenso wie alle Handlungen zu verstehen. Ein Blatt Papier ist ein Phänomen. Ein Mensch, der auf dieses Papier schreibt, ist ein Phänomen, und der Akt des Schreibens wie die Mittel zum Schreiben sind ebenfalls Phänomene. Ein Photon ist ein Phänomen, genauso wie das Universum. Die lieblichste Rose ist ebenso ein Phänomen wie eine stinkende Müllhalde.

Die übliche Erklärung der Buddhisten für den endlosen Zyklus von Ursache und Wirkung, die wechselseitige Abhängigkeit eines jeden von allem stellt den Menschen in den Mittelpunkt und befasst sich mit religiösen Vorstellungen, aber sie könnte sich darüber hinaus auch auf physikalische Prozesse des Universums beziehen. Diese Zwölfgliedrige Kette der bedingten Entstehung wird, in Bezug auf menschliche Vorstellungen, in einem frühen Sūtra folgendermaßen erläutert:

> Was ist bedingte Entstehung? Durch Unwissenheit sind Handlungen bedingt. Durch Handlungen ist Bewusstsein bedingt. Durch Bewusstsein sind Name und Form bedingt. Durch Name und Form sind die sechs Sinnesorgane bedingt. Durch die sechs Sinnesorgane ist die Berührung bedingt. Durch Berührung ist das Gefühl bedingt. Durch Gefühl ist das Begehren bedingt. Durch Begehren ist das Ergreifen bedingt. Durch Ergreifen ist das Werden bedingt. Durch Werden ist die Geburt bedingt. Durch die Geburt sind Alter und Tod, Trauer, Kummer, Leiden, Klage und Sorge bedingt. So entsteht die ganze Anhäufung von Leiden.
> Doch wenn es keine Unwissenheit gibt, enden Handlungen. Mit dem Enden von Handlungen endet Bewusstsein. Mit dem Enden von Bewusstsein enden Name und Form. Mit dem Enden von Name und Form enden die sechs Sinnesorgane. Mit dem Enden der sechs Sinnesorgane endet Berührung. Mit dem Enden von Berührung endet Gefühl. Mit dem Enden von Gefühl endet Begehren. Mit dem Enden von Begehren endet Ergreifen. Mit dem Enden von Ergreifen endet Werden. Mit dem Enden von Werden endet Geburt. Mit dem Enden von Geburt enden Alter und Tod, Trauer, Kummer, Leiden, Klage und Sorge. So endet die ganze Anhäufung von Leiden.

Statt von Schöpfung zu sprechen, lehrt uns der Buddhismus daher, dass alles, was entstehen kann, durch Ursachen herbeigeführt wird und wiederum Wirkungen auslöst.

18 *Gibt es im Zen Engel?*

Himmlische Wesen gehören zu den Kategorien der Existenz, wie sie in der buddhistischen Kosmologie definiert wird, und der japanische Begriff für solche Wesen, *tennin*, wird zuweilen mit Engel übersetzt. Diese himmlischen Wesen haben allerdings keine Harfen oder gar Flügel, und man stellt sich auch nicht vor, dass sie Menschen beschützen, weder als Individuen noch als Klasse. Sie existieren einfach im himmlischen Reich, so wie wir im irdischen Reich existieren. Vielleicht haben Sie schon einmal Bilder von himmlischen Jungfrauen gesehen, die mit wehenden, dünnen Schals über den Himmel schweben.

Es gibt eine berühmte japanische Geschichte von einer himmlischen Jungfrau, die Legende vom Federkleid, *Hagoromo*. Auf ihr basiert ein bekanntes Nō-Drama. Eine himmlische Jungfrau, so die Legende, flog einst über Miho, eine Sandbank in der Suruga-Bucht. Als sie hinabsah, erblickte sie einen derart weißen und glitzernden Sand, dass sie hinabstieg, um darauf herumzutollen. Zunächst allerdings hängte sie ihr Federkleid an eine Kiefer in den dortigen Hain. Als sie im klaren Wasser und auf dem glitzernden Sand tanzte und spielte, betrat zufällig ein Fischer den Hain und erblickte ihr Federkleid. Was für ein hübsches Gewand!, dachte er. Der Fischer nahm das Kleid vom Baum und wollte es heimtragen. Gerade, als er loszog, vernahm er ein verzweifeltes Wehklagen. Die Jungfrau wollte ihr Federkleid wieder anziehen, um zum Himmel zurückzufliegen, aber das Kleid war verschwunden. Sie war an diesem Ort buchstäblich gestrandet. Der Fischer folgte den Klagerufen und gewahrte bald ein Wesen, das wunderbarer war, als er es sich je hätte vorstellen können. So bekümmert er über das Wehklagen der Jungfrau auch war, wollte er doch, dass sie bei ihm blieb. Schließlich war er bereit, das Kleid zurückzugeben, wenn sie für ihn tanzen würde. Überglücklich, das Kleid, mit dem sie zu fliegen vermochte, wieder anziehen zu können, tanzte die Jungfrau zuerst auf dem weißen Sand und dann allmählich in die Luft, bis sie zu ihrem himmlischen Heim aufstieg.

Ich bin auf diese Legende zum ersten Mal in einem Roman von Yukio Mishima gestoßen. Kurz darauf fuhr ich aus dienstlichen Gründen nach Japan und beschloss eines Sonntags, Miho aufzusuchen. Hier gibt es eine kleine, umzäunte Stelle am Rand eines Kiefernhains, wo die Kiefer der dritten Generation geschützt werden soll, die aus der erwuchs, an der das Federkleid hing. Dort befindet sich auch fast schwarzer Sand und trübes, brackiges Wasser – die Suruga-Bucht ist im Grunde ein großer Hafen für Handelsschiffe aller Art. Ich frage mich, ob die himmlische Jungfrau nicht manchmal darauf hinabblickt und seufzt.

WELCHE TITEL UND ANREDE-FORMEN SIND FÜR ZEN-PRIESTER GEBRÄUCHLICH?

1 Welche Begriffe soll ich verwenden, um buddhistische Geistliche im Allgemeinen und Zen-Geistliche im Besonderen anzureden und zu bezeichnen?

Die einzigen englischen Titel, die für buddhistische Geistliche verwendet werden, sind Reverend und Venerable (Hochwürden); im Allgemeinen wird Reverend für Angehörige des japanischen Buddhismus benutzt, Venerable für Angehörige des Buddhismus in Südostasien und Sri Lanka. Für den chinesischen, tibetischen und koreanischen Buddhismus verwenden die einen den einen, andere den anderen Titel. Beide Titel sind geschlechtsneutral. Meines Erachtens sind sie stets eine respektvolle und sichere Wahl.

Andererseits gibt es zahlreiche japanische Titel. Die meisten sind geschlechtsneutral, aber einige sind auf die Verwendung für weibliche Geistliche beschränkt. Manche lassen sich bei jedem Angehörigen des buddhistischen Klerus benutzen, andere hingegen beziehen sich nur auf bestimmte Ränge oder Aufgabenbereiche in der Sektenorganisation. Wenn Sie nicht gerade nicht nur über die Bedeutung und die japanische Verwendung jedes Titels, sondern auch über den Gebrauch in einer bestimmten Gruppe Bescheid wissen, empfehle ich Ihnen, wenn diese Gruppe nicht japanisch ist, dass Sie sich ans Englische und ein simples «Reverend Doe» halten, wenn Sie die betreffende Person ansprechen, beziehungsweise an «Reverend Marion Doe», wenn Sie mit anderen über diese Person reden.

In Japan ist es üblich, irgendeinen Titel anstelle eines Namens zu verwenden, wenn man jemanden anspricht oder sich auf ihn bezieht. Dies gilt für jeden (zumindest für jeden, der japanischer Abstammung ist), nicht nur für den Klerus. Wenn man sich an eine Abteilungsleiterin (auf Japanisch *kachō*) namens Kaoru Suzuki wendet, fragt man nicht: «Sind Sie damit einverstanden, Frau Suzuki?», geschweige denn: «Sind Sie damit einverstanden, Kaoru?» Die anerkannte Form lautet: «Sind Sie damit einverstanden, Kachō?» Man erkundigt sich sogar in der dritten Person: «Hat Kachō sich von ihrer Erkältung erholt?» Wenn bei der Unterhaltung mehrere Abteilungsleiter zugegen sind, hängt man an einen bestimmten Namen auch den Titel an: «Wird Suzuki Kachō nach Nagoya fahren?» So sagt man, wenn die Frage Suzuki gestellt wird.

Geistliche Titel werden sogar noch häufiger verwendet. Eine allgemeine Bezeichnung für buddhistische Geistliche lautet *oshō*. Diese kann für eine Person benutzt werden, die in einer beliebigen Zen-Schule oder in der Reines-Land-Schule den vollen Status eines Geistlichen (im Gegensatz zu dem eines Schülers) besitzt. Dieselben chinesischen Schriftzeichen werden auch in anderen Schulen gebraucht, aber in der Hossō-, Shingon- und Ritsu-Schule *wajō*, in der Tendai-Schule *kashō* ausgesprochen. Diese Begriffe bezeichneten im frühen Buddhismus einen Spezialisten für Gebote, werden aber inzwischen als allgemeine Respektsbezeichnungen verwendet.

Eine andere, weit verbreitete Bezeichnung ist *hōjō*. Sie bezog sich ursprünglich auf den Wohnbereich eines amtierenden Tempelpriesters oder auf den Bereich im Zentrum der Zeremonienhalle, der nur vom amtierenden Priester benutzt wird. Im weiteren Sinne ist damit die Person gemeint, die in diesem Bereich wohnt oder amtiert. (Als mich das erste Mal eine Frau mit «Hōjō-san» ansprach, glaubte ich, sie würde den amtierenden Priester des Tempels statt mich, die Hilfspriesterin, meinen. Sie fragte, wo «Hōjō-san» geboren sei, und ich wollte schon erwidern, höchstwahrscheinlich direkt im Wohnbereich des Tempels, bevor mir plötzlich aufging, wen sie meinte, und ich erwiderte: «In den USA.»)

Die Bezeichnung, die der Übersetzung «amtierender Priester» unmittelbar entspricht, lautet *jūshoku*. Tempelmitglieder (und Vertreter von buddhistischen Erzeugnissen) erkundigen sich oft am Telefon: «Ist Jūshoku-san da?», oder sagen im Gespräch mit dem amtierenden Priester: «Jūshoku-san ist immer so freundlich zu unserer Familie.»

Zu den weniger gehobenen Anredeformen zählen *o-bō-san*, was sich zwar auf Männer wie Frauen beziehen kann, aber normalerweise nur für Männer verwendet wird, und *anju-san*, was ausschließlich für Frauen gebraucht wird. Korrekterweise sind diese Termini Geistlichen vorbehalten (beide gehen auf Bezeichnungen für einen amtierenden Priester zurück), doch sie werden oft auch für Schüler gebraucht.

Speziellere Begriffe sind Sensei, Rōshi und Zenji. Da sie in westlichen Gruppen so häufig benutzt werden (und oft genug fälschlicherweise), werde ich darauf in eigenen Abschnitten eingehen.

2 Was bedeutet Sensei, und wer darf Sensei genannt werden?

Die Bezeichnung Sensei bedeutet wörtlich «jemand, der früher gelebt hat», das heißt, die betreffende Person muss zumindest ein früheres Leben gehabt haben, damit sie so viel Weisheit und Tugend in sich vereint. Sensei wird meist für Lehrer auf jeder Ebene gebraucht. Ein College-Professor ist ebenso Sensei wie eine Kindergärtnerin. Ein hochrangiger Lehrer der Teezeremonie oder einer anderen traditionellen Kunst ist Sensei. Ärzte und Zahnärzte sind immer Sensei. Angehörige des Klerus sind Sensei, wenn man sich nicht um eine pompösere Bezeichnung bemühen will. Und Politiker werden Sensei genannt – und zwar ohne jede Spur von Sarkasmus.

Während an Oshō, Hōjō-Jūshoku und Anju gewöhnlich eine allgemeine Höflichkeitsanrede angehängt wird, *san* oder *sama*, wenn diese Bezeichnungen anstelle eines Namens gebraucht werden (z.B. Hōjō-san, Oshō-sama), ersetzt Sensei *san* oder *sama* und benötigt für sich kein Suffix.

3 Wer ist ein Rōshi in der Sōtōshū?

Die Bezeichnung Rōshi, wörtlich: «alter Lehrer» oder «alter Meister», wird ganz unterschiedlich gebraucht, je nachdem, welcher Schule der damit bezeichnete Geistliche angehört. In der Sōtōshū ist das einfach eine Respektsbezeichnung, mit der keine besondere Bedeutung verbunden ist. Jeder Sōtōshū-Geistliche jenseits des Schülerstadiums kann korrekt als «Rōshi» angesprochen oder bezeichnet werden.

In der Sōtōshū ist Rōshi praktisch ein Begriff für jeden Geistlichen, dessen andere Titel einem gerade nicht einfallen. Er wird vielleicht am häufigsten als Höflichkeitsfloskel für den Gesprächspartner sowie darüber hinaus für alle mit dem Gesprächspartner verbundenen Personen gebraucht. Wenn ich mich zum Beispiel mit ihnen unterhalte, bezeichne ich meinen Meister (den Priester, dessen Schülerin ich war) einfach als «Shishō», was so viel bedeutet wie «die Person, deren Schülerin ich war», ganz gleich, ob ich bei einem Geistlichen oder bei einem Zimmermann in die Lehre gegangen bin. Ihr Meister (Priester) hingegen wird von mir als «Rōshi» bezeichnet.

Häufig verwendet man die Bezeichnung «Rōshi» in der Sōtōshū bei Postanschriften. Als ich das erste Mal eine Karte erhielt, die an mich als «Rōshi» statt mit dem üblichen Allzweckwort «sama» adressiert war, glaubte ich, der Absender – mein Meister – hätte sich wegen irgendetwas über mich geärgert. Als ich ihn danach fragte, lachte er und erwiderte, einer seiner Hilfspriester im Eiheiji habe ihm einfach beim Adressieren der hunderte von Neujahrskarten geholfen, die er verschicken musste – die Karten seien aufgeteilt worden, und zwar in die an Geistliche und in die an Laien, und alle an Geistliche wurden mit Rōshi statt *sama* adressiert. Dieses System ist so allgemein gebräuchlich, dass ich es heutzutage nicht einmal bemerke, ob ich als *sama* oder als Rōshi angeschrieben werde.

4 Wer ist ein Rōshi in der Rinzaishū oder der Ōbakushū?

In der Rinzaishū oder der Ōbakushū ist Rōshi ein eindeutig definierter Rang des Klerus. Die Person mit diesem Rang muss die in der jeweiligen Sekte erforderliche Ausbildung abgeschlossen haben (die Rinzaishū besteht in Japan aus etwa fünfzehn unabhängigen Sekten). Das ist gewöhnlich mit einem zufriedenstellenden Abschluss einer langen Reihe von Kōan unter einem etablierten Rōshi verbunden. (In der Myōshinji-Rinzai-Sekte beispielsweise umfasst die Reihe über tausend Kōan.) Es ist nicht nötig, den Rang eines Rōshi zu erlangen, um amtierender Priester eines Tempels zu werden, aber nur ein Rōshi kann die Kōan-Ausbildung durchführen oder Hauptpriester eines Haupttempels werden. Es heißt, nur einer oder zwei von den hunderten von irgendwann in der Ausbildung befindlichen Rinzai-Geistlichen erreiche jemals den Status eines Rōshi. Wer es schafft, benötigt dazu in der Regel ein bis zwei Jahrzehnte, die man meist entweder als Priesterschüler oder als Tempelbeamter in einem Haupttempel verbringen muss. Hier hat Rōshi also eine ganz andere Bedeutung als die beiläufige Höflichkeitsbezeichnung in der Sōtōshū.

5 Wer ist ein Rōshi in der Sanbōkyōdan?

Der Sonderfall der Sanbōkyōdan ist interessant, weil diese sehr kleine Organisation bemerkenswert großen Einfluss auf das Zen in den USA hat. Sie wurde 1954 von Reverend Hakuun Yasutani gegründet, der ursprünglich ein Sōtōshū-Priester war, dessen Dharma-Herkunft auch in Rinzaishū-Tempeln ausgebildete Priester umfasste. Die wesentlichen Merkmale der Sanbōkyōdan sind ein unbeirrtes Streben nach der Kenshō-Erfahrung, wie sie von dieser Organisation definiert wird, und die Einführung von Lehrern, die keine Geistlichen sind. Sie ist eine religiöse Bewegung von und für Laien. Ihr Einfluss außerhalb Japans beruht auf dem Umstand, dass viele Menschen im Westen, darunter auch eine Reihe von Mönchen in europäischen katholischen Klöstern, unter Reverend Yasutani praktiziert haben, etwa die bekannten Laienlehrer Philip Kapleau und Robert Aitken ebenso wie Reverend Eidō Shimano und Reverend Hakuyū Taizan Maezumi, die alle Zen-Zentren in den USA gegründet haben.

In der Sanbōkyōdan haben die Bezeichnungen «Sensei» und «Rōshi» eine spezielle Bedeutung, und sie sind keineswegs austauschbar. Damit ein Sanbōkyōdan-Mitglied «Sensei» genannt werden kann, muss es nachweislich die Kenshō-Erfahrung gemacht und dann ein Curriculum von sechs- oder siebenhundert Kōan absolviert haben (das allerdings rasch abgeschlossen werden kann, gewöhnlich in etwa fünf Jahren), woraufhin es ein kalligraphisches Zertifikat erhält, dem zufolge es autorisiert ist, andere in der Zen-Praxis zu unterweisen. Um «Rōshi» genannt zu werden, muss der Sanbōkyōdan-Sensei seine Reife in der Zen-Praxis beweisen, bis ihm der oberste Rōshi einen Lehrnamen gewährt, eine öffentliche

Ernennungszeremonie abhält und ihn in den Rang eines «vorläufigen Lehrers» befördert. Der höchste Rang eines «Lehrers» führt den Titel eines Rōshi und überträgt die Autorität, das Kenshō zu würdigen.

Da sich dieses Sanbōkyōdan-System so sehr vom Gebrauch der gleichen Begriffe in den älteren Zen-Schulen unterscheidet, sind Zen-Geistliche aus diesen Schulen gewöhnlich verblüfft, wenn sie von US-Amerikanern gefragt werden: «Sind Sie ein Sensei oder ein Rōshi?»

6 Wer ist ein Zen-Meister?

Der japanische Begriff «Zenji» wird mit chinesischen Schriftzeichen geschrieben, die Zen und Meister bedeuten. Man könnte also erwarten, dass der englische Terminus «Zen master» und das japanische Wort «Zenji» die gleiche Bedeutung haben. Dies ist jedoch nicht der Fall. Für das englische *Zen master* und die entsprechenden Begriffe in anderen westlichen Sprachen (z. B. Zen-Meister) gibt es im Japanischen kein echtes Synonym. Oft werde ich gefragt: «Ist Soundso ein Zen-Meister?» (weniger häufig: «Sind Sie ein Zen-Meister?»), und dann weiß ich nie, was ich darauf antworten soll. Ich kann nur vermuten, dass ein Zen-Meister ein Priester ist, der mindestens einen Schüler hat.

Aufgrund der Herkunft des Begriffs könnte man meinen, dass ein angehender Geistlicher in einer Zen-Schule die Bezeichnung «Zenji» für seinen Meister verwendet. Dies ist jedoch nicht so. Der eigene Meister heißt «Shishō» (ganz gleich, ob man bei einem Zen-Geistlichen, einem Teezeremonie-Lehrer oder einem Klempner in die Lehre geht) oder spezieller «Shisō», wobei das «sō» einen Geistlichen bezeichnet.

Zenji ist im Laufe der japanischen Geschichte die Bezeichnung für einen Spezialisten auf dem Gebiet der Meditation (im Unterschied beispielsweise zu einem Spezialisten auf dem Gebiet der Gebote), ein vom Kaiser an einen herausragenden Geistlichen einer Schule verliehener Ehrentitel, ein allgemeiner Titel für Geistliche in einer Zen-Schule sowie eine Respektsbezeichnung für den Hauptpriester eines Haupttempels in einer der Zen-Schulen gewesen.

Nur die letzte Bedeutung ist bis heute in der Sōtōshū erhalten geblieben. Einzig und allein eine Person, die Hauptpriester von Eiheiji oder Sōjiji, den beiden Haupttempeln der Sōtōshū, ist oder gewesen ist, wird als Zenji bezeichnet (und angesprochen). Wenn die Identität der Person eindeutig ist, dann sagt man üblicherweise bei einer Frau «Zenji-sama», wenn man die Zenji direkt anspricht oder sich auf sie in der Unterhaltung mit einer anderen Person bezieht.

Der unterschiedliche Gebrauch von Zenji in der Sōtōshū und in der Rinzaishū entspricht dem unterschiedlichen Gebrauch von Rōshi. In der Rinzaishū darf jeder Priester, dessen Rang ausreicht, um amtierender Priester eines Tempels werden zu können, Zenji genannt werden. Allerdings wird dieser Begriff anscheinend nur selten in der Rinzaishū benutzt.

7 Was sind Dōchō und Kanchō?

Dōchō ist ein Begriff, der in erster Linie für den Leiter eines Ausbildungstempels für Priester verwendet wird, obwohl er auch als Respektsbezeichnung für den amtierenden Priester jedes Tempels gebraucht werden kann. Die beiden chinesischen Schriftzeichen für dieses Wort bedeuten «Halle» oder «Gebäude» und «Haupt». Der Dōchō ist somit der Leiter der Ausbildungshalle. Ein anderes Schriftzeichen mit der gleichen Aussprache des *chō* wird bei den meisten Begriffen verwendet, die den Leiter einer Organisation bezeichnen: *kaichō* für den Präsidenten oder Vorsitzenden einer Organisation, *shachō* für den Präsidenten eines Unternehmens, *gakuchō* für einen Schulleiter, und so weiter.

Kanchō ist ein Begriff, der im japanischen Recht bis zu den sechziger Jahren des 19. Jahrhunderts verwendet wurde und den höchstrangigen Priester jeder anerkannten religiösen Sekte bezeichnete. In dieser Bedeutung wird er noch heute von den meisten Schulen gebraucht. Innerhalb der Zen-Gruppe gibt es einen Kanchō der Ōbaku-Schule, einen von jeder Rinzai-Schule (Myōshinji, Kenchōji, Engakuji, Nanzenji usw.) und einen der Sōtō-Schule, wobei dieses Amt abwechselnd der jeweilige Hauptpriester eines der beiden Haupttempel der Sōtōshū innehat.

WAS CHARAKTERISIERT DEN JAPANISCHEN BUDDHISMUS INSGESAMT UND DEN ZEN-BUDDHISMUS IM BESONDEREN?

1 Was ist Zen?

Zen ist ein Parfüm, ein Sportwagen, ein Restaurant in Tokyo, ein Tablett mit Füßen oder ein niedriger Tisch, an dem traditionelle japanische Mahlzeiten serviert werden, das japanische Wort für alles oder, wenn es verdoppelt wird (Zenzen), für gar nichts sowie ein US-amerikanischer Begriff für unverständliche Sprache oder eigenwilliges Handeln.

Es ist im engeren Sinne die japanische Aussprache eines chinesischen Schriftzeichens, das wie *chan* artikuliert wird und für die Transkription der ersten Silbe des Sanskrit-Wortes *dhyāna* in die chinesische Schriftsprache verwendet wurde, welches konzentrierter Geist oder eine Meditation bedeutet, in der die Gegensätze eins werden. Ein derart konzentrierter Geist ist natürlich ein Aspekt des ursprünglichen Buddhismus. Mehrere buddhistische Texte, etwa das *Mahāvagga*, befassen sich eingehend mit der Geschichte von der Erleuchtung des Buddha Shākyamuni, zu der er gelangte, als er mit konzentriertem Geist unter einem Baum bei Bodh-Gayā saß.

Das spezielle Interesse am konzentrierten Geist soll von Indien nach China von Bodhidharma eingeführt worden sein, der in Zen-Lehren als 28. Patriarch in der indischen Dharma-Linie, die mit Mahākāshyapa, dem Schüler des Buddha Shākyamuni, begann, und als erster Patriarch in der anschließenden chinesischen Dharma-Linie genannt wird. Eines Tages soll sich der Buddha Shākyamuni an seine Anhänger gewandt haben, aber statt zu sprechen, habe er stumm eine Lotosblüte hochgehalten. Als Mahākāshyapa die Blüte sah, lächelte er verständnisvoll und wurde damit der erste Mensch, der den Dharma ohne Worte empfing. Man glaubt, dass Bodhidharma mit dem Schiff von Indien nach Südchina fuhr. In einer Episode, die überall in der Zen-Literatur zitiert wird, suchte er bald darauf Kaiser Wu aus der Liang-Dynastie auf, in der südlichen Hauptstadt. Kaiser Wu berichtete dem indischen Priester von den buddhistischen Tempeln, die er hatte erbauen lassen, und von seiner Unterstützung der buddhistischen Geistlichen in China, und dann wollte er wissen, welche Verdienste er sich mit diesen Leistungen erworben habe. Bodhidharma erwiderte: «Keine Verdienste.» Dann fragte der Kaiser, was denn die grundsätzliche Bedeutung des heiligen Dharma sei. Die Antwort, die er erhielt, lautete: «Leere Weite – nichts Heiliges.» Völlig verblüfft wollte der Kaiser schließlich wissen: «Wer ist denn diese Person, die vor mir steht?» Woraufhin Bodhidharma erwiderte: «Weiß nicht.»

Daher überrascht es nicht, dass Bodhidharma die Hauptstadt kurz nach dieser Unterredung verließ. Er ließ sich in einer Höhle im nördlichen China nieder, an der Stätte des Shaolin-Klosters, und saß neun Jahre lang in bewegungslosem Zazen. Aus diesem Grund haben die in Japan beliebten Puppen von Daruma (wie der japanische Spitzname für Bodhidharma lautet) keine Beine, sondern nur eine runde Basis, so dass die Puppe aus jeder Neigung in eine aufrechte Stellung zurückkehrt.

Zu den indischen Dhyāna-Lehren gesellten sich in China nach und nach taoistische Elemente, bis die Chan-Schule des Buddhismus entstand. Die Chan-Lehren wurden später von einer Reihe japanischer und chinesischer Priester nach Japan gebracht, wo sich zunächst der frühe japanische Buddhismus sowie die Tendai-Schule und dann die Sōtō-, die Rinzai- und die Ōbaku-Zen-Schule bildeten.

In diesem Buch bedeutet Zen die Religion der Sōtōshū, Rinzaishū (in all ihren Zweigen) und Ōbakushū in Japan sowie von deren direkten Ablegern in anderen Teilen der Welt.

2 Wie unterscheiden sich die japanischen Zen-Schulen voneinander?

Es gibt drei Hauptarten des Zen-Buddhismus: Sōtōshū, Rinzaishū und Ōbakushū. Innerhalb der Rinzaishū existiert eine Reihe verschiedener Sekten. Alle drei Arten gelangten aus China nach Japan, aber erst hier entwickelten sie sich zu einzelnen Schulen, die organisatorisch voneinander getrennt sind. Die Rinzaishū erreichte Japan als Erste, und sie hat als Einzige in Japan mehrere Gründer. Die Sōtōshū, die der Rinzaishū rasch folgte, wurde von Dōgen nach Japan gebracht, einem japanischen Priester, der nach China gegangen und von einem Priester der Ts'ao-tung-Linie (in japanischer Aussprache Sōtō) ausgebildet worden war und 1227 nach Japan zurückkehrte. Die Ōbakushū wurde in Japan von einem chinesischen Priester namens Yin-yuan Lung-ch'i (in japanischer Aussprache Ingen Ryūki) gegründet, der 1654 nach Japan gelangte und 1661 bei Kyoto einen Tempel im chinesischen Ming-Stil bekam. Die Ōbakushū ist zwar nie eine große Schule gewesen, doch Ingens Lehren trugen erheblich dazu bei, die rund vier Jahrhunderte früher gegründeten Sōtō- und Rinzai-Schulen wieder zu beleben.

Es heißt oft, die Rinzaishū sei das Zen des Adels und die Sōtōshū das des einfachen Volkes. Jedenfalls ist die Rinzaishū bei der Verbindung von Zen und japanischen Künsten wie der Teezeremonie, des Blumenarrangements, der Kalligraphie und der Dichtkunst sowie beim Zusammenwirken von Zen und den Kampfsportarten führend gewesen. Bis in neuere Zeit wurden diese Dinge nur vom Adel und von hochrangigen Bürgerlichen praktiziert.

Der Hauptgrund für diese Behauptung ist wahrscheinlich jedoch der Umstand, dass in der Rinzaishū die Kōan-Praxis und in der Sōtōshū «nur Sitzen» üblich ist. Das klassische Studium einer Kōan-Serie erfordert eine klassische Bildung für das Verständnis der Kōan. Die umfassenden Sprachkenntnisse (das Beherrschen tausender chinesischer Schriftzeichen) sowie ein entsprechender Background in Bezug auf den Buddhismus und die chinesische und japanische Kultur waren bis vor kurzem für die meisten Japaner unerreichbar. «Nur Sitzen» andererseits ist eine Praxis, die in erster Linie auf Aktivität (oder besser Nicht-Aktivität) sowie dem Lauschen der Erklärungen von Priestern beruht. Die Bildungsanforderungen und die für das «bloße Sitzen» erforderliche Zeit sind somit viel bescheidener, als sie es für die Kōan-Praxis sind.

Die Ōbakushū geht auf eine chinesische Rinzai-Linie zurück und betont daher ebenfalls die Kōan-Praxis. Allerdings hatte der chinesische Buddhismus während der drei- bis vierhundertjährigen Pause zwischen der Einführung anderer Rinzaishū-Linien und der Gründung der Ōbakushū etliche Wandlungen erlebt. Die dominanten Arten des Buddhismus waren auf zwei reduziert worden: den esoterischen Buddhismus von Tibet und der Mongolei und eine Mischung aus Zen und dem Buddhismus des Reinen Landes. (Dies sind noch heute die dominanten Buddhismusarten in China, wobei der esoterische Buddhismus meist im Nordwesten und die exoterische Mischung aus Zen und Reinem Land in den übrigen buddhistischen Gebieten praktiziert wird.) Die letztere Mischform des Buddhismus wurde von der Ōbakushū übernommen. Die moderne Ōbakushū verbindet Zazen mit der Anrufung des Namens des Buddha Amida (Nembutsu).

3 Wie unterscheiden sich die Zen-Schulen vom übrigen japanischen Buddhismus?

Die alljährlich von der japanischen Regierung veröffentlichte Religionsstatistik teilt den etablierten Buddhismus in sechs Gruppen von Schulen ein, die in der ungefähren Reihenfolge ihrer Gründung aufgeführt werden, mit Ausnahme des allerersten japanischen Buddhismus, der von der letzten Gruppe repräsentiert wird. Entsprechend ihrem Ursprung folgen diese sechs Gruppen aufeinander: Nara-Buddhismus, der seine Wurzeln im frühesten japanischen Buddhismus des 6. Jahrhunderts hat, aber streng genommen im 7. Jahrhundert begann: Tendai-Schule, die auf Saichōs Rückkehr aus China im Jahre 805 zurückgeht; Shingon-Schule, die auf Kūkais Rückkehr aus China im Jahre 806 zurückgeht; Reines-Land-Schule, die von Hōnen 1175 gegründet wurde; Zen-Schulen, deren Gründung frühestens 1191 erfolgte; und Nichiren-Schule, die 1253 von Nichiren gegründet wurde. So wie die Ursprungsdaten sich auf drei Epochen verteilen, spiegeln viele Merkmale der einzelnen Schulen die Einflüsse dieser drei Epochen wider. Die Zen-Schulen nehmen innerhalb der letzten Gründungsphase des etablierten Buddhismus also die mittlere Position ein.

Der gesamte japanische Buddhismus zählt zur Mahāyāna-Tradition, einer Bewegung, die in Indien innerhalb der ersten fünf Jahrhunderte des Buddhismus begann. Der heutige südasiatische Buddhismus gehört überwiegend zur Theravāda-Tradition, einer konservativen Richtung, die nur die frühen Gruppen der Schriften anerkennt. Die Mahāyāna-Tradtion dagegen akzeptiert spätere Schriften und Praktiken und ist der Buddhismus von Nord- und Ostasien.

Die Schulen aus der Nara-Zeit (um 646 bis 794) waren zunächst keine «Sekten» im heutigen Sinne. Wie ihre chinesischen Vorbilder spezialisierten sich mehrere Priester auf das Studium und die Praxis bestimmter Sūtras, und die Tempel dieser Priester wurden nach den dort gelehrten Sūtras benannt. Der Buddhismus war in dieser Epoche noch immer dem Kaiserhof und seinem Adel vorbehalten, und das gemeine Volk war kaum einbezogen. (Auch dies spiegelte die chinesischen Vorbilder wider.) Die Pflicht der Priester bestand in erster Linie im Durchführen von Ritualen und Rezitationen, die dem Wohlergehen des Landes, das sich im Hof verkörperte, gewidmet waren. Dass einzelne Priester sich oft dieser Aufgabe widersetzten, beweist die lange Reihe kaiserlicher Edikte, die es Priestern verboten, ihre Tempel zu verlassen und sich unters gemeine Volk zu mischen. (Selbstverständlich widmen sich die heutigen Nara-Sekten genauso den religiösen Belangen normaler Menschen wie andere moderne Sekten.)

Die chinesischen Tendai-Lehren, die von Saichō nach Japan gebracht wurden, bemühten sich um Integration, indem sie auf die wechselseitigen Zusammenhänge zwischen den großen Mahāyāna-Sūtras verwiesen und das *Lotos-Sūtra* als Höhepunkt ansahen. Saichō und sein Nachfolger Ennin verstärkten die integrative Bewegung, indem sie Zen, Reines Land und esoterische Praktiken in China studierten und diese Praktiken im Tendai-Zentrum auf dem Berg Hiei bei Kyoto einführten. Wie die Nara-Tempel wurden auch die Tendai-Tempel vom Kaiserhof unterstützt, und sie dienten in erster Linie dem Hof. Zu den großen Leistungen der Tendai-Schule zählt freilich die Lockerung der Kontrolle des Hofes über die Religion. Kurz nach dem Tod von Saichō durfte die Tendai-Schule ihre eigene

Gebotsplattform errichten. Davor existierte nur eine Gebotsplattform, in der Nara-Schule, und Kandidaten für die Priesterschaft mussten vom Hof bestätigt und dann an einen der Nara-Tempel berufen werden. Mit ihrer eigenen Gebotsplattform war die Tendai-Schule in der Lage, eine andere Reihe von Geboten (die «Bodhisattva-Regeln» genannt) zu verleihen, die die meisten detaillierten Vorschriften der früheren Gebote weglässt. Priesterschaftskandidaten durften die Tendai-Gebote auf dem Berg Hiei empfangen, dann wurden sie während der Zeit ihres Studiums und ihrer Ausbildung innerhalb des Berg-Hiei-Klosterkomplexes bei Hofe registriert.

Zwar enthält auch der Tendai-Buddhismus mehrere esoterische Praktiken, doch der esoterische Buddhismus wird hauptsächlich von den von Kūkai eingeführten Shingon-Lehren verkörpert. Heute wird der esoterische Buddhismus außerhalb Japans vorwiegend von tibetischen und mongolischen Traditionen repräsentiert. Der Shingon-Buddhismus befasst sich in erster Linie mit Worten und Handlungen, die nur von Priestern richtig verstanden werden können, die sich eines ausgiebigen Trainings und entsprechender Initiationen unterzogen haben. Zu den äußerlich sichtbaren esoterischen Praktiken, wie sie sowohl in der Shingon- als auch in der Tendai-Schule des japanischen Buddhismus gegenwärtig sind, zählen die Herstellung und Verwendung von Mandalas (symbolischen Darstellungen des Universums) und die Rezitation von Dhāranis (Sprechgesängen, in denen die ursprünglichen Sanskrit-Worte erhalten sind).

Fast vier Jahrhunderte nach der Gründung der Tendai- und der Shingon-Schule in Japan sagten sich eine Reihe von Tendai-Priestern von ihrem Orden los, um ihre eigenen Bewegungen zu begründen, die auf einzelnen Elementen der einheitlichen Tendai-Tradition basierten. Innerhalb von gut einem Jahrhundert erlebte Japan die Entstehung von vier Zweigen der Reines-Land-Schule, von zwei Zen-Zweigen und von zwei Zweigen des Nichiren-Buddhismus. All diese Zweige beruhten auf einzelnen Praktiken, die von Laienanhängern im gemeinen Volk verstanden und absolviert werden konnten. Und alle setzten sich stärker vom Kaiser- und vom Shogunhof wie vom Adel ab, indem sie die buddhistischen Lehren über die begrenzten urbanen Zentren hinaus im ganzen Land verbreiteten.

Hōnen empfing die Gebote auf dem Berg Hiei mit vierzehn Jahren. Bald trat er in einen Tempel im Hiei-Komplex ein, der sich in erster Linie mit der Praxis des Nembutsu befasste, wiederholter Anrufungen des Buddha Amida, einer der vielen Gestalten des Buddhismus, die die Kraft des Mitgefühls repräsentiert. Mit 43 hatte er seine inneren Fragen geklärt und begab sich nach Kyoto, entschlossen, die Praxis des Nembutsu allen Menschen zu überbringen. Die simple Wiederholung der einen Formel *Namu Amida Butsu* («Verehrung dem Buddha Amida»), so glaubte er, sei die einzige buddhistische Praxis, die keinen Reichtum, kein ausgiebiges Lernen, keine Freiheit erfordere, um seine Zeit einzig und allein der Religion zu widmen. Jeder könne das Nembutsu praktizieren, selbst während er sich auf einem Reisfeld abrackere. Hōnens Befürwortung des Nembutsu als alleiniger Praxis für Buddhisten stieß auf den entschiedenen Widerstand vieler Tendai-Priester, auch wenn sein profundes Wissen den Beifall manch anderer fand. Hōnens Lehren vom Reinen Land (Jōdo) wurden von einem seiner Anhänger, Shinran, erweitert, der die Wahre Reines-Land-Schule (Jōdo-shin-shū) gründete. Aufgrund ihrer Mitgliederzahlen stellen die beiden heutigen Jōdo-shin-Sekten zusammen die größte der buddhistischen Gruppen in Japan dar.

Ein weiterer Tendai-Priester, Eisai, brachte die Zen-Lehren und -Praktiken von China nach Japan. Zwar kannte man in Japan schon ein früheres Zen-Denken, aber dies war in erster Linie auf die Priesterschaft beschränkt. Eisai leitete die Verbreitung von Zen unter den Laien ein. Seinem Vorbild folgten eine Reihe japanischer und chinesischer Priester, die Tempel errichteten, welche Sekten in der Rinzai-Zen-Tradition wurden, sowie Dōgen, der sich um die Verbreitung der Sōtō-Zen-Tradition bemühte. Dōgens Anhänger gaben den Brauch auf, die Finanzierung des Tempels dem Hof und dem Adel zu überlassen, und suchten stattdessen die Unterstützung des einfachen Volkes. Die Praktiken von Zazen und Kōan wurden von den Zen-Schulen als die einzig notwendige buddhistische Praxis befürwortet, etwa so wie die Reines-Land-Schule die Praxis des Nembutsu befürwortete.

Die dritte Abkehr von den Tendai-Lehren vollzog Nichiren, der das *Lotos-Sūtra* zur höchsten buddhistischen Lehre erklärte und die Notwendigkeit anderer Sūtras oder Praktiken in Abrede stellte. Das gemeine Volk konnte einfach die Kraft des *Lotos-Sūtra* beschwören, indem es die Formel *Namu Myōhō Renge-kyō* («Verehrung dem Sūtra des Lotos des guten Gesetzes») rezitierte. Nichiren und seine Anhänger verbreiteten diese Botschaft in ganz Japan, so wie die Priester der Reines-Land- und der Zen-Schulen ihre eigenen Lehren von der einen Praxis verkündet hatten. Mit der Nichiren-Schule verwandte Laienorganisationen dominieren die heutigen (im 19. Jahrhundert oder später gegründeten) «neuen Religionen» des Buddhismus.

Zen verbindet mit den Gruppen von Reines Land und Nichiren somit die Konzentration auf eine Religion für normale Menschen durch eine einzige Hauptpraxis. Es unterscheidet sich von den anderen beiden Gruppen dadurch, dass es die übliche Praxis von Zazen und Kōan-Studium statt der Praxis des Rezitierens einer Beschwörungsformel aufweist.

4 Was unterscheidet den Buddhismus vom Christentum?

Das erste Mal wurde ich mit dieser Frage nach einem Vortrag vor der buddhistischen English Academy von Tokyo konfrontiert. Die panbuddhistische Organisation war gegründet worden, um Priestern wie Laien bei der Erklärung des Buddhismus auf Englisch behilflich zu sein. In meiner Rede hatte ich mich mit dem Konzept des christlichen Klosterlebens und seiner Nichtübertragbarkeit auf den Buddhismus befasst. Nach einer lebhaften Fragestunde verkündete die Vorsitzende, es blieben noch zwei Minuten Zeit für eine letzte rasche Frage – und dann wurde ausgerechnet diese Frage gestellt! Ich erwiderte, selbst für eine oberflächliche Antwort wäre eine ganze Vortragsreihe erforderlich. Inzwischen meine ich, dass ein ganzer Bücherschrank nicht ausreichen würde. Dennoch will ich hier ein paar ganz allgemeine Unterschiede ansprechen. Jeder von ihnen besitzt nur für einige der vielen Arten von Buddhismus und Christentum Gültigkeit. Doch sie sind typisch für das gesamte Spektrum, das von diesen beiden Weltreligionen jeweils abgedeckt wird.

Der grundlegende Unterschied besteht meines Erachtens nicht im Gegensatz von Theismus und Nicht-Theismus, sondern vielmehr in der Konzentration auf das Leben in der Gegenwart beziehungsweise auf ein Leben nach dem Tod. Der Buddha Shākyamuni wurde einmal nach der Existenz nach dem Tod eines Menschen und nach der Existenz von (geschlechtsneutralen) Göttern gefragt. Er erwiderte, sein Erwachen würde ihm zwar ermöglichen, die Antworten auf solche Fragen zu erkennen, aber die Antworten würden niemandem bei der so wichtigen Frage helfen, wie denn dieses gegenwärtige Leben zu führen sei. Daher lehnte er es ab, auf diese Fragen einzugehen. Stattdessen bot der Buddha Anleitungen dafür an, wie jeder Augenblick mit offenen Augen zu leben sei.

Eines der Ergebnisse der Konzentration auf die Gegenwart besteht darin, dass die Lehren des Buddhismus unabhängig von der historischen Realität des Buddha Shākyamuni gültig sind. Wir akzeptieren diese Lehren, weil Menschen ihre Wahrheit seit über zweieinhalb Jahrtausenden bestätigen.

Ein weiterer wichtiger Unterschied ist die buddhistische Vorstellung, dass Menschen an sich gute Wesen sind, zu erwachen vermögen, trotz des Bösen, das sie durch Unwissenheit bewirken können. Das Böse, das geschieht, führt zu mehr Bösem, so wie das Gute zu mehr Gutem führt. Für das Christentum ist das Böse eine Sünde, ein Vergehen gegen Gott, und wir Menschen, so heißt es, seien an sich sündige Wesen, die der göttlichen Vergebung bedürfen, um dem ewigen Leiden zu entgehen.

Dies sind also die allgemeinen Themen, die die beiden Religionen beherrschen. Beide haben zwar viele Spielarten an unterschiedlichen Orten und zu unterschiedlichen Zeiten entwickelt, aber jede hat in der Regel diese Merkmale bewahrt. Die größte Gemeinsamkeit ist der Versuch, die Wege jeder Existenz zu verstehen und Leiden und Hass durch Frieden und Liebe unter allen Wesen zu ersetzen.

5 Ist denn nicht jede japanische Religion Zen?

Nein. Zen ist ein Zweig des Buddhismus, und der Buddhismus ist ein Zweig der japanischen Religion. Im Anschluss an die Übertragung des organisierten Buddhismus und Taoismus aus China und Korea nach Japan wurde die Urreligion in ein System gebracht und über lokale Grenzen hinweg verbreitet. Das Ergebnis wurde schließlich Shintō, Weg der Götter, und Shugendō, Weg der Bergasketen, genannt. Im Laufe der Jahrhunderte gelangten zusätzliche Religionen (vor allem der Konfuzianismus) nach Japan. Abgesehen vom Christentum, das von seinen Gläubigen ausschließliche Glaubenstreue verlangte, hielten sich die meisten Menschen an alle möglichen Religionen, und von Laien, ja sogar von Priestern, wurde da kaum differenziert.

Die staatliche Unterstützung und Kontrolle der Religion wurde im frühen 17. Jahrhundert verstärkt. Bereits 1589 hatte Japan das Christentum für gesetzwidrig erklärt – ein Verbot, das über 300 Jahre bestand – und später die Vorschrift eingeführt, dass sich jede Familie in einem buddhistischen Tempel anzumelden hatte. Die Tempelpriester mussten Mitgliedsregister von jeder Familie führen und beglaubigen, dass keine Mitgliedsfamilie christlichen Praktiken nachging oder christliche Symbole besaß. Auf die Vorschrift der Beglaubigung geht ein Brauch zurück, der zum Teil sogar noch heute besteht: Zur Zeit der Obon-Zeremonien im Sommer besuchen Priester die Häuser von Mitgliedsfamilien und rezitieren Sūtras, die den verstorbenen Mitgliedern gewidmet sind. Ursprünglich wurde bei diesen Besuchen auch der Hausaltar daraufhin inspiziert, ob er irgendwelche Anzeichen für einen christlichen Gottesdienst aufwies.

Die offizielle und inoffizielle Vermischung aller Religionszweige, die praktisch zu einer einzigen «japanischen Religion» führte, wurde nach 1868 per Gesetz abrupt beendet. Die neue kaiserliche Regierung, die von der Macht des Shōgun befreit war, bemühte sich, den Shintoismus zu fördern und den Buddhismus zu unterdrücken. Religionszentren, die bislang sowohl buddhistische als auch shintoistische Einrichtungen enthielten, wurden zwangsweise unterteilt. Die Geistlichen beider Religionen wurden getrennt. Gegenden, in denen die Shugendō-Praxis vorherrschte, mussten sich mit Shintō- oder (weniger häufig) mit buddhistischen Organisationen zusammenschließen.

Ungeachtet all dieser Bemühungen in Richtung einer Trennung der Religionen unterhalten heutzutage japanische Familien gewöhnlich Beziehungen zum Shintoismus wie zum Buddhismus. Eine bekannte Formulierung lautet: Man wird «als Shintoist geboren und verheiratet, stirbt aber als Buddhist». Noch immer sind Geistliche nicht selten Priester beider Religionen. In meiner eigenen Sōtō-Sekte kenne ich einen größeren Bergtempel, der als Ausbildungstempel für neue Priester ausgewiesen ist – und Rituale eindeutig shintoistischen Ursprungs pflegt. Ein anderer Sōtōshū-Tempel in Tokyo ist zugleich auch ein Hauptschrein für Inari, den Shintō-Geist der Reispflanze.

Die zunehmende Verstädterung reduziert anscheinend immer mehr buddhistische ebenso wie shintoistische Aktivitäten. Vielleicht gelingt der modernen Bevölkerungsverlagerung schließlich, was der Staat per Edikt versucht hat, aber nicht durchsetzen konnte.

6 Ist Zen eine Religion? Ist der Buddhismus eine Religion?

Einer klassischen Definition zufolge befasst sich eine Religion mit der Beziehung zwischen Menschen und einer Gottheit oder mehreren Gottheiten (Göttern oder Göttinnen). Demnach ist der Buddhismus keine Religion. Für das heutige Denken ist der Theismus jedoch kein notwendiges Merkmal einer Religion. Für moderne Gelehrte gilt stattdessen ganz allgemein, dass das Ausüben religiöser Handlungen die Existenz einer Religion ausmacht. Nach dieser Definition ist der Buddhismus ganz gewiss eine Religion, ebenso wie der Zweig des Buddhismus, der sich Zen nennt.

Die Handlungen normaler Japaner verweisen auf eine interessante Fülle von Institutionen, die als religiös anzusehen sind, auch wenn die Menschen, die diese Handlungen ausüben, sich selbst wahrscheinlich für «nichtreligiös» halten. Wenn Japaner an einem buddhistischen Tempel oder an einem Shintō-Schrein oder gar an einer einzelnen Statue etwa eines Jizō-Bodhisattva oder der für den Shintō-Reisgeist Inari stehenden Füchse vorbeikommen, halten die allermeisten inne, um ihren Respekt zu bekunden, indem sie die Hände in buddhistischer Verehrung erheben und sich verneigen oder zweimal in die erhobenen Hände klatschen, um den Shintō-Kami (Geist) anzurufen, oder höchstwahrscheinlich sogar beide Handlungen miteinander kombinieren. Bei einem der (relativ wenigen) konfuzianischen Tempel werden die gleichen Handlungen vollzogen, aber von weniger Menschen. Christlichen Kirchen und religiösen Zentren anderer Religionen wird dieser Gruß im Vorübergehen nur selten erwiesen.

Die Begriffe «Religion» und «religiös» haben vergleichsweise spät Eingang in die japanische Sprache gefunden. Für beide werden zwei chinesische Schriftzeichen verwendet, die eigens für die Übersetzung des englischen Wortes *religion* und seiner Entsprechungen in anderen europäischen Sprachen ins Japanische eingeführt wurden. Ein Religionswissenschaftler hat berichtet, dass viele Japaner das Wort «Religion» mit Frauen mittleren Alters verbinden, die sonntags vor der Haustür stehen und einem peinliche Fragen stellen! Dies mag eine Erklärung für das rätselhafte Verhalten von Menschen sein, die behaupten, sie hätten keine Religion, während sie doch an religiösen Trauungen, Bestattungen, Gedenkgottesdiensten und anderen Zeremonien für sie selbst, ihre Familien und ihre Freunde teilnehmen sowie religiösen Institutionen und Bildern ihren Respekt erweisen, und zwar sowohl, wenn sie bloß vorbeigehen, als auch, wenn sie sie eigens aufsuchen.

7 *Welchen Gott beten Zen-Buddhisten an?*

Streng genommen ist der Buddhismus keine theistische Religion. Der historische Buddha, Shākyamuni, war ja ein Mensch, der tiefgründige Wahrheiten über alle Wesen und über unser Universum erkannte und dann anderen den Weg wies, diese Wahrheiten zu verstehen. Die anderen Buddhas – Amida, Mahāvairochana, Maitreya und andere – sind keine Götter, sondern vielmehr idealisierte Menschen.

Allerdings ist es nur zu verständlich, dass wir uns von irgendeinem mächtigen Wesen helfen lassen wollen, wenn wir Probleme haben. Das gilt besonders dann, wenn wir die Ursache dieser Probleme nicht kennen und nicht wissen, wie wir mit ihnen fertig werden sollen. Daher dauerte es nicht lange, bis Buddhisten damit begannen, auf die Kraft des Mitgefühls zu vertrauen, insbesondere wie sie vom Buddha Amida, dem Kannon-Bodhisattva, dem Jizō-Bodhisattva und anderen Figuren ausging. Zusammen mit diesem Vertrauen entstand der Begriff des buddhistischen Verdienstes.

Eines der Hauptprinzipien des Buddhismus besagt: Wenn man so handelt, dass man anderen Menschen und allen anderen Wesen hilft und nützt, führt dies zu einem Universum der Freundlichkeit. Handlungen, die mit diesem Prinzip übereinstimmen, gelten als verdienstvoll – allerdings nicht als Handlungen, die irgendeinem Buddha oder Bodhisattva gefallen oder uns direkt zugute kommen.

Zu den möglichen verdienstvollen Handlungen gehörte es schon in frühester Zeit, den Buddhisten, die ihr Zuhause verließen, Nahrung zu überlassen und ihnen während der indischen Regenzeit Unterkunft zu gewähren. Die ersten Buddhisten ließen sich in vier Kategorien einteilen: Männer und Frauen, die ihr Zuhause verließen, und Männer und Frauen, die einen Hausstand unterhielten. Erstere, wie Buddha Shākyamuni selbst, verließen ihr Zuhause und ihre Familie, um das Land zu durchstreifen und andere durch Reden und Handeln im Buddhismus zu unterweisen. Da man nicht unaufhörlich herumwandern und gleichzeitig Feldfrüchte anpflanzen und ernten kann, war es eine Funktion derer, die einen Hausstand unterhielten und den Buddhismus zu Hause und in ihrer Familie praktizierten, die «Hauslosen» mit Nahrung zu versorgen. Diese wanderten zwar etwa neun Monate im Jahr herum, unterließen dies aber aus praktischen Gründen während der dreimonatigen Regenzeit. In dieser Zeit kamen sie zusammen, um gemeinsam die Sūtras zu rezitieren und ihr Gedächtnis aufzufrischen, damit sie nicht so viele abweichende Fassungen der Lehren verbreiteten. Dies war eine gute Gelegenheit, Menschen, die ihr Zuhause verlassen hatten, in den buddhistischen Lehren zu unterweisen. Auch die zu Hause Bleibenden konnten den Rezitationen lauschen, Sūtras auswendig lernen und mehr über den Buddhismus erfahren. Sie nahmen die Hauslosen auf, so dass diese Versammlungen stattfinden konnten.

Nach einiger Zeit freilich wurden diese selbstlosen Handlungen auf Seiten der zu Hause Bleibenden als eine Art Punktesystem betrachtet – je mehr Punkte jemand sammelte, desto besser wäre sein Leben. Natürlich entspricht dies überhaupt nicht der buddhistischen Vorstellung von Verdienst, doch es passt zum Geist von Menschen, die noch nicht ganz zur Wirklichkeit erwacht sind.

Daher überrascht es nicht, dass heutige Buddhisten, die in Schwierigkeiten stecken, oft «verdienstvolle Handlungen» buddhistischen Wesen opfern, deren Hilfe sie erlangen wollen. Dies kommt zwar dem Begriff eines «Gottesdienstes» nahe, gehört aber nicht zu den formellen buddhistischen Lehren.

Zen gelingt es, nach meiner Erfahrung, nur selten, autoritär zu sein, auch wenn manche Menschen es dazu machen wollen, und es steht zwar in dem Ruf, hierarchisch zu sein, ist es aber de facto ganz wenig.

Dies wurde mir klar, als die Sōtōshū ein überarbeitetes Buch der Widmungen für den Gebrauch in Sūtra-Lesungen herausgab. Ich war neugierig, welche Änderungen vorgenommen worden waren, darum kaufte ich ein Exemplar. Die damals im Taisōji verwendeten Widmungen stammten aus einer Ausgabe, die erheblich älter war als diejenige, die ich benutzt hatte, bevor ich Hilfspriesterin im Taisōji wurde. Mir gefiel die überarbeitete Ausgabe, und daher fragte ich den amtierenden Priester, ob ich die Widmungen aus diesem Buch verwenden dürfe. Man mag dies vielleicht für ein autoritäres Verhalten halten, aber für mich war es reine Höflichkeit, denn schließlich war (und ist) er für alle Aktivitäten im Taisōji verantwortlich. Mir erscheint es bemerkenswert, dass die Sōtōshū nicht versuchte, von ihren Tempeln den Gebrauch der bearbeiteten Fassung zu verlangen. Und eindeutig wurde nicht nur im Hinblick auf die fragliche revidierte Fassung kein Druck ausgeübt, sondern auch bezüglich einer ganzen Reihe früherer Bearbeitungen. So benutzten wir einige Jahre lang die neuen Widmungen, wenn ich sie las, sowie die alten, wenn der amtierende Priester sie las.

Ein junger Sōtōshū-Priester erzählte mir einmal eine Geschichte über einen der Hauptpriester der Schule. Kurz nach seiner Ernennung zum Kanshū vom Eiheiji entschied der neue Leiter, dass im Eiheiji statt weißem der nahrhaftere braune Reis serviert werden sollte. Der junge Priester, der damals Schüler im Eiheiji gewesen war, berichtete, dass diese scheinbar einfache Umstellung monatelange Verhandlungen erforderte, die mit dem Kompromiss endeten, dass brauner Reis den Priesterschülern und weißer Reis allen anderen serviert wurde – außer, nehme ich an, dem Kanshū selbst.

Zur Sōtōshū oder einer der Rinzai-Sekten gehörende Zen-Tempel haben in der Tat eine Position in einer Hierarchie, die vom Haupttempel der Sekte über die historisch miteinander verbundenen Tempel bis zum einzelnen Tempel reicht, der durchaus noch andere Tempel unter sich haben kann. Es gibt formale Vorschriften, aufgrund derer für bestimmte Handlungen die Einwilligung des amtierenden Priesters des eine Stufe höheren Tempels eingeholt werden muss. Ich habe allerdings von zwei Tempeln gehört, die sich nahe beieinander befanden, aber von ihren jeweils übergeordneten Tempeln ziemlich weit entfernt waren. Statt sich zu den entfernten übergeordneten Tempeln zu begeben, stempelten die amtierenden Priester der beiden benachbarten Tempel einfach die Papiere des anderen ab, für die eine Genehmigung erforderlich war.

9 Sind alle Buddhisten Vegetarier?

Nein. Das buddhistische Gebot, nicht zu töten, wurde und wird zu manchen Zeiten und an manchen Orten als Verbot, Fleisch zu essen, interpretiert, wobei das, was unter «Fleisch» zu verstehen ist, unterschiedlich aufgefasst wurde und wird. Dies ist aber keineswegs überall die Regel. Das Verbot des Fleischverzehrs richtet sich immer in erster Linie an den buddhistischen Klerus und beschränkt sich überwiegend auf China und Korea.

Der Theravāda-Buddhismus, die Hauptform des Buddhismus in Südostasien und Sri Lanka, verbietet den Verzehr von Fleisch nicht. Buddhistische Theravāda-Geistliche müssen sich ihre Nahrung durch tägliche Bettelrunden beschaffen und dürfen feste Nahrung nur vormittags zu sich nehmen. Fleisch, das von einem Säugetier oder von Fischen und Geflügel stammt, darf einem Geistlichen in der Bettlerschale gespendet und von dem Geistlichen gegessen werden, wenn drei Bedingungen erfüllt sind:

- der Geistliche hat das Tier nicht getötet
- der Geistliche hat niemanden gebeten, das Tier zu töten
- der Geistliche hat keinen Grund zu der Annahme, dass das Tier eigens für eine Nahrungsspende getötet wurde

Auch in Japan hält man sich an diese drei Bedingungen, statt Fleisch zu verbieten.

In Japan gibt es nur wenige heimische Tiere, die Fleisch zum Verzehr liefern, aber Fisch und in geringerem Maße auch Geflügel gehören seit alten Zeiten zur Ernährung der Japaner. Überreste von Fischen und Meeresfrüchten sind typische archäologische Funde an den Wohnstätten, die zeitlich dem Reisanbau in Japan vorausgingen. Als der Buddhismus aus China und Korea nach Japan gelangte, wurden die im Hinblick auf Fleisch geltenden Einschränkungen nicht auf Meeresfrüchte angewandt.

Eine Geschichte über Shinran, den Begründer der Jōdo-shin-shū, demonstriert die Anschauungen, die im frühen 13. Jahrhundert galten. Shinran befand sich einmal in einer Gruppe von Geistlichen, die ins Haus eines Adeligen eingeladen worden waren, um die Korrekturen für eine Handschrift zu lesen, die der Adelige vom buddhistischen Kanon angefertigt hatte. Während der Sitzungen trugen die Priester ihren vollen geistlichen Ornat – Kimono, Übergewand und Buddha-Gewand. Bei den Mahlzeiten legten sie das äußerste Buddha-Gewand ab, damit sie unbeschwert Fisch und Geflügel genießen konnten. Shinran freilich behielt sein Buddha-Gewand an, während er ein wenig Fisch aß. Der Sohn des Adeligen wollte unbedingt von ihm wissen, warum er allein das Buddha-Gewand anbehielt, und ließ Shinrans erste Antwort nicht gelten, die lautete, er habe einfach vergessen, es abzulegen. Schließlich erklärte Shinran, er glaube zwar, dass es in dieser Zeit keine Gebote zu befolgen gelte, aber indem er das Symbol eines Anhängers des Buddhismus trage, hoffe er, dem Fisch einen gewissen religiösen Nutzen zu vermitteln.

Im japanischen Buddhismus legt man vor allem Wert auf die Nahrung, die uns am Leben erhält. Ganz gleich, ob es sich um ein Tier oder um eine Pflanze handelt – unsere Nahrung hat einmal gelebt. Indem wir alle Nahrung mit Sorgfalt und Dankbarkeit verzehren, respektieren wir das Leben dieser Nahrung.

Ich war einmal zum Mittagessen im Anschluss an einen Gedenkgottesdienst für den verstorbenen Mann der Gastgeberin eingeladen. Es fand in einem Restaurant statt, das sich auf eine Art vegetarischer Zen-Küche spezialisiert hatte, die auf die Ōbakushū zurückging. Jedes Gericht wurde so zubereitet, dass nicht nur dem Geschmack, sondern auch dem Aussehen und der Präsentation äußerste Achtsamkeit gewidmet wurde. Ich war so hingerissen von dieser seltenen Köstlichkeit, dass mir eine Diskussion zwischen dem Restaurantbesitzer und einem der Schwiegersöhne der Gastgeberin entging. Als sich der Besitzer allerdings direkt an mich wandte und mich bat, seine Erklärungen zu bestätigen, musste ich innehalten und ihm meine Aufmerksamkeit zuwenden. Der Schwiegersohn hatte kaum etwas von seinem Essen angerührt. Als er gefragt wurde, warum er nicht esse, erwiderte er, für ihn schmecke solche Kost nach nichts, und er ziehe rotes Fleisch vor. Daraufhin erklärte ihm der Restaurantbesitzer, dass sogar die eingelegte japanische Aprikose einmal ein Leben gehabt habe und an einem Baum in der Sonne und an der frischen Luft gewachsen sei. Eine Bauernfamilie habe ihr Leben dem Gedeihen der Aprikosen an den Bäumen und später der Obsternte gewidmet. Andere Menschen hätten große Sorgfalt darauf verwandt, das Obst zum Markt zu bringen, ohne sein kostbares Fleisch zu verletzen. Schließlich sei er, der Restaurantbesitzer, frühmorgens zum Obstmarkt gegangen, um die allerbesten Aprikosen auszusuchen. Die Köche im Restaurant hätten die Aprikosen nach einem Verfahren eingelegt, das ihre Aufmerksamkeit über eine Woche lang beansprucht habe. Schließlich hätten die Köche und Ober das wunderbar köstliche Ergebnis uns präsentiert. Indem wir die Aprikosen mit ernsthafter Wertschätzung äßen, brächten wir sie in eine neue Form von Leben, als Teil unseres Körpers. Der Schwiegersohn hingegen habe das Leben der Aprikose beendet und das Leben aller Menschen verunglimpft, die sich daran beteiligt hätten, ihm die Frucht zu bringen. Dieser Ansicht konnte ich nur von Herzen beipflichten. Dann erweckte ich die verschmähte Aprikose zu neuem Leben, indem ich sie selbst aß. Wirklich köstlich!

10 Welche Gebote müssen Zen-Priester beachten?

Im japanischen Buddhismus spielen buddhistische Gebote im Allgemeinen keine große Rolle. Die umfangreichen spezifischen Verhaltensvorschriften für Geistliche, wie sie im koreanischen, chinesischen und südasiatischen Buddhismus befolgt werden, gehören nicht zur japanischen Praxis. In Japan gibt es nichts weiter als die Gebote an sich, also eine viel kleinere Sammlung von Prinzipien. Ja, manche japanische Buddhismusschulen haben die Gebote überhaupt abgeschafft.

In den Zen-Sekten empfängt ein neuer Schüler sechzehn Gebote, wobei er gelobt, sein Leben nach diesen Geboten auszurichten. Diese sechzehn Gebote bilden drei Gruppen: Drei Zufluchten, Drei Reine Gebote und Zehn Große Verbote.

Die erste Gruppe existiert wohl schon seit der Zeit des Buddha Shākyamuni. Sie besteht aus den folgenden Erklärungen:

Ich nehme Zuflucht zum Buddha (oder: Mein Leben ist im Buddha begründet).
Ich nehme Zuflucht im Dharma – den buddhistischen Lehren (oder: Mein Leben ist im Dharma begründet).
Ich nehme Zuflucht im Sangha – bei denen, die dem Buddha folgen (oder: Mein Leben ist im Sangha begründet).

Die zweite Gruppe, die Drei Reinen Gebote, formulieren die buddhistischen Prinzipien in ihrer allgemeinsten Form:

Sich dessen enthalten, was das Böse fördert.
Tun, was das Gute fördert.
So handeln, dass andere einen Nutzen haben.

Die Zehn Großen Verbote sind speziellere Methoden, den reinen Geboten zu folgen. Diese Gebote bestehen darin, dass man sich dreier Arten von Handlungen, vier Arten von Worten und dreier Arten von Gedanken enthält. Sie lauten:

Nicht töten
Nicht stehlen
Sich keinem unrechtmäßigen sexuellen Treiben hingeben
Nicht lügen
Nicht zum Gebrauch von Rauschmitteln verleiten
Nicht übel von anderen sprechen
Sich nicht selbst loben und nicht zu stolz sein, andere zu loben
Nicht entweder den Dharma oder den Besitz begehren
Nicht dem Zorn nachgeben
Nicht die «drei Kostbarkeiten» schmähen – den Buddha, den Dharma und den Sangha

Es gibt eine Geschichte von einem chinesischen Priester, der in einem Baum lebte und daher Zen-Meister Vogelnest genannt wurde. Ein berühmter General suchte ihn auf und fragte: «Welches ist die wichtigste buddhistische Lehre?» Zen-Meister Vogelnest erwiderte:

«Sie ist: Enthalte dich dessen, was das Böse fördert; tue, was das Gute fördert; handle so, dass es anderen Nutzen bringt.» Der General hatte irgendeine wunderbar metaphysische Formulierung erwartet, die schwer zu begreifen wäre. Also beschwerte er sich: «Selbst ein dreijähriges Kind weiß das!» Und die Antwort lautete: «Ja, selbst ein dreijähriges Kind weiß das, aber ein Mensch hat noch mit achtzig Schwierigkeiten, es zu praktizieren.»

Der Buddhismus lehrt, dass «böse» und «gut», wie alle unsere menschlichen Begriffe, nur in Beziehung zueinander existieren. Wir können somit sagen, dass die Handlung A nur böse ist, wenn wir feststellen, dass sie nicht gut ist. Und umgekehrt können wir sagen, dass Handlung B nur deshalb gut ist, weil wir sie nicht für böse halten. Kein Phänomen kann rein böse oder rein gut sein, da kein Phänomen unabhängig von allen anderen Phänomenen existieren kann. Wenn wir uns somit dessen zu enthalten suchen, was das Böse fördert, enthalten wir uns in gewissem Maße auch dessen, was das Gute fördert. Und wenn wir das Gute zu fördern suchen, fördern wir in gewissem Maße auch das Böse. Handlungen, die wir deshalb vollziehen, um uns zu nutzen, mögen ebenso auch anderen nutzen, und Handlungen, die wir vollziehen, um anderen gemäß unserem Verständnis als unvollkommene Menschen zu nutzen, nutzen oft eigentlich uns und wirken dem Nutzen anderer entgegen. Keine Handlung ist reine, unabhängige Ursache. Alle Handlungen sind Wirkungen aller Phänomene des ganzen Universums und zu jeder Zeit – alle Handlungen sind Ursachen aller Phänomene des ganzen Universums zu jeder Zeit. Somit sind die Drei Reinen Gebote, so elementar und einfach sie sich anhören mögen, im Grunde unmöglich zu erfüllen. Wir können nur versuchen, unser Bestes zu tun, damit uns diese Gebote als Leuchtturm dienen, der uns einen Weg zeigt, auf dem wir gehen können.

Genauso können wir uns auch in unserem Menschenleben nicht vollkommen an die Zehn Großen Verbote halten. Wir geloben zu leben, ohne zu töten. Aber niemand kann leben, ohne vielen anderen Wesen das Leben zu nehmen. Denn nicht nur Menschen haben ein Leben – auch Säugetiere, Vögel, Fische, Insekten, Mikroben, Pflanzen und alle anderen Seinsformen haben ein Leben. Wir müssen essen, um unser menschliches Leben zu erhalten. Daher können wir bestenfalls das Leben aller Seinsformen respektieren, aus denen unsere Nahrung besteht. Wenn wir die Nahrung akzeptieren, die notwendig ist, damit das Leben weitergeht, und dabei alle Nahrungsmittel, die wir zu uns nehmen, mit Sorgfalt und Wertschätzung behandeln, werden diese Nahrungsmittel Teil eines anderen Lebens: unseres eigenen. Wenn wir die Nahrungsmittel, die anderen Leben zugute kommen könnten, gedankenlos verschwenden, sind diese Nahrungsmittel rücksichtslos getötet worden.

Wir geloben zu leben, ohne zu lügen. Doch die Wahrheit der Wirklichkeit lässt sich nicht in Worte fassen. Daher erzeugt gerade der Akt des Sprechens ein Element der Unwahrheit. Darüber hinaus müssen wir bedenken, welche Wahrheit wir aussprechen. Wenn wir einen Familienangehörigen im Krankenhaus besuchen und wahrheitsgetreu feststellen: «Du siehst ja aus, als könntest du jeden Augenblick sterben», vermitteln wir ihm, dass wir ihn hassen und hoffen, er werde bald sterben. Vermutlich würden wir uns in so einem Fall gar nicht erst die Mühe machen, ins Krankenhaus zu gehen, also ist die Botschaft, die der Patient empfängt, eine Lüge. Wenn wir umgekehrt sagen: «Du siehst aus, als ob du bereits auf dem Weg der Besserung wärst!», mag dies zwar keine wahrheitsgetreue Wiedergabe unserer Eindrücke sein, aber die Botschaft, die der Patient empfängt, wird die Wahrheit sein, nämlich, dass wir diesen Menschen lieben und hoffen, dass er rasch und vollständig genesen wird. Bei jemandem, der sich die Mühe macht, einen Besuch abzustatten, kann man davon ausgehen, dass dies die Wahrheit ist. Jedes Wort hat weit reichende Bedeutungen, und kein Wort kann völlig wahr sein.

Wenn wir uns bemühen, nicht zum Genuss von Rauschmitteln zu verleiten, denken wir dabei normalerweise an Dinge wie Alkohol oder Drogen. Doch am berauschendsten und am gefährlichsten sind nicht irgendwelche physikalischen Substanzen, sondern Worte.

Wenn wir geloben, uns an die Gebote zu halten, müssen wir sorgfältig bedenken, dass ein absolutes Befolgen der formulierten Gebote mit dem menschlichen Leben unvereinbar ist. Dies sind weder menschliche Gesetze noch Dinge, denen zu gehorchen der Buddha uns befiehlt. Es sind Richtlinien, an die wir uns zu halten versuchen, damit unser Leben das Universum bereichern kann.

11 Welche Gebote müssen Zen-Laien beachten?

Die Zen-Gebote für Laien, die offizielle Laien-Buddhisten werden wollen, sind genau die gleichen Gebote wie die für diejenigen Menschen, die buddhistische Priester werden möchten.

Sehen wir uns zunächst einmal an, warum nur die Gebote (*shīla*) für Priester verwendet werden und nicht auch die Verhaltensvorschriften (*vinaya*). Ferner können wir der Frage nachgehen, warum die Zen-Schulen die Gebote nur selten erwähnen.

Als der Buddhismus von China und Korea nach Japan kam, folgte bald darauf auch das chinesische System der staatlichen Kontrolle des Buddhismus. Statt dass es unabhängige Schulen gab, spezialisierten sich Tempel auf eine Form der buddhistischen Lehren oder auf ein Sūtra. Der Staat bestimmte, wie viele Schüler jedes Jahr die Ausbildung beginnen durften und wie viele von ihnen zu welchem Tempel geschickt wurden. Zum Kontrollmechanismus gehörte die Errichtung von Gebotsplattformen (zunächst nur von einer), wo die neuen Geistlichen Gebote wie Verhaltensvorschriften empfangen konnten. Saichō, der Gründer der Tendaishū von Japan, war entschieden der Meinung, dass die Ausbildung von buddhistischen Priestern von buddhistischen Priestern und nicht von Hofbeamten kontrolliert werden solle. Zu diesem Zweck bemühte er sich um die Erlaubnis, seine eigene Gebotsplattform auf dem Berg Hiei zu errichten, dem Haupttempelkomplex der Tendaishū außerhalb von Kyoto. Saichō gelang dies zwar bis zu seinem Lebensende nicht, aber nicht lange nach seinem Tod gab die Regierung nach und erteilte die Erlaubnis für die separate Gebotsplattform. Basierend auf Saichōs Lehren, die wiederum auf den chinesischen T'ein-t'ai-Lehren beruhten, wurden auf der Tendaishū-Plattform nur die Bodhisattva-Regeln erteilt. Sie umfassten die Zehn Guten Gebote und die Zehn Großen Verbote, die im Grunde die positiven beziehungsweise negativen Formulierungen der gleichen Prinzipien sind, sowie 48 kleinere Verbote. Als im 12. und 13. Jahrhundert mehrere neue Sekten entstanden, waren die meisten Gründer Tendaishū-Priester, die sich von ihrer Schule lösten, um ihre eigenen Praktiken einzuführen. Die Gebote, die diese Gründer als Tendaishū-Priester empfangen hatten, übernahmen sie für ihre neuen Sekten.

Die Zen-Schulen betonen die Praxis des Zazen. Insofern Zazen eine bewegungslose, stumme Praxis ist, kann es unmöglich gegen die großen Verbote im Zusammenhang mit Handlungen und Worten verstoßen. Da Zazen auch eine Praxis der Konzentration ist, muss jeder Verstoß gegen die großen Verbote, die mit dem Denken zusammenhängen, zu einem Herausfallen aus dem Zustand von Zazen führen. In dem Maße also, wie jemand sich auf Zazen einlässt, ist ein Verstoß gegen Gebote kein Problem. Man nahm an, wie Dōgen ausdrücklich erklärte, dass die Praxis des Zazen automatisch zu einem Leben in Einklang mit buddhistischen Prinzipien führt, wie sie in den Geboten verkörpert sind.

Bis zur Meiji-Restauration (1868) unterlag der Buddhismus den Vorschriften der japanischen Regierung. Zu den staatlich verordneten Verpflichtungen für Geistliche gehörte es, dass das erste Große Verbot (nicht zu töten) als Verbot des Verzehrs von Fleisch interpretiert wurde, dass das dritte Große Verbot (sich keinem unrechtmäßigen sexuellen Treiben hinzugeben) umformuliert wurde, so dass Geistlichen jede sexuelle Aktivität verboten war, und dass eine Vorschrift erlassen wurde, Geistliche müssten zu jeder Zeit «angemessene» Kleidung tragen, was nichts anderes hieß, als dass ein buddhistischer Geistlicher optisch an der Kombination von geschorenem Kopf und ausgeprägter Kleidung erkennbar war. Im April 1872 wurden diese staatlichen Vorschriften aufgehoben. Die Bestimmungen für Geistliche wurden den einzelnen buddhistischen Schulen überlassen. In diesem Zusammenhang sollte noch erwähnt werden, dass sogar noch vor dieser Zeit Geistliche der Jōdo-shin-Schule von den Vorschriften hinsichtlich des Fleischverzehrs und des Zölibats ausgenommen waren.

Mit dem Ende der staatlichen Vorschriften, die den buddhistischen Klerus zum Zölibat verpflichteten, wurde der Wortlaut der Gebote revidiert, so dass er fortan für Geistliche und Laien identisch war.

12 Warum ist im Titel von 108 Antworten die Rede? Warum nicht von 101 oder 110 oder sonst einer Zahl?

Die mathematischen Köpfe unter meinen Lesern werden längst festgestellt haben, dass es eigentlich nur 101 Fragen sind. Damit Sie nicht das Gefühl haben, übers Ohr gehauen zu werden, möchte ich darauf hinweisen, dass es auf mehrere Fragen mehr als eine Antwort gibt, so dass es in Wirklichkeit mehr als 108 Antworten sind.

Im östlichen Denken ist die Zahl 108 jedoch nicht bloß die Zahl zwischen 107 und 109. Mit dieser Zahl wird gewöhnlich «eine ganze Menge» bezeichnet. Der Gebrauch von «108» in diesem Sinn reicht mindestens bis zu den Upanischaden zurück, den indischen religiösen Schriften, die zwischen dem 8. und 4. Jahrhundert v. Chr. verfasst wurden. Eine Liste, die in mittelalterlichen südindischen Werken erwähnt wird, führt tatsächlich 108 Upanischaden auf.

Möglicherweise wurde 108 ausgewählt, weil diese Zahl das Produkt von neun mal zwölf ist. Die Neun galt in der antiken Welt allgemein als die Zahl der Vollendung, da sie das Produkt von drei mal drei ist, und Drei ist die vollkommene Zahl. Dazu Mircea Eliade in seiner *Encyclopedia of Religion*: «Zwölf (3 × 4; 5 + 7) ist die große kosmische Zahl. Seit den Sumerern und dem alten China ist sie die Anzahl der Tierkreiszeichen und die Basis des Sexagesimalsystems. In vielen Kulturen wurden Tag und Nacht in zwölf Stunden, das Jahr wurde in zwölf Monate eingeteilt, und die gnostische Religion spricht von zwölf Äonen.»

Im heutigen japanischen Buddhismus spielt die Zahl 108 mehrfach ein Rolle: So viele Perlen werden dafür verwendet, eine gute Tat einem anderen Menschen zu widmen (oder einfach den Toten Respekt zu erweisen), so oft werden die Tempelglocken an Silvester geschlagen, und so vielen Bindungen sind wir Menschen unterworfen. Als ich die Perlen in meinen Schnüren zählte, entdeckte ich, dass es in Wirklichkeit 114 sind: 108 Grundperlen plus eine, wo die Enden der Schnur sich treffen, plus fünf durchsichtige Perlen, die die Schnur in sechs Gruppen von jeweils 18 Perlen unterteilen. Die von Laien benutzten und zuweilen von Priestern außerhalb von religiösen Zeremonien getragenen Ketten enthalten meist 27 Perlen (ein Viertel von 108), aber die Ketten in meiner eigenen Sammlung reichen von 24 bis zu 28 Perlen.

ÜBER MICH

1 Warum haben Sie beschlossen, eine buddhistische Priesterin zu werden?

Wenn ich darauf zurückblicke, wie es kam, dass ich nun eine buddhistische Priesterin in Tokyo bin, will es mir scheinen, als ob es nie eine Zeit gegeben hätte, in der ich meine Entwicklung plante und verwirklichte. Alles ergab sich einfach aus den Umständen – getreu der guten buddhistischen Lehre, dass alle Phänomene wechselseitig miteinander verwoben sind.

Der erste Schritt auf diesem Weg war wahrscheinlich eine Bemerkung bei Kaffee und Donuts in einem Coffee Shop in der Nähe meines Hauses in einer Vorstadt von Los Angeles, an einem Oktobermorgen im Jahre 1956. Ich unterhielt mich mit mehreren Frauen, nachdem wir unsere Kinder zu einer Vormittagsspielgruppe gebracht hatten, weil sie, wie mein Sohn und meine Tochter, in der Nachbarschaft keine Spielkameraden im Vorschulalter hatten. Seufzend erklärte ich, dass ich einen Teilzeitjob bräuchte, um meine Arztrechnungen bezahlen zu können (damals gab es noch keine umfassende Krankenversicherung). Eine andere Mutter berichtete, ihr Mann arbeite gleich gegenüber in einer Elektronikfirma und habe ihr erzählt, sie würden gerade eine Mitarbeiterin für die Blaupausenabteilung suchen. Das hörte sich nach einer Möglichkeit an. Mein Vater hatte eine Radio- und Fernsehreparaturwerkstatt eröffnet, als ich mit der High School anfing, und ich hatte dort so oft ausgeholfen, dass ich die Namen von Elektronikteilen kannte. Knapp eine Woche später fertigte ich bereits eifrig Listen von Zeichnungen an, die zu Blaupausen verarbeitet werden sollten – ein «Teilzeitjob» für 48 Stunden pro Woche.

Ich brauchte keinen Monat, um mir darüber im Klaren zu sein, dass ich keine Karriere in der Blaupausenabteilung machen wollte. Da ich allerdings vom College nach dem ersten Jahr (Hauptfach Musik) abgegangen war, hatte ich keinerlei berufliche Voraussetzungen für etwas anderes. Ich sah mir die anderen Angestellten in der Firma an. Ingenieure und Texter für technische Produkte schienen interessantere Tätigkeitsfelder zu haben. Ein Ingenieurstudium hielt ich für eine langwierige, schwierige Angelegenheit, der Job eines Techniktexters erschien mir eher erreichbar. Ich fragte die Texter nach den Anforderungen; sie sagten, es gebe keine, soweit sie das bisher festgestellt hätten. (Tatsächlich hatten fünf von den sechs ein Ingenieurdiplom, und der sechste hatte einen Abschluss in Englisch.) Also bemühte ich mich, zu den Techniktextern versetzt zu werden – mit Erfolg. Das Texten machte mir so viel Spaß, dass ich mich noch immer von Zeit zu Zeit damit beschäftige.

Bei meinem Start hatte ich großes Glück, denn die anderen Texter waren ungewöhnlich erfahren und bereit, ihr Wissen mit mir zu teilen. Das Auf und Ab in der Luft- und Raumfahrtindustrie führte jedoch bald dazu, dass es mit dieser Firma bergab ging, und anschließend bekam ich eine Reihe kurzer Jobs. Als Nächstes kam ich zu einem Unternehmen, das Raketenmotoren entwickelte. Ich war eingestellt worden, um Anleitungen und Projektberichte zu schreiben, und nach einer Weile wurde mir die Redaktion eines monatlich erscheinenden internen Newsletters übertragen. Als ein neuer Manager kam, der neue Unternehmenspläne schreiben sollte, wurde ich darum gebeten, ihm zu helfen. Nach zwei Tagen war klar, dass er keine Ahnung hatte, wie er anfangen oder was er tun sollte. Der neue Manager wurde abrupt zum Exmanager, und ich wurde die einzige Texterin und Redakteurin im Planungsteam, das aus einem halben Dutzend Ingenieuren und zwei Buchhaltern bestand. So stellte ich es mir zwar nicht vor, einen neuen Job zu erlernen, aber auf jeden Fall war es eine Herausforderung. Kurz darauf stellte die Firma einen anderen Planungsmanager ein und schuf eine Abteilung für technische Publikationen, so dass ich erneut erfahrenere Kollegen bekam, von denen ich lernen konnte. Mittlerweile war meine Ehe geschieden, und ich musste allein von meinem Gehalt meinen Lebensunterhalt und den meiner beiden Kinder bestreiten.

1961 warb mich ein Kollege aus meiner ersten Firma für die Publikationsabteilung eines Bereichs im Lockheed-Konzern ab, deren

Aufgaben von der Flugzeugreparatur und -wartung über die Herstellung von Flugdaten- und Voicerecordern (den beiden «Blackboxes», die nach einem Absturz gesucht werden) bis zur Überprüfung von Veränderungen in der Artenvielfalt in der Nähe von Kühlwasserauslässen von Kernkraftwerken reichten. Die meisten Techniktexter spezialisierten sich lieber auf eine Produktlinie, so dass ich «alles andere» bekam, einen Posten, der sich als eine Quelle faszinierender Informationen erwies.

Als ein Timesharing-Computerdienst eingerichtet wurde, bekam ich den Auftrag, mich darin einzuarbeiten und dann die Informationen an den Rest meiner Abteilung weiterzugeben. (Zu diesem Zeitpunkt gehörte ich der Forschungs- und Entwicklungsabteilung an.) Das war meine erste Beschäftigung mit Computern, und es machte mir ungeheuer viel Spaß. Nach dem internen Einführungskurs belegte ich Kurse in BASIC-Programmiersprache und Systemanalyse, beides Fernkurse einer Universität, die samstags stattfanden. Das südliche Kalifornien war und ist anscheinend noch immer mit erstaunlichen Chancen zur Weiterbildung auf jedem Gebiet gesegnet.

Nachdem ich mich an den Rhythmus der Schule gewöhnt hatte und bei der Arbeit kürzer treten musste, beschloss ich, es mit einem BA-Abschluss zu versuchen. Der Pomona-Campus der California State Polytechnic University lag praktischerweise zwischen meinem Haus und meinem Arbeitsplatz, daher schrieb ich mich dort an der Abteilung Sprachwissenschaft für das Hauptfach Journalismus ein (das kam damals dem Schreiben technischer Texte am nächsten). Ein Jahr später bekam ich einen Bachelor of Science – ich habe nie verstanden, warum Sprachwissenschaften als Bereich der Naturwissenschaft galten. Eine Professorin für Englische Literatur hatte mich gebeten, ihr ein Handbuch für das Schreiben technischer Texte für einen Kurs zu empfehlen, den alle Ingenieurstudenten belegen mussten. Ich schaute mir viele Texte an, aber alle konzentrierten sich anscheinend auf Forschungsaufsätze, statt ihr Augenmerk auf den Alltagsschreibkram junger Ingenieure zu richten. Also schrieb ich für meine Abschlussarbeit ein praktischeres Handbuch, das zwei Jahre später vom Verlag Kendall-Hunt herausgebracht wurde. Die Professorin, die mich um Rat gebeten hatte, war so mutig, in einem Kurs meine Texte zu verwenden, während ich daran schrieb. Die meiste Zeit war ich ihr nur eine Woche oder so voraus!

All das führte dazu, dass ich aufgefordert wurde, den Kurs doch selbst abzuhalten, als Teilzeitdozentin. Lockheed hatte nichts dagegen, so dass ich das Angebot annehmen konnte. Das hieß aber auch, dass ich an Abschlussfeiern teilnehmen musste, und ich wollte nicht zu den paar Leuten im Bachelor-Gewand gehören, während fast alle anderen Doktorhüte trugen. Sofort schrieb ich mich für einen MBA-Abendkurs ein, der für Mitarbeiter aus der Luft- und Raumfahrtindustrie angeboten wurde.

Als ich den Kurs zur Hälfte absolviert hatte, ließ ich mich für ein Jahr vom Studium befreien, um im Wartungsbetrieb von All Nippon Airways in Tokyo ein Computersystem zu installieren, das ich entworfen hatte, und seine Software zu komplettieren. Die «Absturzdatenrekorder», die nur nach einem Absturz oder Zwischenfall in den USA gelesen werden, müssen routinemäßig in Japan gelesen werden. Mein Computersystem automatisierte das Überprüfen der Bänder. Aus den ursprünglich vorgesehenen sechs Monaten in Tokyo wurden zehn. Das ließ mir Zeit, die Bräuche und die Kultur Japans ein wenig zu erkunden und mich damit etwas vertraut zu machen. Das Sightseeing in Japan, entdeckte ich, konzentrierte sich oft auf den Besuch buddhistischer Tempel, und so erwachte mein Interesse an einer Religion, der ich bis dahin kaum begegnet war. Besonders faszinierten mich Statuen des Kannon-Bodhisattva. Als ich wieder zu Hause war, sah ich mich in einer öffentlichen Bibliothek nach Informationen über Kannons Rolle im Buddhismus um. Zwar fand ich diese Informationen nicht, aber ich stieß auf ein Buch mit dem Titel *Zen-Geist, Anfänger-Geist* von Reverend Shunryū Suzuki.

Im Laufe der nächsten Monate las ich dieses Buch mehrmals. Meine Kinder hatten sich ihr eigenes Zuhause geschaffen, bevor ich nach Japan gegangen war, und während ich im Ausland war, war meine zweite Ehe endgültig in die Brüche gegangen. Ich hatte den Eindruck, dass die von Reverend Suzuki empfohlene Praxis des Zazen mir dabei helfen könnte, über eine bittere Scheidung hinwegzukommen und zu lernen, allein zu leben. In dem Buch hieß es, der Autor gehöre einer Sōtō-Sekte in Japan an, also sah ich mich im Umkreis von Los Angeles nach einem Sōtōshū-Tempel um. Den gelben Seiten des Telefonbuchs von Los Angeles entnahm ich einen Hinweis auf die Zenshuji Soto Mission, die nur ein paar Blocks vom Rathaus entfernt war und sich ganz in der Nähe von «Little Tokyo» befand. Ich rief an und erkundigte mich, ob es eine Zazen-Einführung auf Englisch gebe. Ich wurde gebeten, eine Viertelstunde vor der Zazen-Feier zu kommen, die jeden Montagabend abgehalten wurde. Das war der Anfang.

Nicht lange nach meinem MBA-Abschluss nahm ich das Angebot einer Stelle bei einer Organisation für neue Projektangebote bei Lockheed Missiles and Space in der Bay Area von San Francisco an. Zum Glück gibt es auch in San Francisco einen Sōtōshū-Tempel (Sokoji), und ich war in der Lage, an seinen Aktivitäten teilzunehmen. Bei der Arbeit bekam ich erneut die Chance, ein wenig mehr über Dutzende ziemlich esoterischer Themen zu erfahren. Das Abfassen von Anträgen ist allerdings eine ausgesprochen ermüdende Tätigkeit, und kurz vor einem Termin sind Achtzig-Stunden-Wochen durchaus üblich. (Und wenn der Termin auch nur um eine Minute überzogen wird, sind mehrere Millionen Dollar der Firma für die Katz.) Ende 1978 bat ich darum, für ein Jahr freigestellt zu werden, um in Japan Sōtōshū-Zen zu studieren. Das lag nicht an meiner überwältigenden Hingabe an die Zen-Praxis, sondern vielmehr an meiner überwältigenden Müdigkeit. Ich wollte herausfinden, ob ich ein ruhiges Leben mit einer weniger anstrengenden Tätigkeit und einer Arbeitswoche mit eher zwanzig als achtzig Stunden führen konnte.

In den zehn Monaten, in denen ich schon einmal in Tokyo gewesen war, hatte ich festgestellt, dass englischsprachige technische Texter und Redakteure knapp und sehr gefragt waren. Es war leicht, als Freiberuflerin zu Hause nach meinem eigenen Zeitplan zu arbeiten. Vor Beendigung meines Freistellungsjahres, hatte ich einen Exklusivvertrag mit einem Übersetzungsbüro, das mir ein Monatsgehalt zahlte. Dieser monatlich kündbare Vertrag bestand mit ein paar Unterbrechungen vierzehn Jahre lang. Ich bin noch immer für diese Firma hin und wieder freiberuflich tätig. Die Jahre, in denen ich das Lernen lernte, zahlten sich für mich aus, als ich ganz allein vor der Aufgabe stand, in dem einen Monat ein Handbuch für Fräs- und Bohrmaschinen und im nächsten eine Fachzeitschrift für Hersteller hochintegrierter Schaltkreise zu übersetzen.

Bevor mein Sabbatjahr vorbei war, hatte ich mir in meiner winzigen Wohnung auch einen Zazen-Raum eingerichtet. Der Reverend Zendō Matsunaga, der zweisprachige Priester eines von einer Japanerin in einer ehemaligen Boutique gegründeten «Zen-Zentrums», musste bereits fünf Monate, nachdem ich mich dem Zentrum angeschlossen hatte, seine ganze Zeit seinem eigenen Tempel in der Präfektur Shuzuoka widmen. Sein Vertreter sprach nur Japanisch, so dass die Gründerin beschloss, alle Nichtjapaner sollten sich einen anderen Ort für ihre Zen-Praxis suchen. Ich erbot mich, meine Zazen-Zeit zu Hause mit jedem zu teilen, der sich mir anschließen wollte. Vielleicht weil ich so fassungslos über den plötzlichen Ausschluss von den Aktivitäten des Zentrums war, wurde mir nicht sofort klar, dass ich auf diese Weise de facto Leiterin, Lehrerin, ja, sogar Priesterin wurde. Als es mir schließlich aufging (ein Zen-Erwachen?), nahm ich mir vor, mich für den Job ausbilden zu lassen.

In diesem Fall gab es keinen praktischen Fernkurs. Um zu lernen, musste ich als Schülerin in die Sōtōshū-Priesterschaft eintreten. Reverend Matsunaga, den ich schon im Zenshuji in Los Angeles kennen gelernt hatte, war freundlicherweise bereit, mich als Schülerin anzunehmen. Nach zehnjähriger Ausbildung, die genauso unüblich wie meine anderen Lernversuche war, wurde ich als Vollpriesterin zugelassen. In dieser Zeit wurde ich Hilfspriesterin im Taisōji, einem Tempel im Zentrum Tokyos, der von Reverend Kōshō Hatamoto geleitet wurde, einem langjährigen Freund meines Meisters. Über viele Jahre nach meiner Zulassung war ich die einzige Hilfspriesterin im Taisōji. Zum Glück waren Schüler von Reverend Hatamoto in der Lage, meine Pflichten Ende 1995 zu übernehmen, als ich in die Nähe von Los Angeles als Pflegerin meines Vaters zurückkehrte, mit dessen Gesundheit es rapide bergab ging. Nach seinem Tod im November 1996 kehrte ich nach Tokyo und in den Taisōji zurück, sobald ich die mit dem Todesfall verbundenen Formalitäten erledigt hatte.

Hier bin ich nun, und hier hoffe ich zu bleiben, bis meine Knochen in einem Tempelfriedhof zu Erde werden.

2 Warum haben Sie dieses Buch geschrieben?

Die Idee zu diesem Buch hatte ein Mitglied der Zazen-Gruppe des Taisōji. Eine unserer Sonntagabendsitzungen fand kurz nach dem Besuch einer US-amerikanischen Reisegruppe statt, und in meiner

Ansprache an diesem Abend kam ich auf eine Frage zu sprechen, die mir ein Tourist gestellt hatte. Während der Gesprächsrunde nach dem Zazen wollte jemand mehr im Zusammenhang mit dieser Frage wissen. Und dann schlug er vor, ich solle doch ein Buch schreiben, damit man sich über solche Fragen leichter informieren könne.

Zwar konnte ich zunächst dieser Idee nur wenig abgewinnen, aber dann machte ich mir doch mehrere Wochen lang darüber Gedanken. Viele Fragen, die von Reisegruppen oder Zuhörern nach Vorträgen sowie privat von Zazen-Teilnehmern kommen, betreffen Dinge, auf die in Zen-Gesprächen kaum eingegangen wird. Die Fragen mögen vielleicht einfach aus Neugier gestellt werden, aber die Antworten beruhen oft auf Lehren und historischen Zusammenhängen, die sich nicht so schnell erklären lassen. Touristische Besucher und Zuhörer bei Vorträgen in nichtreligiösen Organisationen, ging mir plötzlich auf, erhalten oft Informationen, die selbst lange praktizierenden Zazen-Teilnehmern nicht ohne weiteres zur Verfügung stehen. Das liegt wohl auch daran, dass Außenstehende eher bereit sind, Fragen zu stellen. Das Buchkonzept leuchtete mir noch mehr ein, als ich darin eine Möglichkeit zur Kommunikation mit vielen Menschen erblickte, die ich auf andere Weise nicht erreichen konnte. Es bot zugleich die Chance, ausführlicher auf bestimmte Dinge einzugehen, als dies in einer normalen Fragesitzung möglich ist.

Als ich darüber nachdachte, welche Themen aufgenommen werden sollten, versuchte ich, überwiegend Dinge auszuklammern, die in bereits existierenden Büchern kompetent behandelt werden. Die Formulierung «kompetent behandelt» bekam für mich eine neue Bedeutung, als ich mir die ausgiebige Serie von Mitteilungen in einer Internet-Mailinglist zum Thema Zen ansah, die sich mit dem Gebrauch des Begriffs Rōshi befasste. Lebhaft wurde da über die verschiedenen Ansichten debattiert, ohne dass sich einer der Teilnehmer dessen bewusst war, dass dieser Terminus in verschiedenen Zen-Schulen ganz unterschiedlich gebraucht wird (und zuweilen sogar in verschiedenen westlichen Zen-Zentren, die nominell derselben Schule angehören). Infolgedessen habe ich versucht, manche Fragen, auf die es unterschiedliche Antworten gibt, der Gruppe entsprechend zu behandeln, in der sich die Fragen stellten.

Ein weiteres Kriterium waren die vielen völlig falschen Informationen, die im Umlauf sind und oft sogar von Zen-Priestern oder -Gelehrten stammen, die es eigentlich besser wissen müssten. Viele westliche Autoren sind anscheinend davon überzeugt, dass Frauen bis vor rund fünfzig Jahren im Buddhismus, insbesondere im Zen-Buddhismus, keine Rolle gespielt haben. Ich habe schon mehrmals gehört, wie ein japanischer Zen-Priester selbstbewusst erklärte, Priesterinnen sei es verboten zu heiraten, Priestern hingegen nicht, oder dass Priesterinnen eine längere formelle Ausbildung absolvieren müssten als Priester (und dass nichtjapanische Priester eine längere Ausbildung als japanische Priester zu durchlaufen hätten). Ein Blick in die Vorschriften ihrer eigenen Sekte würde solchen Priestern sogleich zeigen, wie falsch diese Behauptungen sind.

Schließlich habe ich versucht, die Themen auszuwählen, auf die viele Menschen neugierig sind, ganz gleich, wie sehr oder wie wenig sie mit irgendeiner Form von Buddhismus zu tun haben. Engel beispielsweise sind seit etwa zehn Jahren ein beliebtes Thema in christlichen Schriften, also wollte auch ich hier darauf eingehen.

Als ich die Antworten auf die Fragen, die ich gesammelt hatte, formulierte, merkte ich, wie wenig ich selbst über viele Dinge wusste. Dies führte zu Recherchen, die auf jeden Fall meinen eigenen Horizont erweitert haben. Ich hoffe, dieses Buch wird eine ähnlich heilsame Wirkung auf seine Leser haben.

Vollkommenheit ist kein Zustand dieses vergänglichen Lebens, daher wird es zweifellos Fehler geben, auch wenn ich mich noch so sehr bemüht habe, sie zu vermeiden. Dafür möchte ich mich entschuldigen.

QUELLENHINWEISE

Zen in der Theorie

FRAGE 3 Die englische Übersetzung aus dem *Fukan Zazengi* stammt von Yusen Kashiwahara und Koyu Sonada (Hrsg.), *Shapers of Japanese Buddhism* (Tokyo 1994); die zitierten Texte stammen von Shohaku Okumura (Hrsg. u. Übers.), *Shikantaza: An Introduction to Zazen* (Kyoto 1985), S. 40f., 42.

FRAGE 4 Das Kōan über die Herstellung eines Spiegels findet sich in Steven Heine, *Dōgen and the Kōan Tradition: A Tale of Two Shōbōgenzō Texts* (Albany 1994), S. 6.

FRAGE 5 Die ersten beiden Absätze beruhen auf Isshu Miura und Ruth Fuller Sasaki, *The Zen Kōan* (San Diego 1993), S. 23-30. Das Zitat «Das Beherrschen des Zazen …» steht auf Seite XI. dieses Werkes.

FRAGE 6 Die Definitionen stammen von Koh Masuda (Hrsg.), *Kenkuyusha's New Japanese-English Dictionary* (Tokyo ^{4}1974), I, S. 450.

FRAGE 7 Die Geschichte vom «Schweben» steht bei Philip Kapleau, *Die drei Pfeiler des Zen* (Bern/München/Wien ^{5}1981). Das Kōan über Kyōgen stammt aus dem *Sanbyakusoku*; ich habe es im Dharma-Gespräch mit Reverend Zendō Matsunaga gehört.

FRAGE 12 Das *Mumonkan* gibt es in mehreren Übersetzungen: Zenkei Shibayama, *Zu den Quellen des Zen* (Bern/München/Wien 1976); Katsuki Sekida (Hrsg.), *Two Zen Classics: Mumonkan and He-*

kiganroku (New York 1977); und Kōun Yamada, *Gateless Gate* (Los Angeles 1979). Beispiel 41 («Daruma beruhigt einen Geist») aus der Übersetzung von Sekida habe ich ein wenig umformuliert.

FRAGE 13 Der Bericht über Krankheit und Heilung im Zen steht in Hakuin Zenji, *The Embossed Tea Kettle: Orate Gama and Other Works by Hakuin Zenji* (London 1963), S. 33-47.

FRAGE 18 Shunryū Suzuki, *Zen-Geist, Anfänger-Geist*, Zürich 1975.

Zazen in der Praxis

FRAGE 1 Vom *Fukan Zazengi* sind mehrere Übersetzungen erhältlich. Ich habe die von Shohaku Okumura (Hrsg. u. Übers.), *Shikantaza: An Introduction to Zazen* (Kyoto 1985), S. 39-44, benutzt.

FRAGE 5 Der Vergleich von Gedanken mit Verdauungssäften steht in Kosho Uchiyama, *Die Zen-Lehre des «heimatlosen» Kodo* (Frankfurt a. M. 2000).

Was ist ein Zen-Priester?

FRAGE 2 Die Geschichte des Mönchstums sowie die Zitate «Nach dieser Etymologie...» und «mönchische Leben...» stammen aus dem Abschnitt «Mönchstum» in Mircea Eliade (Hrsg.), *Encyclopedia of Religion* (New York 1987), Bd. 10, S. 35f. Das Zitat «Der Priester hält erstens ...» ist aus dem Abschnitt «Priestertum», Bd. 11, S. 528.

FRAGE 4 Die Antwort hält sich eng an Sōtōshū Shūmuchō, *Sōtōshūhō Shigatsugō Bessatsu: Sōtōshū Shūsei* (Tokyo 1995), S. 271–320.

FRAGE 5 Die Antwort ist eine kurze Zusammenfassung der Vorschriften nach Rinzaishū Myōshinjiha Shūmuhonjo, Rinzaishū *Myōshinjiha Shūsei* (Kyoto 1997).

FRAGE 6 Die historischen Informationen basieren auf Richard Mark Jaffe, «Neither Monk nor Layman: The Debate over Clerical Marriage in Japanese Buddhism, 1868–1937» (Phil. Diss, Yale University 1995), S. 3–16.

FRAGE 9 Der Ablauf in dieser Antwort ist leicht modifiziert dargestellt nach Martin Roth und John Stevens, *Zen Guide* (New York 1985), S. 75f.

FRAGE 10 Die Statistiken in den ersten beiden Absätzen stammen aus Bunkachō, *Shūkyō Nenkan* (Tokyo 1996), S. 33, 75.

Englische Übersetzungen des «Raihai-tokuzui» stammen unter anderem von Kosen Nishiyama und John Stevens (Übers.), «Raihai-tokuzui: Making a prostration and attaining the marrow», in: *A Complete English Translation of Dōgen Zenji's Shōbō-genzō (The Eye and Treasury of the True Law)*, Bd. 2 (Tokyo 1977), S. 158–162; Yuho Yokoi, «Raihai-tokuzui (Realizing the Essence [of the Way] by Making a Venerative Bow)», in: *The Shōbō-genzō* (Tokyo 1986), S. 349–356. Einen vollständigeren japanischen Text enthält Ian Kishizawa, *Shōbōgenzō Zenkō* (Tokyo 1972), Bd. 3, S. 169–346.

FRAGE 11 Das Fehlen von Vorschriften hinsichtlich der Ehe bestätigt Sōtōshū Shūmuchō, *Sōtōshū Shigatsugō Bessatsu: Sōtōshū Shūsei* (Tokyo 1995). Diese Antwort basiert generell auf Richard Mark Jaffe, «Neither Monk nor Layman», und das Zitat «von nun an buddhistische Geistliche...» steht auf S. 8 dieser Arbeit.

FRAGE 14 Die Daten stammen aus Sōtōshū Shūmuchō, *Sōtōshū Shūsei Sōgō Chōsa Hōkokusho* (Tokyo 1995).

Wie spielen sich Zen-Gottesdienste ab?

FRAGE 3 Die Erklärung der Bedeutung von «Sūtra» basiert auf Kogen Mizuno, *Buddhist Sutras: Origin, Development, Transmission* (Tokyo 1982). Die von der Sōtōshū verwendeten Sūtras sind aufgeführt in Sōtōshū Shūmuchō, *Sōtōshū Shigatsugō Bessatsu: Sōtōshū Shūsei*, a. a. O. S. 639f.

FRAGE 7 Die Übersetzungen der Sūtra-Passagen und der allgemeinen Widmung sind zitiert nach Soto Shumucho, *Soto Shu Sutras* (Tokyo 1984), S. 5, 21 u. 29f. Meine Übersetzung der Widmung des Gedenkgottesdienstes basiert auf Sōtōshū Shūmuchō, *Sōtōshū Nikka Gongyō Seiten* (Tokyo 1990), S. 235-237.

FRAGE 9 Der letzte Absatz basiert auf Informationen aus Harald Fuess, «Quick and Slow: Interpreting Declining Divorce Prior to 1940», in: *Divorce in Japan* (Palo Alto, CA, i. V.).

FRAGE 13 Die Erläuterungen zu frühen Übersetzungen aus indischen Sprachen ins Chinesische basieren auf Kogen Mizuno, *Buddhist Sutras*, a. a. O., S. 52–55.

FRAGE 14 Die Geschichte vom Ursprung des Obon basiert auf Zenno Ishigami (Hrsg.), *Disciples of the Buddha* (Tokyo 1989), S. 25f.

FRAGE 17 Die Vier Siegel des Gesetzes und die Zwölfgliedrige Kette der bedingten Entstehung sind mit leichten Abwandlungen zitiert nach Kogen Mizuno, *Essentials of Buddhism* (Tokyo 1996), S. 121, 142f.

Welche Titel und Anredeformen sind für Zen-Priester gebräuchlich?

FRAGE 5 Diese Antwort basiert auf Robert H. Sharf, «Sanbōkyōdan: Zen and the Way of the New Religions», in: *Japanese Journal of Religious Studies*, 22, Nr. 3–4 (1995), S. 417–458.

Was charakterisiert den japanischen Buddhismus im Allgemeinen und den Zen-Buddhismus im Besonderen?

FRAGE 3 Diese äußerst knappe Übersicht über die Varianten des japanischen Buddhismus ist drei Büchern entnommen: Bukkyo Dendo Kyokai, *Buddhist Denominations and Schools in Japan* (Tokyo 1984), Bunkachō, *Shukyō Nenkan* (Tokyo 1996) und Yusen Kashiwahara und Koyu Sonada (Hrsg.), *Shapers of Japanese Buddhism* (Tokyo 1994).

FRAGE 9 Die Geschichte über Shinran Shōnin steht in Yusen Kashiwahara und Koyu Sonada (Hrsg.), *Shapers of Japanese Buddhism*, a. a. O., S. 87.

FRAGE 10 Die englische Fassung der sechzehn Gebote ist leicht modifiziert zitiert nach Kogen Mizuno, *Essentials of Buddhism*, a. a. O., S. 170f.

FRAGE 11 Die letzten beiden Absätze basieren auf Richard Mark Jaffe, «Neither Monk nor Layman», a. a. O.

FRAGE 12 Die Bedeutung von 108 ist abgeleitet aus dem Abschnitt «Numbers» in Mircea Eliade (Hrsg.), *Encyclopedia of Religion*, a. a. O., Bd. 10.

GLOSSAR

Achtfacher Pfad
Eine zur Erkenntnis der Vier Edlen Wahrheiten führende Lehre, der Weg, der das Leiden beendet (seine acht Glieder: vollkommene Erkenntnis, vollkommener Entschluss, vollkommene Rede, vollkommenes Handeln, vollkommener Lebenserwerb, vollkommene Anstrengung, vollkommene Achtsamkeit und vollkommene Sammlung).

amtierender Priester = *jūshoku*
Der (meist einzige) Hauptpriester eines Tempels, der für den Tempel und seine Funktionen zuständig ist.

bhikkhu, bhikshu
Die Pali- und Sanskrit-Bezeichnungen für einen buddhistischen Geistlichen.

bhikkhunī, bhikshunī
Die Pali- und Sanskrit-Bezeichnungen für eine buddhistische Geistliche.

Bodhidharma
Der indische Geistliche (um 470 – ca. 543), der den Zen-Buddhismus nach China gebracht haben soll.

Buddha
Ein indischer Begriff, der so viel wie der Erwachte bedeutet. Der historische Buddha Shākyamuni lebte vor rund 2500 Jahren. Als Buddha bezeichnet man auch jedes andere voll erwachte Wesen.

Buddha-Gewand = *o-kesa, kesa*
Das an der linken Schulter geraffte rechteckige Kleidungsstück, das von buddhistischen Geistlichen entweder als einziges äußeres oder als das äußerste Gewand getragen wird.

Buddhismus
Eine etwa 2500 Jahre alte Weltreligion, die auf den Lehren des Buddha Shākyamuni basiert.

Dharma
Die Prinzipien, nach denen das Universum geordnet ist; die Lehren des Buddha Shākyamuni und seiner Anhänger.

Dōgen
Ein japanischer Geistlicher, Dōgen Zenji (1200–1253), der die Sōtō-Lehren nach Japan brachte und den Eiheiji, einen der beiden Haupttempel der Sōtōshū, gründete.

Eiheiji
Einer der beiden Haupttempel der Sōtōshū, wurde von Dōgen gegründet und befindet sich in der Präfektur Fukui.

einfaches Sitzen = *shikantaza*
Im Sitzen auf das direkte Erleben jedes Augenblicks gerichtete Konzentration.

Gebote
Die Leitprinzipien, nach denen Buddhisten zu leben suchen.

Gebotsname
Ein Name, der von dem Priester verliehen wird, der jemandem die Gebote erteilt.

Gebotszeremonie
Der Ritus des Empfangens der buddhistischen Gebote von einem Priester, wobei man entweder in die Priesterschaft als Schüler dieses Priesters (*shukke tokudo*) eintreten oder formell ein buddhistischer Laie (*zaike tokudo*) werden will.

Gedenkstäbe = *tōba, o-tōba*
Eine Latte aus unbearbeitetem Holz, die am oberen Ende so geformt ist, dass sie die fünf Elemente des alten Indien darstellt und damit einen buddhistischen Tempel symbolisiert; auf die Vorderseite werden mit Pinsel und Tusche der Anlass für die symbolische Opfergabe eines Tempels, der Gebotsname der Person, zu deren Gedenken er geopfert wird, und der Name des Spenders geschrieben.

Gedenktafel = *ihai, o-ihai*
Ein aufrecht stehendes Holztäfelchen, das meist lackiert ist und auf dem vorn der Gebotsname und das Todesdatum eines Verstorbenen und hinten sein bürgerlicher Name und sein Alter zum Zeitpunkt des Todes eingraviert sind.

Geistlicher
Angehöriger des Klerus einer organisierten Religion.

Gewand im chinesischen Stil = *koromo*
Ein Gewand mit weiten, langen Ärmeln, das von japanischen buddhistischen Geistlichen unter dem Buddha-Gewand getragen wird.

Haupttempel = *daihonzan*
Der führende Tempel einer bestimmten Schule, dem bis zur Meiji-Restauration und in den meisten Fällen noch heute alle anderen Tempel der Schule organisatorisch unterstellt sind.

ihai, o-ihai
Siehe Gedenktafel.

Jōdo-shin-shū
Die von Shinran gegründete japanische buddhistische Schule und ihre modernen Ableger.

Jōdo-shū
Die von Hōnen begründete japanische buddhistische Schule und ihre modernen Ableger.

jūshoku
Siehe amtierender Priester.

kanchō
Der Hauptpriester einer organisierten buddhistischen Schule.

kanna zen
Siehe Kōan-Praxis.

kanshū
In der Sōtōshū der Hauptpriester einer der beiden Haupttempel; die beiden Kanshū dienen abwechselnd als Kanchō der Sōtōshū.

keisaku
Siehe *kyosaku.*

kenshō
Eine Bezeichnung für das buddhistische Erwachen oder das Erkennen der wahren eigenen Natur und des Universums.

kesa
Siehe Buddha-Gewand.

kinhin
Siehe Zen im Gehen.

Klerus
Die von einer organisierten Religion als Geistliche ausgewiesenen Personen, die eine spezielle Ausbildung absolviert haben.

Kōan
Eine kurze Episode, die eine bestimmte buddhistische Lehre enthält.

Kōan-Praxis = *kanna zen*
Konzentration auf das zugewiesene Kōan.

Konfuzianismus
Eine auf den Lehren des chinesischen Philosophen Konfuzius (551–479 v. Chr.) basierende Religion.

koromo
Siehe Gewand im chinesischen Stil.

kyosaku = keisaku
Ein an einem Ende abgerundeter und am anderen abgeflachter Stock, mit dem die Schultermuskeln von Zazen-Praktizierenden geschlagen werden, um ihre Müdigkeit zu vertreiben oder die Rücken- und Schultermuskeln zu entspannen.

Laien
Alle Personen, die keine Geistlichen sind.

Linie
Als Zen-Begriff ist eine Linie die Abfolge vom Meister über seine Schüler zu deren Schülern usw., über mehrere «Generationen» hinweg.

Lotossitz
Eine Sitzposition; beim vollen Lotossitz (*kekka fuza*) ruhen beide Füße auf der jeweils gegenüberliegenden Hüfte, während beim Halblotossitz (*hanka fuza*) nur ein Fuß auf der gegenüberliegenden Hüfte ruht, der andere hingegen auf der Sitzfläche.

Meditation
Das Sichvertiefen in ein Thema oder einen Text, speziell von religiöser Art.

Meiji-Restauration
Der Umsturz in Japan von 1868, der die Herrschaft einer Reihe von Militärführern, Shōgune genannt, beendete und das Erbkaisertum einführte.

Meister
Die Person, deren Schüler jemand ist.

Miniatur-Buddha-Gewand = *rakusu*
Eine symbolische Version des Buddha-Gewands, die an einem Band um den Hals auf der Brust getragen wird.

Mönche/Nonnen
Geistliche oder Laien, die in einer von der übrigen Gesellschaft abgeschlossenen Gemeinschaft leben; streng genommen bezeichnet der Begriff Mönche oder Nonnen nur die Männer oder Frauen, die eine ständige Trennung vom normalen Leben aufrechterhalten, sich einzig und allein ihrer religiösen Praxis widmen und keinen Kontakt mit irgendjemandem außerhalb der Mauern des Klosters haben, in dem sie leben.

nembutsu
Wiederholte Anrufung eines bestimmten Buddha, speziell des Buddha Amida.

Ōbakushū
Eine japanische Buddhismus-Schule, die auf den Rinzai-Lehren basiert und 1995 insgesamt 464 Tempel hatte.

Orden
Die formelle Institution, die das Leben von Mönchen und Nonnen regelt.

o-toba
Siehe Gedenkstäbe.

Priester
Ein Geistlicher; verschiedene Religionen benutzen andere Begriffe für ihre Geistlichen, aber dies ist die traditionell für die Geistlichen des japanischen Buddhismus verwendete Bezeichnung.

Priesterhalle = *sōdō*
Das Gebäude, in dem Priester, insbesondere Priesterschüler, während der Sesshin- und Ausbildungszeiten Zazen praktizieren, essen und schlafen.

rakusu
Siehe Miniatur-Buddha-Gewand.

Rinzai
Der Gründer eines Zweigs des Zen-Buddhismus, ein chinesischer Geistlicher namens Lin-chi I-hsüan (?–867), auf Japanisch Rinzai Gigen genannt; auch der von Rinzai Gigen gegründete Zen-Zweig und die Lehren dieses Zweigs, für die die Kōan-Praxis typisch ist.

Rinzaishū
Die auf den Rinzai-Lehren basierenden japanischen Zen-Buddhismus-Sekten; 1995 gab es fünfzehn unabhängige Sekten mit insgesamt 5742 Tempeln.

Satori
Die Erfahrung des buddhistischen Erwachens.

Schüsselkratzer = *setsu*
Ein lackiertes Holzutensil, das in Größe und Form einem normalen Zungenspatel ähnelt und an einem Ende ein kleines Stück Tuch hat, womit man die Essschalen säubern kann.

seiza
Wörtlich «still sitzen»; die üblicherweise (insbesondere zu formellen Anlässen) eingenommene Sitzhaltung auf der Tatami-Matte, wobei das Gesäß auf den Fersen ruht und der aufrechte Rücken eine gerade Linie bildet.

Sesshin
Eine Zeit der intensiven Zazen-Praxis – entweder das einfache Sitzen oder die Kōan-Praxis –, während der die Teilnehmer im Prinzip nichts anderes tun als Zazen; sie dauert gewöhnlich drei bis sieben Tage.

shikantaza
Siehe einfaches Sitzen.

Shintō
Der Weg der Kami, einer heimischen japanischen Religion, die auf den *kami* basiert (Geistern von Menschen oder natürlichen Objekten).

Shugendō
Eine japanische Religion, die auf der Bergaskese basiert und ebenso Elemente des esoterischen Buddhismus aufweist.

shukke tokudo
Siehe Gebotszeremonie.

shūmuchō
Siehe Verwaltungszentrale.

sōdō
Siehe Priesterhalle.

Sōjiji
Einer der beiden Haupttempel der Sōtōshū, der von Keizan Jōkin (1268–1325) gegründet wurde und sich heute in der Präfektur Kanagawa von Yokohama befindet.

Sōtō
Ein Zweig des Zen-Buddhismus, der auf den Lehren der chinesischen Geistlichen Tung-shan Liang-chieh (807–869), auf Japanisch Tōzan Ryōkai genannt, und Ts'ao-shan Pen-chi (840–901), auf Japanisch Sōzan Honjaku genannt, basiert; auch die Lehren dieses Zweigs, für die das einfache Sitzen (*shikantaza*) typisch ist.

Sōtōshū
Die auf den Sōtō-Lehren basierende japanische Zen-Schule, die 1995 14702 Tempel hatte.

Sūtra
Ein buddhistischer religiöser Text, der die unmittelbaren Lehren des Buddha Shākyamuni übermitteln soll; dieser Begriff wird oft in der allgemeinen Bedeutung von jedem buddhistischen religiösen Text gebraucht.

Takuhatsu
Die buddhistische religiöse Praxis, Essens- oder Geldspenden anzunehmen, während man Sūtras rezitiert; wird insbesondere in einer Gruppe während des Gehens praktiziert.

Tendaishū
Die von Saichō gegründete japanische buddhistische Schule und ihre modernen Ableger.

Verwaltungszentrale einer Sekte = *shūmuchō*
Die Organisation innerhalb einer Sekte, die sich mit Verwaltungsangelegenheiten befasst, im Unterschied zu religiösen Angelegenheiten.

Vier Edle Wahrheiten
Die erste Lehre des Buddha Shākyamuni (die Wahrheit von der Unzulänglichkeit, die Wahrheit von der Entstehung der Unzulänglichkeit, die Wahrheit von der Aufhebung der Unzulänglichkeit, die Wahrheit vom Weg, der zur Aufhebung der Unzulänglichkeit führt).

Zabuton
Ein dünnes, quadratisches Kissen, das zum Sitzen auf einer Tatami-Matte oder fürs Zazen verwendet wird.

Zafu
Ein dickes, rundes Kissen, das für Zazen verwendet wird.

zaike tokudo
Siehe Gebotszeremonie.

Zazen
Konzentriertes Sitzen.

Zen
Der Zweig des japanischen Buddhismus, der die Konzentration betont.

Zen im Gehen = *kinhin*
Zwischen den Zazen-Sitzungen praktiziertes Gehen.

Zwölfgliedrige Kette der bedingten Entstehung
Die buddhistische Lehre, der zufolge alle Phänomene sowohl Ursachen als auch Wirkungen anderer Phänomene sind.